Wettbewerb im Gesundheitswesen: Chancen und Grenzen

ALLOKATION IM MARKTWIRTSCHAFTLICHEN SYSTEM

Herausgegeben von
Heinz König (†), Hans-Heinrich Nachtkamp,
Ulrich Schlieper, Eberhard Wille

Band 57

PETER LANG
Frankfurt am Main · Berlin · Bern · Bruxelles · New York · Oxford · Wien

EBERHARD WILLE
KLAUS KNABNER
(HRSG.)

WETTBEWERB IM GESUNDHEITSWESEN: CHANCEN UND GRENZEN

11. Bad Orber Gespräche
16.–18. November 2006

PETER LANG
Internationaler Verlag der Wissenschaften

Bibliografische Information der Deutschen Nationalbibliothek
Die Deutsche Nationalbibliothek verzeichnet diese Publikation
in der Deutschen Nationalbibliografie; detaillierte bibliografische
Daten sind im Internet über <http://www.d-nb.de> abrufbar.

ISSN 0939-7728
ISBN 978-3-631-57102-6

© Peter Lang GmbH
Internationaler Verlag der Wissenschaften
Frankfurt am Main 2008
Alle Rechte vorbehalten.

Das Werk einschließlich aller seiner Teile ist urheberrechtlich
geschützt. Jede Verwertung außerhalb der engen Grenzen des
Urheberrechtsgesetzes ist ohne Zustimmung des Verlages
unzulässig und strafbar. Das gilt insbesondere für
Vervielfältigungen, Übersetzungen, Mikroverfilmungen und die
Einspeicherung und Verarbeitung in elektronischen Systemen.

www.peterlang.de

Inhaltsverzeichnis

Eberhard Wille
Der Wettbewerb als zielführendes Instrument im Gesundheitswesen — 7

Volker Ulrich
Der morbiditätsorientierte Risikostrukturausgleich als notwendige Grundlage? — 23

Jürgen Wasem und Susanne Staudt
Morbiditätsorientierter Risikostrukturausgleich — 45

Rolf Hoberg
Funktionsfähiger Wettbewerb der Krankenkassen – Der morbiditätsorientierte Risikostrukturausgleich als notwendige Grundlage? — 63

Gerhard Schulte
Der morbiditätsorientierte Risikostrukturausgleich als notwendige Grundlage des Krankenkassenwettbewerbs? — 69

Herbert Rebscher
Finanzierungsreform und Kassenwettbewerb – das falsche Ordnungskonzept der Reform – — 77

Franz Knieps
Die künftigen Wettbewerbsparameter der gesetzlichen Krankenkassen – Bisheriger Entwicklungsprozess und Neuerungen durch das GKV-Wettbewerbsstärkungsgesetz — 87

Günter Neubauer
Mittelfristige Preis- und Struktureffekte durch DRGs — 97

Wolfgang Pföhler
Die künftige Krankenhauslandschaft – aus Sicht eines privaten Klinikbetreibers — 117

Dieter Cassel
Kassenspezifische Positivlisten als Vertragsgrundlage in der GKV-Arzneimittelversorgung ... 129

Christoph Straub
Die Rolle der Krankenkassen bei selektiver Vertragsgestaltung ... 159

Karl-Heinz Schönbach
Die Rolle der Krankenkassen bei der selektiven Vertragsgestaltung im Arzneimittelbereich ... 163

Walter Köbele
Direktverträge mit den Krankenkassen: Die Position der pharmazeutischen Industrie ... 175

Mark Seidscheck
Direktverträge mit den Krankenkassen: Die Position der pharmazeutischen Industrie (Zusammenfassung) ... 183

Verzeichnis der Autoren ... 187

Der Wettbewerb als zielführendes Instrument im Gesundheitswesen

Eberhard Wille

Ziele des Wettbewerbs

Der Wettbewerb stellt grundsätzlich, d. h. im Gesundheitswesen wie in anderen Wirtschaftsbereichen, keinen Selbstzweck dar, sondern dient instrumental zur Realisierung höherrangiger Ziele. Diese Feststellung gilt nicht nur für den Wettbewerb, sondern für alle Allokationsmechanismen, d. h. auch für die staatlich-administrative Steuerung und die korporative Koordination. Instrumentalen Charakter besitzen ebenso alle Versorgungsformen, wie z. B. die integrierte und die hausarztzentrierte Versorgung oder Dieseases Management Programme, sowie alle präventiven, diagnostischen und therapeutischen Maßnahmen. Gleiches gilt folglich auch für die gesetzliche Rahmenordnung, die dem jeweiligen Allokationsmechanismus zugrunde liegt.

Ein funktionsgerechter Wettbewerb strebt im Gesundheitswesen die Verwirklichung der folgenden Zielsetzungen an (vgl. Wille, E. 1999, S. 103f.; Sachverständigenrat zur Begutachtung der Entwicklung im Gesundheitswesen 2005, Ziffer 59):

- Orientierung des Leistungsangebotes an den Präferenzen der Versicherten,
- Erfüllung der Bedürfnisse und Wünsche der Patienten durch Lenkung der Leistungen zum Bedarf,
- effektive Zielerreichung durch Verbesserung der gesundheitlichen Outcomes, d.h. durch Erhöhung von Lebenserwartung und Lebensqualität,
- effiziente Leistungserstellung durch optimale bzw. kostengünstige Produktion,
- Entlohnung nach erbrachter Leistungsqualität durch eine leistungsbezogene Vergütung der Produktionsfaktoren, d.h. der Personal- und Sachleistungen,
- Förderung von Produkt- und Prozessinnovationen, vornehmlich im Zuge von dezentralen Suchprozessen,
- Einräumung eines möglichst weiten Spektrums von Handlungs- und Wahlfreiheiten für alle an der gesundheitlichen Leistungserstellung Beteiligten und von ihr Betroffenen sowie
- Vorbeugung gegen monopolistischen Marktmissbrauch durch staatliche Instanzen, Krankenkassen und Leistungserbringer.

Leitbilder eines funktionsgerechten Wettbewerbs

Um diese relativ allgemein gehaltenen Zielsetzungen auf einer etwas niedrigeren Abstraktionsebene zu konkretisieren, bieten sich sog. Leitbilder an (vgl. auch Breyer, F. et al. 2004, S. 11ff.). Diese bilden allerdings ebenfalls noch keine quantifizierbaren (Ziel-)Kriterien im Sinne von kardinalen Messgrößen. Sie erlauben es daher noch nicht, in deduktiver Weise die optimale Rahmenordnung eines funktionsgerechten Wettbewerbs im Gesundheitswesen eindeutig abzuleiten. Leitbilder vermögen gleichwohl als eine nützliche Orientierungshilfe für eine zielorientierte Beurteilung der bestehenden Rahmen- bzw. Wettbewerbsordnung und damit als Hilfsmittel bei der Suche nach funktionsgerechteren Alternativen zu dienen.

Als qualitative Beurteilungskriterien für die solidarisch finanzierte gesetzliche Krankenversicherung (GKV) bieten sich vor allem die folgenden Leitbilder an:
- Finanzierbarkeit: Gesundheitsleistungen binden knappe Ressourcen und verursachen insofern Opportunitätskosten, als die eingesetzten Mittel für andere Güter und Dienste, die ebenfalls Nutzen stiften, nicht mehr zur Verfügung stehen. Unter Allokationsaspekten gibt es keinen überzeugenden Grund, den Anteil der Gesundheitsleistungen am Bruttoinlandsprodukt auf eine bestimmte Quote zu begrenzen. Im Hinblick auf die solidarisch finanzierte GKV gilt es in diesem Kontext jedoch zu berücksichtigen, dass die Patienten als Nutzer der Leistungen für diese kein Entgelt entrichten und somit auch nicht ihre individuelle Zahlungsbereitschaft offenbaren müssen. Sie zahlen für ihren Versicherungsschutz auch keine risikoäquivalente Prämie, sondern einen lohnabhängigen Beitrag. Unabhängig von den strittigen Beschäftigungswirkungen steigender Beitragssätze in der GKV (vgl. Sachverständigenrat für die Konzertierte Aktion im Gesundheitswesen 1996, Ziffer 340ff.; Häussler, B., Ecker, T. und Schneider, M. 2006) setzt die solidarische Finanzierung mit ihrer Mittelaufbringung durch „Dritte" der GKV gewisse, wenn auch nicht exakt spezifizierbare, fiskalische Grenzen.
- Eigenverantwortung: Sie umfasst zunächst die Verantwortung der Versicherten und Patienten für ihre eigene Gesundheit, um die Solidargemeinschaft der GKV nicht unnötig zu belasten und damit deren Finanzierung zu gefährden. Sie beinhaltet ferner, dass die Patienten im Rahmen ihrer Zahlungsfähigkeit bestimmte finanzielle Eigenleistungen erbringen, z.B. im Rahmen der Selbstbeteiligung und Selbstmedikation.
- Solidarität: Jeder Versicherte bzw. Patient besitzt unabhängig von seiner Beitragsleistung zur GKV den gleichen Anspruch auf Gesundheitsleistungen entsprechend seinem medizinischen Bedarf. Die Eigenbeteiligung sollte die finanziellen Möglichkeiten der Patienten berücksichtigen. Umgekehrt bildet die

Eigenverantwortung der Patienten gegenüber der Versichertengemeinschaft auch einen Akt der Solidarität.
- Erreichbarkeit bzw. Zugänglichkeit: Dieses Postulat fordert, dass alle Patienten bzw. gesellschaftliche Gruppen nicht nur einen gesetzlichen Anspruch auf die benötigten Gesundheitsleistungen besitzen, sondern diese im Bedarfsfall auch tatsächlich erhalten. Dies schließt ihre Teilhabe am medizinischen Fortschritt ein. Trotz gleichem Leistungsanspruch sowie Härtefallregelungen und Überforderungsklauseln können bestimmte (vulnerable) Patientengruppen notwendige Leistungen und/oder Behandlungen aufgrund von Informationsdefiziten sowie intellektuellen und psychischen Zugangssperren nicht erhalten. Unter Budgetdruck besteht zudem die Gefahr, dass die Ärzte – beabsichtigt oder unbewusst – Patienten, die sich schlechter zu artikulieren vermögen, eher bestimmte Leistungen vorenthalten.
- Qualität der Versorgung: Die Sicherung eines bestimmten Qualitätsniveaus obliegt im Gesundheitswesen – ähnlich wie beim Handwerk und im Handel – den Kammern. Darüber hinaus bietet ein intensiver Wettbewerb zwischen den Leistungserbringern für die Krankenkassen die Chance, höhere Qualitätsstandards zu vereinbaren. Im Idealfall findet zwischen den Leistungserbringern ein permanenter Qualitätswettbewerb zum Nutzen von Versicherten und Patienten statt.
- Transparenz und Schlüssigkeit: Dieses Leitbild tangiert alle an der Gesundheitsversorgung und -finanzierung Beteiligten, d.h. Leistungserbringer, Krankenkassen sowie Versicherte und Patienten. Hochkomplexe und komplizierte Regulierungssysteme verunsichern alle Beteiligten und erzeugen bei ihnen das Gefühl, einer willkürlichen Steuerung zu unterliegen (siehe auch Institut für Gesundheits- und Sozialforschung GmbH et al. 2006, S. 386ff.) Dieser Aspekt spricht für eine überschaubare, wettbewerbliche Rahmenordnung mit klaren Vorgaben an alle relevanten Adressaten.
- Planbarkeit: Alle an der Gesundheitsversorgung Beteiligten, d.h. Leistungserbringer, Krankenkassen und -versicherungen sowie Versicherte und Patienten, benötigen für ihre Dispositionen verlässliche Rahmenbedingungen. Hierzu gehört auch eine transparente, nachhaltige Wettbewerbsordnung, die vor allem Entscheidungen erleichtert, deren Wirkungen weit in die Zukunft reichen. Dies gilt offensichtlich für pharmazeutische Unternehmen und Hersteller von medizinischen Geräten, bei denen die Investitionskosten und die durch sie erlösten Erträge zeitlich weit auseinander fallen, aber auch für Krankenkassen, die innovative Projekte planen und/oder sich mit Umstrukturierungen konfrontiert sehen. Schließlich möchten auch die Versicherten und Patienten ihre künftige Gesundheitsversorgung gesichert sehen und deshalb Vorsorge gegenüber allfälligen Änderungen des Leistungskataloges der GKV

treffen. Wenn Leistungen plötzlich und unvermutet aus dem Katalog der GKV herausfallen, besitzen vor allem ältere Versicherte kaum mehr die Möglichkeit, diese bei einer privaten Krankenversicherung risikoäquivalent abzusichern.

- Konsistenz und Fairness: Die Ausgestaltung der wettbewerblichen Rahmenordnung beeinflusst sowohl die Umsatz- und Gewinnchancen von Herstellern und privaten Krankenversicherungen als auch die Einkünfte von Ärzten und Krankenhäusern sowie die Marktanteile von gesetzlichen Krankenkassen. Da jede Änderung der wettbewerblichen Rahmenordnung die Position der Beteiligten entweder zu ihren Gunsten oder zu ihren Ungunsten verändert, kommt es entscheidend darauf an, dass die Betroffenen sie als konsistent und damit auch als fair empfinden. Dieses Postulat verbietet damit, dass die politischen Entscheidungseinheiten über die Gestaltung der wettbewerblichen Rahmenordnung bestimmte Gruppen von Leistungsanbietern unter das Schutzschild vor allfälliger Konkurrenz stellen und/oder bestimmte Krankenkassen bzw. -arten offensichtlich bevorzugen.

Wettbewerbsfeld im deutschen Gesundheitswesen

Im Gesundheitswesen lassen sich im Prinzip drei Wettbewerbsfelder mit ihren jeweiligen Vertragsebenen und -inhalten unterscheiden. Wie Abbildung 1 veranschaulicht, konkurrieren im Bereich Selbstmedikation die Leistungserbringer um die private Nachfrage der Patienten. In diesem Wettbewerbsfeld, das mit einer Einengung des Leistungskataloges der GKV absolut und relativ an Bedeutung gewinnt, offenbaren die Individuen ihre Zahlungsbereitschaft für die jeweiligen Gesundheitsleistungen. Dabei spielen Preis und Qualität der Leistungen eine zentrale Rolle. Der Wettbewerbsordnung fällt daher in diesem Bereich vornehmlich die Aufgabe zu, die Marktbedingungen auf der Ausgabenseite hinsichtlich Unbedenklichkeit und (Mindest-)Qualität der Leistungen zu regulieren und Nachfrager sowie konkurrierende Anbieter vor unerwünschten Konzentrationsprozessen zu schützen.

Im Versicherungsbereich findet ein Wettbewerb der Krankenkassen um Versicherte statt. Als Wettbewerbsparameter der Krankenkassen kommen grundsätzlich Umfang und Struktur des Leistungskataloges, die Qualität der Leistungen, der Service, wie z.B. Versichertennähe, Kompetenz und Motivation der Mitarbeiter, spezielle Versorgungsformen sowie die Höhe von Beiträgen und Zuzahlungen in Frage. Je nach Ausgestaltung der Rahmenordnung können noch Selbstbehalttarife, Beitragsrückerstattungen, Boni und Ermäßigungen bei Zuzahlungen als

Abbildung 1: Wettbewerbsfelder im Gesundheitswesen

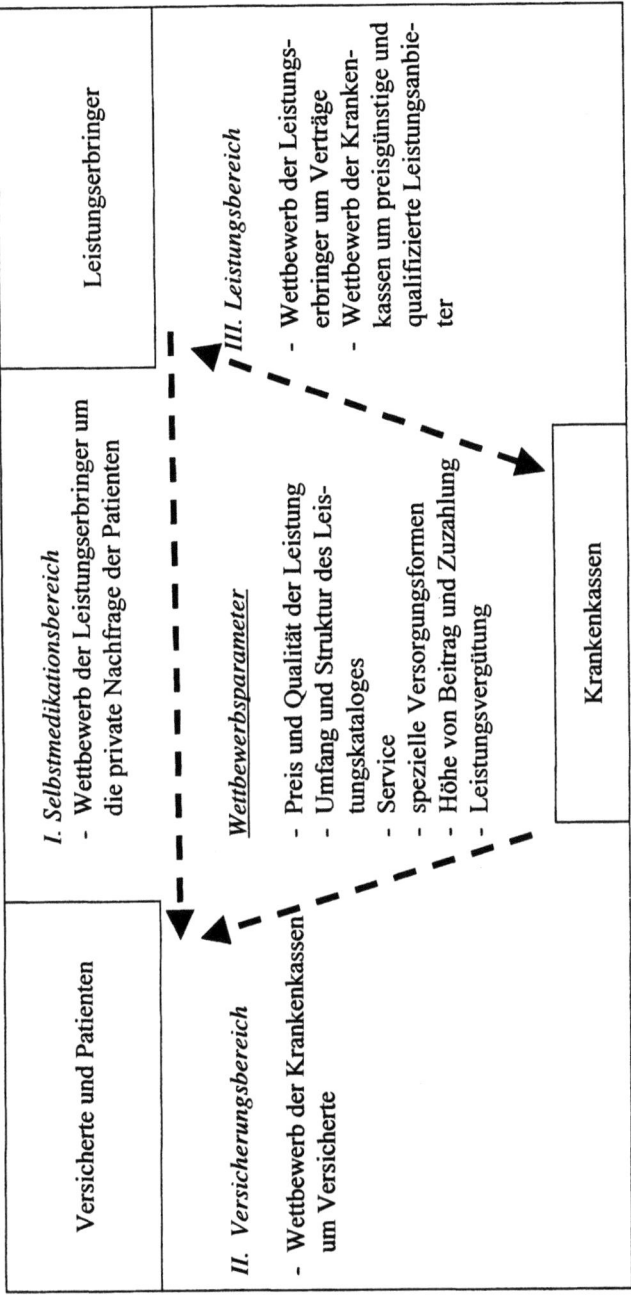

Eigene Darstellung

wettbewerbliche Instrumente hinzutreten. Im Sinne einer Steigerung von Effizienz und Effektivität der Gesundheitsversorgung zielt der Wettbewerb der Krankenkassen um Versicherte darauf ab, auf den Leistungsbereich überzugreifen, denn dort findet die gesundheitliche Leistungserstellung statt (vgl. Arbeitsgemeinschaft der Spitzenverbände der Krankenkassen 2002). Die freie Wahl einer Krankenkasse stellt zwar unter dem Aspekt der Versichertenautonomie einen „Wert an sich" dar (Jacobs, K. und Reschke, P. 1992, S. 15ff.), eine Verbesserung von Effizienz und Effektivität der Gesundheitsversorgung vermag sie jedoch per se nicht zu realisieren und ohne wettbewerbliche Bedingungen im Leistungsbereich auch nicht auszulösen. Voraussetzung für ein Übergreifen des Wettbewerbs vom Versicherungs- auf den Leistungsbereich bildet vor allem ein Wettbewerb der Leistungserbringer um Verträge mit den Krankenkassen. Andernfalls beschränkt sich der Wettbewerb der Leistungserbringer, d.h. hier insbesondere im ambulanten und stationären Bereich, auf die Attrahierung von Patienten. Die Leistungserbringer können gegenüber den Krankenkassen mit dem Preis und der Qualität ihrer Güter und Dienste werben. Die Krankenkassen besitzen ihrerseits ein Interesse an spezifischen Verträgen mit besonders preisgünstigen und/oder qualifizierten Leistungsanbietern. Sofern ihnen solche Abschlüsse gelingen und sie ihre komparativen Vorzüge im Leistungsbereich transparent machen können, verbessern sie ihre Chancen im Versicherungsbereich, so dass sich der Kreis zwischen diesen beiden Wettbewerbsfeldern schließt (ähnlich Wissenschaftlicher Beirat beim Bundesministerium für Wirtschaft und Technologie 2006, S. 3).

Zwischen dem Ziel einer Intensivierung des Wettbewerbs im Versicherungs- und Leistungsbereich und dem Solidaritätspostulat, an dem sich die GKV in normativer Hinsicht orientiert, besteht kein grundsätzlicher Gegensatz. Die Intensivierung des Wettbewerbs auf der Grundlage einer funktionsgerechten Rahmenordnung zielt vielmehr darauf ab, dass die Aktivitäten von Krankenkassen und Leistungserbringern in effizienter und effektiver Weise dem gesundheitlichen Wohl bzw. der Wohlfahrt von Versicherten und Patienten dienen. Es geht somit, um entsprechenden Missverständnissen vorzubeugen (vgl. Wille, E. 1999, S. 95f.), in diesem Kontext nicht um
- einen Wettbewerbsfetischismus, d.h. die Etablierung dieses Allokationsmechanismus um seiner selbst willen,
- den Einzug unregulierter Marktprozesse in die Gesundheitsversorgung und die Absicherung des Krankheitsrisikos oder
- die Ausrichtung des deutschen Gesundheitswesens und der GKV am Leitbild des Gesundheitssystems in den USA.

Hindernisse eines funktionsfähigen Wettbewerbs

Einem funktionsgerechten Wettbewerb im deutschen Gesundheitswesen stehen noch immer vor allem die folgenden Hindernisse im Wege:
- Gleiche Wettbewerbsbedingungen für alle konkurrierenden Krankenkassen setzen im Rahmen der Aufsicht einheitliche Vorgaben und ihre gleichartige Anwendung voraus (vgl. Hermann, Ch. 1995, S. 436). Die Aufsicht über die sog. bundesunmittelbaren Krankenkassen, deren Zuständigkeitsbereich sich über das Gebiet eines Bundeslandes hinaus erstreckt, fällt nach § 90 Abs. 1 SGB IV in die Kompetenz des Bundesversicherungsamtes (BVA), während die Aufsicht über die sog. landesunmittelbaren Krankenkassen die zuständigen obersten Verwaltungsbehörden der Länder ausüben. Trotz der Verständigung der Aufsichtsbehörden auf gemeinsame Grundsätze gehen von den unterschiedlichen Aufsichtspraktiken insofern Wettbewerbsverzerrungen aus, als die Behörden der Länder rechtliche Restriktionen nicht selten großzügiger als das BVA auslegen.
- Die an das Einkommen bzw. den Lohn gekoppelten Beiträge der Mitglieder vermitteln kein korrektes Preissignal für die Absicherung des Krankheitsrisikos, was sich auf den Wettbewerb der Krankenkassen in zweifacher Hinsicht sowohl restriktiv als auch verzerrend auswirkt (ähnlich Wissenschaftlicher Beirat beim Bundesministerium für Wirtschaft und Technologie 2006, S. 8) Zunächst besitzen nur Mitglieder mit einem höheren beitragspflichtigen Einkommen ökonomische Anreize, bei unterschiedlichen Beitragssätzen die Krankenkasse zu wechseln. Für Sozialhilfeempfänger und Arbeitslose bestehen überhaupt keine Anreize zum Kassenwechsel und für Mitglieder mit relativ niedrigem Einkommen lohnt sich dies unter Berücksichtigung der Transaktionskosten kaum. Zudem übernimmt bei unselbständig Beschäftigten der Arbeitgeber die Hälfte der Beiträge, was die Bereitschaft zu einem Kassenwechsel zusätzlich abschwächt. Das geltende Beitragssystem steht somit einer Intensivierung des Wettbewerbs entgegen und wirkt zudem insofern verzerrend, als Krankenkassen mit hohen Beitragssätzen weniger eine Abwanderung ihrer Versicherten befürchten müssen, wenn diese niedrige beitragspflichtige Einkommen aufweisen. Schließlich bevorzugen infolge der lohnabhängigen Beiträge Versicherte bzw. Mitglieder mit hohen (niedrigen) beitragspflichtigen Einnahmen eher einen eingeschränkten (umfangreichen) Leistungskatalog der GKV.
- Auf der Leistungsseite besitzen die Versicherten, um eine zielorientierte Auswahl treffen zu können, eine zu geringe Transparenz über die Behandlungsabläufe und allfällige Qualitätsmerkmale. Dies gilt – wenn auch abgeschwächt – tendenziell ebenso für die Krankenkassen, die ansonsten bei der

Auswahl qualifizierter Leistungserbringer für den Prinzipal Versicherten bzw. Patienten die Rolle des sachkundigen Agenten übernehmen könnten. Die Leistungserbringer andererseits verfügen noch über zu geringe Möglichkeiten, um mit speziellen Qualifikationen und Fertigkeiten um die Patienten und um selektive Verträge mit den Krankenkassen zu werben.
- Um einen intensiven, effizienz- und effektivitätssteigernden Wettbewerb auszulösen, benötigen die Krankenkassen sowohl in organisatorischer Hinsicht als auch auf der Leistungsseite mehr Flexibilität. So besitzen sie bisher nicht die Möglichkeit, kassenartenübergreifend zu fusionieren oder in entsprechenden Zusammenschlüssen als Nachfrager gegenüber den Leistungserbringern aufzutreten. Hierzu bedarf es zwar der Beachtung wettbewerbsrechtlicher Regelungen, aber keiner Vorgabe von Mindestgrößen für Krankenkassen, denn dies schränkt die Vielfalt wettbewerblicher Lösungen ein und führt zu Fusionen „um ihrer selbst willen", d.h. zu nicht wirtschaftlich motivierten Zusammenschlüssen. Die derzeitige Beitragssatzkalkulation nach Tätigkeitsgebiet engt den Handlungsspielraum der Krankenkassen ebenfalls unnötig ein. Optionen bei der Wahl der Beitragsregion könnten dazu beitragen, Wettbewerbsverzerrungen zwischen bundesweit und regional kalkulierenden Krankenkassen abzubauen (vgl. Wille, E. u. Schneider U. 1999, S. 100ff.). Bei Umsetzung der Eckpunkte zu einer Gesundheitsreform 2007 darf künftig unter der Bedingung einer Zustimmung der zuvor zuständigen Aufsichtsbehörden „jede Kasse mit anderen Kassen im GKV-System fusionieren".
- Die Krankenkassen verfügen im Leistungs- und Vertragsbereich über zu geringe Wettbewerbsparameter, um bestimmte Leistungen preisgünstig einzukaufen, besonders qualifizierte Leistungserbringer auszuwählen oder über kassenspezifische Satzungsleistungen die Präferenzen ihrer Versicherten besser erfüllen zu können (vgl. Wille, E. 2006, S. 433). Diese Inflexibilitäten auf der Ausgaben- bzw. Leistungsseite führen im Wettbewerb der Krankenkassen fast zwangsläufig zu einer hohen Gewichtung von Beitragssatzunterschieden und setzen damit starke Anreize zur Risikoselektion. Ein funktionsfähiger Preis- und Leistungswettbewerb erfordert, dass die Krankenkassen die Möglichkeit besitzen, mit aus ihrer Sicht besonders preisgünstigen und/oder qualifizierten Leistungsanbietern selektive Verträge abzuschließen, die auch die Modalitäten der Vergütung beinhalten (vgl. Epsen, I. 2003 et al.; Cassel, D. 2006 et al.). Eine staatliche Bedarfsplanung im ambulanten und stationären Bereich sollte nicht unabhängig von Qualitätsaspekten bzw. -kriterien bestimmte Leistungserbringern, d.h. konkurrierende Anbieter, von der Versorgung im Bereich der GKV fernhalten (vgl. Sachverständigenrat zur Begutachtung der Entwicklung im Gesundheitswesen 2005, Ziffer 61). Wenn Leistungserbringer bei fehlendem Kontrahierungszwang der Krankenkassen Ge-

fahr laufen, ohne Vertrag bzw. ohne ausreichende Nachfrage zu bleiben, sehen sie sich eher zu besonderen Qualitätsanstrengungen veranlasst.
- Die Krankenhäuser vereinbaren ihren Versorgungsvertrag mit den Krankenkassen auf Landesebene kassenartenübergreifend und gemeinsam. Infolge der dualen Finanzierung orientieren sich die Investitionen zu sehr an landespolitischen und zu wenig an betriebswirtschaftlichen Aspekten. Zudem verzerrt die duale Finanzierung den Wettbewerb sowohl zwischen den Krankenhäusern als auch zwischen diesen und den ambulanten Leistungserbringern. Neben einer monistischen Finanzierung setzen faire Wettbewerbsbedingungen hier auch voraus, dass bestimmte öffentliche Träger allfällige Defizite nicht ohne Limit dauerhaft abdecken. Ein funktionsfähiger Wettbewerb zwischen ambulantem und stationärem Sektor sowie Rehabilitation und Pflege bedingt an den jeweiligen Schnittstellen einheitliche Leistungsdefinitionen, gleiche (Mindest-)Qualitätsstandards und dieselbe Vergütung für gleiche Leistungen (vgl. Wille, E. 2006, S. 433f.). Zu einer wettbewerblichen Konzeption passen im Rahmen der künftigen Krankenhausvergütung auch keine Fest-, sondern flexible Wettbewerbspreise (vgl. Neubauer, G. 2006, S. 383 f.).
- Im Bereich der Arzneimittelversorgung ermöglicht § 130 a, Abs. 8 den Krankenkassen oder ihren Verbänden mit pharmazeutischen Unternehmen „Rabatte für die zu ihren Lasten abgegebenen Arzneimittel (zu) vereinbaren". Diese Rabatt- bzw. Preisverhandlungen stoßen bei den pharmazeutischen Unternehmen aber nur dann auf ein relevantes Interesse, wenn die Krankenkassen ihnen im Gegenzug einen entsprechenden zusätzlichen Umsatz bieten bzw. in Aussicht stellen können. Unter den gegebenen gesetzlichen Regelungen vermögen die Krankenkassen eine solche Gegenleistung, die eine Patientensteuerung voraussetzt, jedoch nicht ohne eine verwaltungsmäßig aufwendige und kostspielige Einbeziehung von Ärzte- und Apothekengruppen zu erbringen (vgl. Institut für Gesundheits- und Sozialforschung GmbH et al. 2006, S. 390f.). Ein ordnungspolitisches Konzept, das u.a. auf kassenspezifischen Positivlisten als Voraussetzung für einen funktionsgerechten Wettbewerb aufbaut, verspricht hier effizientere Verhandlungsprozesse (ebenda, S. 401ff.). Schließlich setzen im Rahmen der Arzneimitteldistribution das Fremdbesitzverbot und der sehr eingeschränkte Mehrbesitz einem intensiven Wettbewerb allzu enge Grenzen.

Wettbewerblicher Handlungsbedarf

Für einen funktionsfähigen Wettbewerb im Gesundheitswesen reicht die Intensität der bestehenden wettbewerblichen Beziehungen nicht aus. Seine Intensivierung erfordert, wie Abbildung 2 veranschaulicht, eine Dezentralisierung der Entscheidungen und eine Zunahme der Handlungsparameter bzw. Instrumentvariablen von Krankenkassen und Leistungserbringern. Dies bedeutet, dass möglichst bzw. soweit zielführend dezentrale Verhandlungen auf der Mikroebene an die Stelle des gemeinsamen und einheitlichen Handelns oder der korporativen Steuerung auf der Makro- und Mesoebene treten. Eine stärkere Wettbewerbsorientierung im Gesundheitswesen bedingt, dass ein Vertrags- und Versorgungswettbewerb mit selektivem Kontrahieren die bisher vorherrschenden Allokationsmechanismen einer politisch-administrativen Steuerung sowie kollektivvertraglicher Vereinbarungen zumindest partiell ablöst. An die Stelle flächendeckender uniformer Kollektivverträge sollen vermehrt dezentrale wettbewerbliche Suchprozesse mit selektivem Kontrahieren von Krankenkassen und Leistungserbringern treten.

Bei der Schaffung besserer Rahmenbedingungen für selektives Kontrahieren zwischen Krankenkassen und Leistungserbringern geht es nicht darum, die Kollektivverträge ad hoc flächendeckend durch dezentrale Vertragsverhandlungen auf Mikroebene zu ersetzen. Bei einem umfassenden System selektiven Kontrahierens zwischen den diversen Leistungserbringern und den immer noch ca. 240 Krankenkassen droht eine Zersplitterung der Vertrags- und Versorgungslandschaft mit aus heutiger Sicht kaum abschätzbaren Folgen. Selektive Vertragsverhandlungen können grundsätzlich aber auch innerhalb eines kollektivvertraglichen Rahmens erfolgen und ebenso mit der korporativen Koordination im Wettbewerb treten (siehe Sachverständigenrat zur Begutachtung der Entwicklung im Gesundheitswesen 2005, Ziffer 92ff.). Dieser Wettbewerb vermag u. U. zur Steigerung von Effizienz und Effektivität der korporativen Koordination beizutragen, so dass die Ergebnisse dieses Wettbewerbsprozesses offen bleiben.

Neben der erforderlichen Zunahme der Instrumentvariablen von Krankenkassen und Leistungserbringern und einer Dezentralisierung der Entscheidungen besteht vor allem an den Schnittstellen zwischen ambulanter und stationärer Versorgung sowie Rehabilitation und Pflege im Sinne eines funktionsfähigen Wettbewerbs noch ein erheblicher gesetzlicher Handlungsbedarf. In diesem Kontext stehen u. a. folgende Reformmaßnahmen zur Diskussion:

Abbildung 2: Zur Intensivierung des Wettbewerbs im Gesundheitswesen

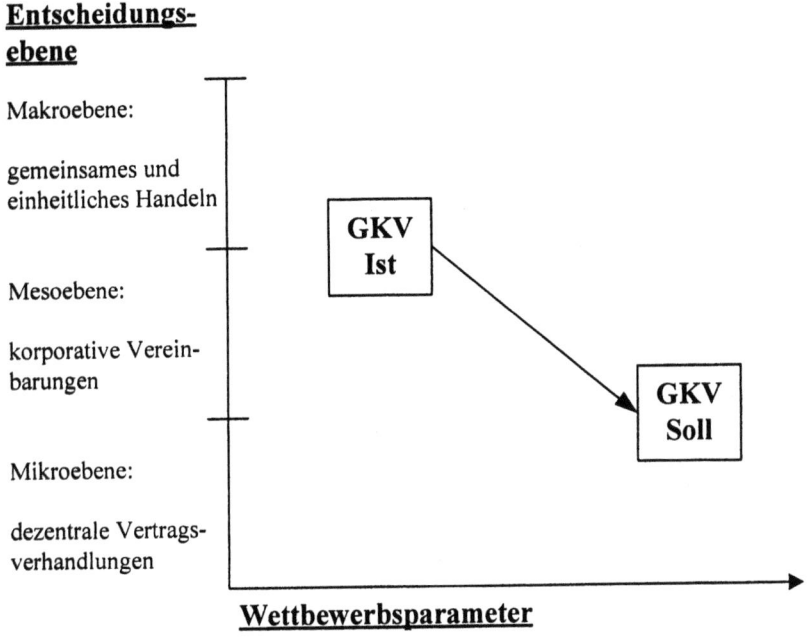

Quelle: Eigene Darstellung.

- Eine sektorübergreifende Optimierung, die sektoral orientierte Kalküle überwindet, erfordert an den Schnittstellen der Leistungssektoren einheitliche Leistungsdefinitionen, gleiche (Mindest-)Qualitätsstandards und dieselbe Vergütung für gleiche Leistungen. Hier bieten sich sektorübergreifende Finanzierungsvereinbarungen mit entsprechenden Komplexpauschalen an.
- Im Sinne eines funktionsfähigen und fairen Wettbewerbs bedürfen neben der Qualitätssicherung auch die Genehmigung neuer Behandlungsmethoden sowie das Finanzierungssystem einer sektorübergreifenden einheitlichen Ausgestaltung. Unter Finanzierungsaspekten impliziert dies die monistische Finanzierung im stationären Sektor. Andernfalls müsste es hier Vergütungsabschläge gegenüber ambulanten Einrichtungen geben.

- Die Tätigkeit der Leistungserbringer gründet sich bei der ambulanten und stationären Versorgung im Rahmen der Kollektivverträge auf einmalige Zulassungsakte, im Zuge selektiven Kontrahierens dagegen auf Einzelverträge. Dabei stützt sich die Zulassung von niedergelassenen Ärzten und Krankenhäusern zur Versorgung in der GKV nicht primär auf Qualitätskriterien, sondern auf regionale Kapazitätsberechnungen. Die zu einer bestimmten Zeit zugelassenen Leistungserbringer bzw. beati possedentes zeichnen sich daher nicht zwangsläufig durch eine höhere Qualität aus als jene, die bisher (noch) von der Teilnahme an der Versorgung ausgeschlossen blieben. Aus diesem Grund und auch, um den Qualitätswettbewerb zu fördern, sollten auch jene niedergelassenen Ärzte und Krankenhäuser, die derzeit über keine Zulassung verfügen, aber die spezifischen Qualitätsanforderungen erfüllen, mit den Krankenkassen selektiv kontrahieren können (so auch Sachverständigenrat zur Begutachtung der Entwicklung im Gesundheitswesen 2005, Ziffer 109). Der Ausschluss an der Versorgung in der GKV von Leistungserbringern, die qualitativen Anforderungen nachweislich eher als andere genügen, lässt sich mit einem zielorientierten Wettbewerb nicht vereinbaren.
- Ein Vertragswettbewerb im stationären Sektor setzt u. a. voraus, dass die Diagnostic Related Groups (DRGs) keine Festpreise darstellen.
- Ein funktionsgerechter Wettbewerb im Bereich der Arzneimittelversorgung bedarf einer gesetzlichen Rahmenordnung, die mehr zielorientierten dezentralen Vertragswettbewerb zwischen Krankenkassen und Leistungserbringern erlaubt. Zudem fehlt den integrierten Versorgungsnetzen im Unterschied zu den Krankenhäusern die Möglichkeit, Arzneimittel preiswerter zu erwerben. Schließlich bleiben ohne eine Suspendierung der Preisspannenverordnung die inländischen (Versandhandels-)Apotheken gegenüber den ausländischen Versandhandelsapotheken diskriminiert.
- Die strukturierten Behandlungsprogramme gemäß § 137f-g SGB V, die als Disease Management Programme (DMP) u. a. die Indikationen Diabetes Mellitus Typ 2, Brustkrebs, koronare Herzkrankheit und Asthma umfassen, stellen unter medizinischen wie ökonomischen Aspekten einen Spezialfall der integrierten Versorgung dar. Sie unterscheiden sich von anderen Ansätzen integrierter Versorgung nur durch ihre finanzielle Anbindung an den Risikostrukturausgleich (RSA). Vor diesem Hintergrund gibt es keine überzeugenden Gründe, DMP und integrierte Versorgung zu trennen und mit jeweils anderen finanziellen Anreizmechanismen auszustatten. Die Verknüpfung von DMP und RSA führte statt zu einem Qualitäts- zu einem Einschreibewettbewerb, dessen Dokumentationsaufwand erhebliche Ressourcen beansprucht (vgl. Häussler, B. et al. 2005, S. 31). Zudem verhindert die uniforme Ausgestaltung der DMP sowohl dezentrale, wettbewerbliche Suchprozesse nach der

besten Versorgung als auch die Auswahl der jeweils optimalen Behandlungsform. Es liegt daher nahe, die Anbindung der DMP an den RSA aufzulösen und diese in die integrierten Versorgungsformen nach § 140 a-d SGB V einzugliedern.
- Die Regelung des § 73b SGB V, nach der die Krankenkassen ihren Versicherten eine besondere hausärztliche bzw. hausarztzentrierte Versorgung anbieten müssen, widerspricht ordnungspolitischen Vorstellungen eines funktionsfähigen Wettbewerbs. Unter diesen Aspekten reicht es völlig aus, wenn die Krankenkassen über die Möglichkeit zu einem solchen Angebot verfügen. Sofern die hausarztzentrierte Versorgung gegenüber alternativen Versorgungsformen in den Augen der Versicherten bzw. Patienten komparative Vorteile aufweist und zu mehr Effizienz und Effektivität führt, besitzen die Krankenkassen ohnehin ein virulentes (Eigen-)Interesse an dieser Versorgungsform. Die hausarztzentrierte Versorgung sollte wie ihre allfälligen Alternativen eine faire Chance im Wettbewerbsprozess erhalten, aber keine Privilegierung genießen. Für Krankenkassen, die eine hausarztzentrierte Versorgung ohne gesetzlichen Zwang nicht anbieten würden, laufen die entsprechenden Aufwendungen teilweise auf eine Ressourcenverschwendung hinaus.
- Erweiterte Möglichkeiten selektiven Kontrahierens begünstigen tendenziell sowohl bei den Leistungsanbietern als auch bei den Krankenkassen Konzentrationsprozesse. Diese können je nach den spezifischen Gegebenheiten negative, aber auch positive allokative Effekte auslösen (siehe auch Sachverständigenrat zur Begutachtung der Entwicklung im Gesundheitswesen 2005, Ziffer 70ff.). Eine flächendeckende Versorgung auf hohem Niveau erfordert sicherlich keine 240 Krankenkassen, 21.000 Apotheken oder 2.100 Krankenhäuser. Diese Feststellung gilt unabhängig davon, dass es hier a priori keine optimale Betriebsgröße gibt, sondern diese sich erst im Zuge der Wettbewerbsprozesse einstellt und zudem im Zeitablauf ständig wandelt. Eine Intensivierung selektiven Kontrahierens im Gesundheitswesen bedingt, um die Funktionsfähigkeit des Vertrags- und Versorgungswettbewerbs zu schützen, die Existenz wettbewerbsrechtlicher Normen, wie das Gesetz gegen Wettbewerbsbeschränkungen (GWB) und das Gesetz gegen den Unlauteren Wettbewerb (UWG). § 69 SGB V schließt derzeit nach herrschender juristischer Meinung die Anwendung dieser Gesetze völlig aus, was der Stärkung eines funktionsfähigen bzw. zielorientierten Wettbewerbs widerspricht. Die Geltung des Wettbewerbs- und Vergaberechts erfordert somit eine Streichung oder Modifikation des § 69 SGB V.

Literatur

Arbeitsgemeinschaft der Spitzenverbände der Krankenkassen (2002), Konzept der gesetzlichen Krankenkassen zur Weiterentwicklung der solidarischen Wettbewerbsordnung, Bonn et al.

Breyer, F., Franz, W., Homburg, S., Schnabel, R. und Wille, E. (2004), Reform der sozialen Sicherung, Berlin et al.

Cassel, D., Ebsen I., Greß, S., Jacobs, K., Schulze, S. und Wasem, J. (2006), Weiterentwicklung des Vertragswettbewerbs in der gesetzlichen Krankenversicherung. Vorschläge für kurzfristig umsetzbare Reformschritte. Gutachten im Auftrag des AOK-Bundesverbandes, Juli 2006.

Eckpunkte zu einer Gesundheitsreform 2006, Berlin 04.07.2006.

Epsen, I., Greß, S., Jacobs, K., Szecsenyi, J. und Wasem, J. (2003), Vertragswettbewerb in der gesetzlichen Krankenversicherung zur Verbesserung von Qualität und Wirtschaftlichkeit der Gesundheitsversorgung. Gutachten im Auftrag des AOK-Bundesverbands, Endbericht, Bonn 06.03.2003.

Häussler, B., Wille, E., Wasem, J. und Storz, P. (2005), Diabetiker im Disease Management. Erste Erkenntnisse über die Wirkung der Disease Management Programme in der gesetzlichen Krankenversicherung, in: Gesundheits- und Sozialpolitik, 9-10/2005, S. 23-

Häussler, B., Ecker, T. und Schneider, M. (2006), Belastung der Arbeitgeber in Deutschland durch gesundheitssystembedingte Kosten im internationalen Vergleich, Nomos Verlagsgesellschaft, Baden-Baden.

Hermann, Ch. (1995), Kassenwettbewerb und staatliche Aufsicht. Ein Meinungsartikel zu den gemeinsamen Wettbewerbsgrundsätzen der Aufsichtsbehörden, in: DOK, Politik-Praxis-Recht, Heft 13, S. 431-436.

Institut für Gesundheits- und Sozialforschung GmbH (IGES), Cassel, D., Wille, E. und Wissenschaftliches Institut der AOK (WIdO) (2006), Steuerung der Arzneimittelausgaben und Stärkung des Forschungsstandortes für die pharmazeutische Industrie. Gutachten für das Bundesministerium für Gesundheit, Berlin 08.05.2006.

Jacobs, K. und Reschke, P. (1992), Freie Wahl der Krankenkasse: Konzeption und Konsequenzen eines geordneten Kassenwettbewerbs, Nomos Verlagsgesellschaft, Baden-Baden.

Neubauer, G. (2006), Krankenhausvergütung 2009: Fest- oder Wettbewerbspreise? Der Wettbewerb ist unteilbar, in: führen und wirtschaften im Krankenhaus (f & w), 23. Jg., Nr. 4, S. 380-384.

Sachverständigenrat für die Konzertierte Aktion im Gesundheitswesen (1996), Gesundheitswesen in Deutschland. Kostenfaktor und Zukunftsbranche. Band

I: Demographie, Morbidität, Wirtschaftlichkeitsreserven und Beschäftigung. Sondergutachten 1996, Nomos Verlagsgesellschaft, Baden-Baden.

Sachverständigenrat zur Begutachtung der Entwicklung im Gesundheitswesen (2005), Koordination und Qualität im Gesundheitswesen, Bd. I: Kooperative Koordination und Wettbewerb, Sozioökonomischer Status und Gesundheit, Strategien der Primärprävention, Kohlhammer, Stuttgart.

Wille, E. (1999), Auswirkungen des Wettbewerbs auf die gesetzliche Krankenversicherung, in: Wille, Eberhard (Hrsg.), Zur Rolle des Wettbewerbs in der gesetzlichen Krankenversicherung, Nomos Verlagsgesellschaft, Baden-Baden, S. 95-156.

Wille, E. (2006), Die korporative Koordination als Allokationsmechanismus im Gesundheitswesen, in: Rebscher Herbert (Hrsg.), Gesundheitsökonomie und Gesundheitspolitik im Spannungsfeld zwischen Wissenschaft und Politikberatung, Festschrift für Günter Neubauer, Heidelberg et al., S. 427-439.

Wille, E. und Schneider, U. (1999), Regionalisierung, Risikostrukturausgleich und Verteilungsgerechtigkeit, in: Rebscher, Herbert (Hrsg.), Regionalisierung der gesetzlichen Krankenversicherung. Ordnungspolitische, ökonomische und juristische Analysen, Baden-Baden, S. 91-123.

Wissenschaftlicher Beirat beim Bundesministerium für Wirtschaft und Technologie (2006), Mehr Wettbewerb im System der gesetzlichen Krankenversicherung, Berlin 13.05.2006, in: Dokumentation Nr. 556, hrsg. vom Bundesministerium für Wirtschaft und Technologie, Berlin 2006.

Der morbiditätsorientierte Risikostrukturausgleich als notwendige Grundlage?

Volker Ulrich

1. Einleitung

In die gesundheitspolitische Diskussion über die Weiterentwicklung der gesetzlichen Krankenversicherung (GKV) fließen zunehmend Wettbewerbsgesichtspunkte ein. In diesem Kontext betonen Ökonomen seit Längerem, dass eine Erhöhung von Effizienz und Effektivität der Gesundheitsversorgung eine stärkere wettbewerbliche Ausrichtung der GKV erfordert. Um die Qualität und die Produktivität der einzelnen Versicherungsangebote zu erhöhen, bedarf es eines stetigen ökonomischen Drucks" der am wirkungsvollsten über mehr Wettbewerb und mehr Anreize in der GKV organisiert werden kann.

Allerdings ist eine weitergehende Liberalisierung des Krankenversicherungsmarktes in Einklang zu bringen mit dem bisher dominierenden Solidarprinzip. Um dem Solidarprinzip genüge zu tun, unterliegen die Krankenkassen sowohl dem Kontrahierungszwang als auch dem Diskriminierungsverbot, d. h. sie dürfen niemanden ablehnen und verlangen von allen Versicherten einen einheitlichen Beitragssatz in Prozent des Einkommens.

Aus dem Diskriminierungsverbot resultiert ein zentrales Problem für einen freien Wettbewerb zwischen den gesetzlichen Kassen: nämlich die Risikoselektion. Auf einem unregulierten Versicherungsmarkt würde sich zwar ein Gleichgewicht einstellen, bei dem jeder Versicherte die für ihn gewünschte und damit auch effiziente Menge an Versicherungsleistung nachfragen kann, allerdings zu unterschiedlichen, risikoorientierten Prämien. Das Diskriminierungsverbot verlangt aber gerade, dass die Krankenkassen von allen Versicherten gleich hohe Beitragssätze in Prozent des Einkommens erheben, unabhängig vom individuellen Risiko. Damit besteht für Krankenkassen grundsätzlich ein Anreiz, die Risikostruktur ihrer Versicherten durch eine aktive Risikoselektion zum eigenen Vorteil zu beeinflussen, d.h. gute Risiken an die Krankenkasse zu binden oder aufzunehmen bzw. schlechte Risiken von der Krankenkasse auszuschließen bzw. fern zu halten. Ein mögliches Instrument zur Begrenzung der geschilderten Risikoselektion in einem regulierten Krankenversicherungsmarkt stellt der Risikostrukturausgleich (RSA) dar.

Der RSA führt auf folgende Art und Weise zu einer Umverteilung zwischen den Krankenkassen. Zum einen kommt es auf der Einnahmenseite zu einer Abschöpfung der Finanzkraft, d.h. des Potenzials einer Krankenkasse, einkommensabhängige Beiträge zu erheben. Zur Berechnung des Ausgleichsbedarfssatz wird ein fiktiver durchschnittlicher Beitragssatz zur Finanzierung der im Risikostrukturausgleich berücksichtigungsfähigen Leistungsausgaben zu Grunde gelegt. Die fiktiv so eingenommenen Mittel werden dann als Beitragsbedarf an die Krankenkassen wieder ausgeschüttet. Dabei orientiert sich der Beitragsbedarf an der Risikostruktur einer Krankenkasse. Insgesamt bezieht sich der RSA somit auf Unterschiede zwischen den Krankenkassen im Einkommen, in der Anzahl der Familienversicherten und in der Morbidität der Versicherten (Alter, Geschlecht, Erwerbsminderung). Der RSA versucht also bis zu einem gewissen Grad auf der Einnahmenseite risikoorientierte Prämien für eine einzelne Kasse zu simulieren.

Trotz der empirisch belegten signifikanten Verringerung der Beitragssatzspannen strebt der Gesetzgeber mit der Intensivierung der Morbiditätsorientierung nun eine „Vervollkommnung" des Risikostrukturausgleichs an, da der bisherige Ausgleich, der die historisch gewachsenen Unterschiede in der Versichertenstruktur ausgleichen sollte, das politisch gesteckte Ziel eines annähernden Ausgleichs der Versichertenstrukturen nicht erreicht und wohl auch gar nicht erreichen konnte.[1] Der Gesetzentwurf eines GKV-Wettbewerbsstärkungsgesetzes (vgl. Gesetzentwurf der Fraktionen der CDU/CSU und SPD 2006) sieht in Artikel 38 eine Intensivierung des RSA vor. Das darin erwähnte Versichertenklassifikationsmodell baut auf 50 bis 80 besonders kostenintensiven chronischen Krankheiten sowie solchen mit schwerwiegendem Verlauf auf, bei denen die durchschnittlichen Leistungsausgaben je Versicherten die entsprechenden Aufwendungen für alle Versicherten um mindestens 50% übersteigen. Der Gesetzgeber plant, diese Erweiterung des RSA zusammen mit dem Gesundheitsfonds zum 01. 01. 2009 einzuführen. Der vorliegende Beitrag analysiert aktuelle, auch internationale, Entwicklungstendenzen des RSA und thematisiert insbesondere das Verhältnis von Wettbewerb und RSA, um Alternativen zu einem ausdifferenzierten RSA aufzeigen zu können.

---

1 Der häufig gebrauchte Begriff Morbi-RSA für den geplanten, intensiveren morbiditätsorientierten RSA erscheint in sofern semantisch irreführend, da er vernachlässigt, dass der bisherige Risikostrukturausgleich mit den Merkmalen Alter und Geschlecht bereits eine Morbiditätsausrichtung besitzt.

2. Entwicklungstendenzen beim Risikostrukturausgleich

Der Risikostrukturausgleich in der oben beschrieben Form wurde mit dem Gesundheitsstrukturgesetz (GSG) 1993 eingeführt und hat seitdem Bestand. Die Anbindung des RSA an die Morbiditätsmerkmale Alter, Geschlecht und Erwerbsminderung trug im Zeitablauf zu einer signifikanten Konvergenz der Beitragssätze der gesetzlichen Krankenkassen bei. Diese Tendenz veranschaulicht Abbildung 1, aus der man die Konvergenz der Beitragssätze erkennt. Herrschte 1996 zwischen den Kassenarten noch eine Beitragssatzspanne von fast 4 Prozentpunkten, so schrumpfte diese auf weniger als einen Prozentpunkt im Jahr 2005.[2] Allerdings zeigt Abbildung 1 auch einen Anstieg des Ausgleichvolumens von 10,5 Mrd. Euro im Jahr 1996 auf 15 Mrd. Euro im Jahr 2005, wenngleich für die Jahre 2004 und 2005 kein anhaltendes Wachstum des RSA-Volumens mehr vorliegt.

Abbildung 1: Entwicklung der GKV-Beitragssätze und des RSA-Volumens (in Mrd. €)

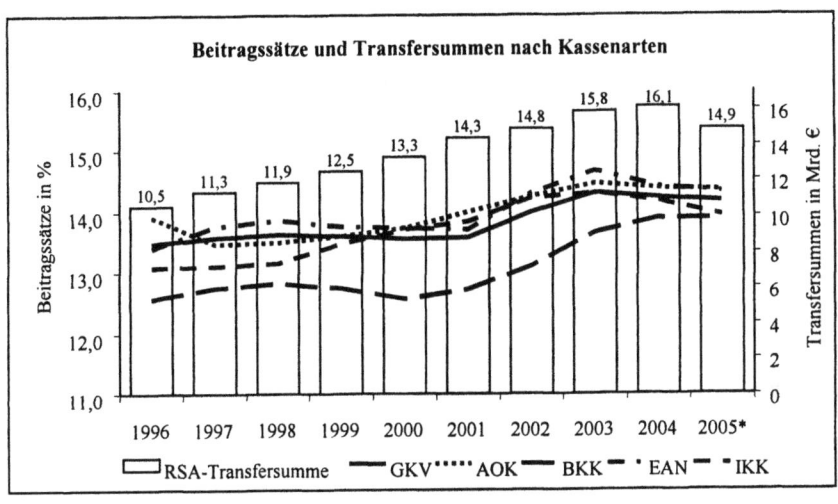

Quelle: Eigene Darstellung nach Bundesversicherungsamt 2006 und Bundesministerium für Gesundheit 2006.

---

2 Hierbei gilt es zu beachten, dass ebenso wie bei den RSA-Zahlungen auch bei den Beitragssätzen innerhalb der einzelnen Kassenarten erhebliche Unterschiede vorliegen.

Da den Krankenkassen wie auch den Versicherten bisher kaum Wettbewerbsparameter neben der Beitragssatzhöhe zur Verfügung stehen, konzentrieren sich daher ihre Aktivitäten in einem großen Ausmaß auf den Beitragssatz und damit von Seiten der Kassen auch auf den RSA. Die Kassen streben neben der Gesundheitsversorgung ein möglichst hohes Transfervolumen aus dem RSA an bzw. möglichst geringe Einzahlungen in den RSA. Dies lässt sich dadurch erklären, dass die Größe des Umverteilungsvolumens des RSA seit seiner Einführung kontinuierlich angewachsen ist (siehe Abbildung 2).

Dabei zahlen in den RSA hauptsächlich die BKKen und die Ersatzkassen ein, während auf der Empfängerseite hauptsächlich die AOKen und die Bundesknappschaft stehen.[3] Bei den Versicherten spielt die Höhe des Beitragssatzes bislang die entscheidende Rolle. Insbesondere junge und gesunde Versicherte richten ihren Versicherungswechsel an diesem Kriterium aus, d.h. es kommt auf Seiten der Versicherten zu einer Form von Selbstselektion, da sich bestimmte Versichertengruppe von sich aus auf bestimmte Krankenkassen mit niedrigen Beitragssätzen konzentrieren. Trotz RSA könnte es daher sowohl zu einer Risikoselektion durch die Kassen als auch zu einer Selbstselektion der Versicherten gekommen sein, wodurch sich die Risiken nicht wie erhofft vermischt, sondern weiter entmischt haben. Auch wenn beide Erklärungsfaktoren letztlich zum gleichen Ergebnis beitragen, nämlich der Entmischung von Risiken, ist sowohl für eine Kausalanalyse als auch für die Weiterentwicklung des RSA die Kenntnis dieser Ursache-Wirkungs-Zusammenhänge entscheidend.

Ab dem Jahr 2000 wurden im Zusammenhang mit dem RSA Stimmen laut, welche seine Zielgenauigkeit in Frage stellten. Weitere Reformschritte sollten auf Basis gutachterlicher Stellungnahmen erfolgen, von denen insbesondere drei Gutachten verstärkte Aufmerksamkeit erzielten: erstens das Gutachten von IGES, Cassel und Wasem (Jacobs et al. 2001), das im Auftrag des Bundesministeriums für Gesundheit erstellt wurde, zweitens das Gutachten von Lauterbach und Wille (Lauterbach und Wille 2001) im Auftrag der Bundesverbände der Orts- und Innungskrankenkassen sowie der Ersatzkassen und drittens das Gutachten von Breyer und Kifmann (Breyer und Kifmann 2001) im Auftrag des Bundesverbandes der Betriebskrankenkassen. Obwohl die Gutachten in ihren Vorschlägen differieren, fiel die grundsätzliche Bewertung der Gutachter zum bestehenden RSA sehr einheitlich aus: der RSA habe sich im Grundsatz bewährt und sei als ordnungspolitischer Rahmen der Kassenwahlfreiheit unverzichtbar. Allerdings führe der Risikostrukturausgleich in der derzeit praktizierten Form auch zu zwei Arten von Verzerrungen:

---

3 Gleichzeitig bestehen auch innerhalb der Kassenarten Unterschiede, so dass z.B. auch einige Ersatzkassen und Betriebskrankenkassen Zahlungen aus dem RSA erhalten.

Abbildung 2: Entwicklung der Transfervolumina seit 1994

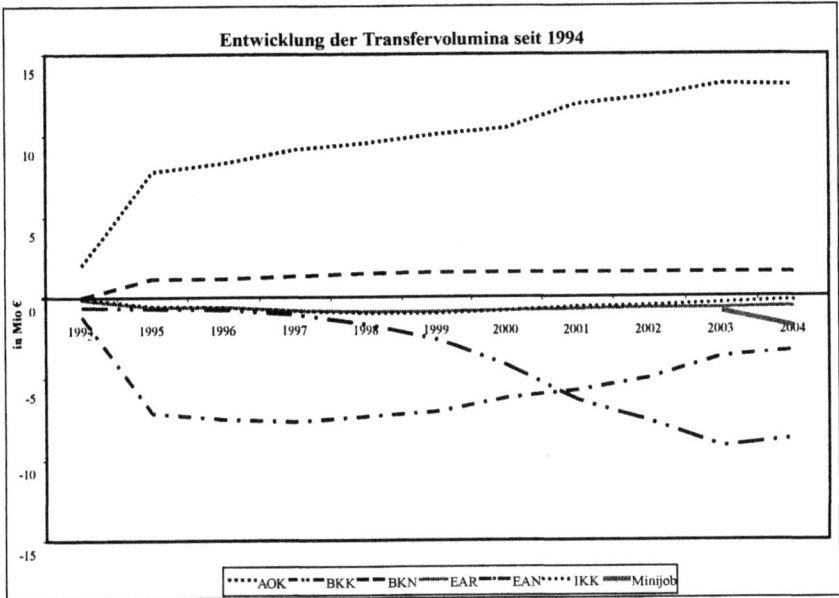

Quelle: Eigene Darstellung nach Bundesversicherungsamt 2006.

1. Kassenwechsler sind gesünder als Nicht-Kassenwechsler mit denselben RSA-Merkmalen. Im Kassenwechsel drücke sich daher ein Selbstselektionseffekt der Versicherten aus, d.h. es wechseln insbesondere die jüngeren, gesünderen und damit auch einkommensstärkeren Personengruppen, was langfristig das Wettbewerbssystem der GKV destabilisieren könne.
2. Krankenkassen, die sich der Versorgung chronisch Kranker zuwenden, drohen finanzielle Verluste, denn sie erhalten aus dem bestehenden RSA für chronisch Kranke lediglich negative Deckungsbeiträge. Daher haben Krankenkassen keinen Anreiz, die Versorgung chronisch Kranker zu verbessern.

Welche Folgerungen bzw. Entwicklungsmöglichkeiten ergeben sich aus den genannten Stellungnahmen zum RSA? Eine Möglichkeit, den RSA weiter zu entwickeln besteht darin, eine Ausdifferenzierung hinsichtlich der erfassten Morbiditätsmerkmale anzustreben. Hierfür verwiesen vor allem die BMG-Gutachter auf bestehende morbiditätsorientierte Klassifikationssysteme, welche die Morbidität anhand von (Krankenhaus-)Diagnosen und (Arznei) Verordnungen bzw. Wirkstoffen erfassen, wobei der direkte Bezug zur individuellen Morbidität in vielen Fällen fragwürdig bleibt bzw. auch eher indirekt gegeben sein dürfte. In den Vereinigten Staaten und den Niederlanden werden solche Versichertenklassifikationsmodelle bereits eingesetzt. In den USA werden Pharmakostengruppen und Diagnosekostengruppen im Rahmen von Capitation-Modellen in Medicaid-Programmen in regional begrenztem Umfang zur Honorierung verwendet (vgl. Cutler und Zeckhauser 2000, McGuire und Glazer 2005). Das in den Niederlanden verwendete Klassifikationsmodell beschränkt die Ausdifferenzierung der Morbiditätsmerkmale gegenwärtig auf 17 Pharmakostengruppen und 13 Diagnosekostengruppen im stationären Bereich, die jedoch im Zeitablauf einer stetigen Anpassung bzw. Abstimmung unterliegen, so dass auch hier nachträglich noch zahlreiche Korrekturen stattfinden (vgl. Douven 2004, van de Ven und Ellis 2000, van Vliet 2006).

Unter Wettbewerbsaspekten bietet sich eine zweite Möglichkeit der Weiterentwicklung des gegenwärtigen Systems an, nämlich die stärkere Verknüpfung bzw. Verzahnung des bisherigen RSA mit wettbewerblichen Handlungsspielräumen, welche den Kassen mehr Chancen bieten, Kosteneinsparungen und Qualitätsvorteile zu erzielen und sich nicht ausschließlich auf den Umverteilungstopf RSA konzentrieren zu müssen (vgl. Wille und Schneider 1999, Wille et al. 2007).

Solange den Krankenkassen keine weiteren Wettbewerbsparameter an die Hand gegeben werden, können sie sich keine Wettbewerbsvorteile in Form von Kosteneinsparungen und Qualitätsverbesserungen erarbeiten. Da trotz aller Anstrengungen zur Schaffung schlanker Organisationsstrukturen der finanzielle Spielraum für Effizienzverbesserungen gering bleibt, dominiert das Streben nach einer Erhöhung der empfangenen bzw. einer Senkung der geleisteten Transfers in Form von Zahlungen in oder aus dem RSA (vgl. Klusen und Pütz 2006). Bei diesen so genannten Rent-Seeking-Effekten handelt es sich um volkswirtschaftlich unproduktive und ineffiziente Aktivitäten.[4]

Das so genannte Konsenspapier der Gutachter Cassel, Wasem, Lauterbach und Wille (vgl. IGES et al. 2001) sieht einen Übergang zu einem stärker morbiditätsorientierten RSA bis zum Jahr 2007 vor. Zwei eher kurzfristige Maßnahmen wurden vom Gesetzgeber in das Gesetz zur Reform des Risikostrukturausgleichs in der gesetzlichen Krankenversicherung 2001 aufgenommen, zum einen die Anbindung der Disease Management Programme (DMP) an den RSA und zum anderen die Einführung eines Risikopools (vgl. hierzu auch Göpffarth 2004, S. 5ff.).

---

[4] Rent-Seeking hat seinen Ursprung u.a. in der Agency Theorie, da Bürokraten und eine Regierungspartei über Monopolmacht verfügen, so dass sie im Austausch gegen politische und finanzielle Unterstützung von Verbänden solche Renten zugestehen.

Beide kurzfristigen Maßnahmen erfüllten allerdings nicht die in sie gesetzten Erwartungen bzw. konnten diese gar nicht erfüllen. Bei der Anbindung der DMPs an den RSA wurde vernachlässigt, dass die strukturierten Behandlungsprogramme nicht eingeführt wurden, um finanzielle Transfers zwischen den Krankenkassen zu erzeugen, sondern um Anreize zur Versorgung chronisch Kranker zu schaffen. Einen erhöhten Beitragsbedarf gibt es jedoch nur für eingeschriebene chronisch Kranke, nicht aber für alle, die eine chronische Erkrankung aufweisen. Bei den Krankenkassen findet eine Verzerrung dahin gehend statt, dass sie an möglichst hohen Einschreibequoten interessiert sind und nicht unbedingt an qualitativ hochwertigen Behandlungsprogrammen. Von daher verspricht die Anbindung der strukturierten Behandlungsprogramme an den RSA keinen dauerhaften Erfolg in Bezug auf die verbesserte Versorgung chronisch Kranker und löst unter RSA-Aspekten tendenziell eher negative Selektionseffekte aus.

Als zweite eher kurzfristig gedachte Maßnahme wurde ein Risikopool im Jahr 2002 eingeführt, der eine Art Rückversicherung darstellt, bei der die Krankenkassen einen Teil der Ausgaben für besonders aufwändige Leistungsfälle erstattet bekommen. Zu diesem Zweck werden jeder Krankenkasse für jeden Leistungsfall, dessen ausgleichsfähige Leistungsausgaben den Schwellenwert von 20.450 Euro überschreiten, die diesen Schwellenwert übersteigenden Leistungsausgaben zu 60% erstattet.

Die Finanzierung des Risikopools erfolgt dabei analog zum RSA durch einen eigenen Ausgleichsbedarfssatz. Darüber hinaus werden die im Risikopool ausgeglichenen Leistungsausgaben im RSA nicht mehr berücksichtigt. Der Risikopool induziert bei den einzelnen Krankenkassen Ausgleichforderungen und – Verpflichtungen, je nachdem, ob die Ansprüche aus dem Risikopool die Finanzkraft übersteigen oder nicht. Allerdings führt der Risikopool gleichzeitig zu einer Absenkung des Beitragsbedarfs derselben Krankenkasse im RSA, da die Ausgaben für die Hochrisikogruppen ja bereits durch den Pool ausgeglichen werden. Im Jahr 2003 wurden im Risikopool etwa 600.000 Versicherte mit ausgleichfähigen Leistungsausgaben in Höhe von 19,6 Milliarden Euro gemeldet. Nach Anwendung des Schwellenwerts und der Interessenquote entstanden Ansprüche aus dem Risikopool in Höhe von 4,6 Milliarden Euro (vgl. Göpffarth 2004, S. 6). Die geringen finanziellen Auswirkungen auf der Ebene der Kassenarten resultierten partiell auch daraus, dass Kassenarten insgesamt relative große Risikogemeinschaften sind, welche eine Rückversicherungsfunktion selbst ausüben. Für eine einzelne Kasse bleibt ein Hochkostenfall allerdings immer noch ein schlechtes Risiko, da der Deckungsbeitrag eines solchen Falls negativ ist.

Mit Blick auf das weitere, eher mittelfristig orientierte Vorgehen sollte eine zusätzliche wissenschaftliche Untersuchung über die stärkere Morbiditätsorientierung des RSA in Auftrag gegeben werden, damit der Risikostrukturausgleich zu Beginn des Jahres 2007 umgestellt werden könne. Mit der Vorlage dieser wissenschaftlichen Untersuchung im Jahr 2004 (vgl. IGES et al. 2004) wurden die Weichen in Richtung Ausdifferenzierung des RSA gestellt, da die Gutachter sich für ein Versichertenklassifikationssystem aussprachen, das als Morbiditätsmerkmale Zuschläge auf Basis von Krankenhausdiagnosen „IPHCC" (Inpatient Hierarchical Condition Categories) und Zuschläge auf Basis von Arzneimittelwirkstoffen „RxGroups" (nebeneinander stehende Morbiditätskategorien, die additiv bewertet werden) vorsah.

Mit der Gesundheitsreform 2006 ist diese Entwicklung nun erneut modifiziert worden. Der Gesetzentwurf eines GKV-Wettbewerbsstärkungsgesetzes (GKV-WSG 2006) sieht eine Intensivierung des RSA vor, welche die 50 bis 80 besonders kostenintensiven chronischen Krankheiten im RSA berücksichtigen soll. Bei diesen erfassten Krankheiten sollen die durchschnittlichen Leistungsausgaben je Versicherten die entsprechenden Aufwendungen für alle Versicherten um mindestens 50% übersteigen. Der Gesetzgeber plant, diese Erweiterung des RSA zusammen mit dem Gesundheitsfonds zum Jahresbeginn 2009 einzuführen.

Abbildung 3: Zusammenhang von RSA-Morbidiät und Ausgabenniveau

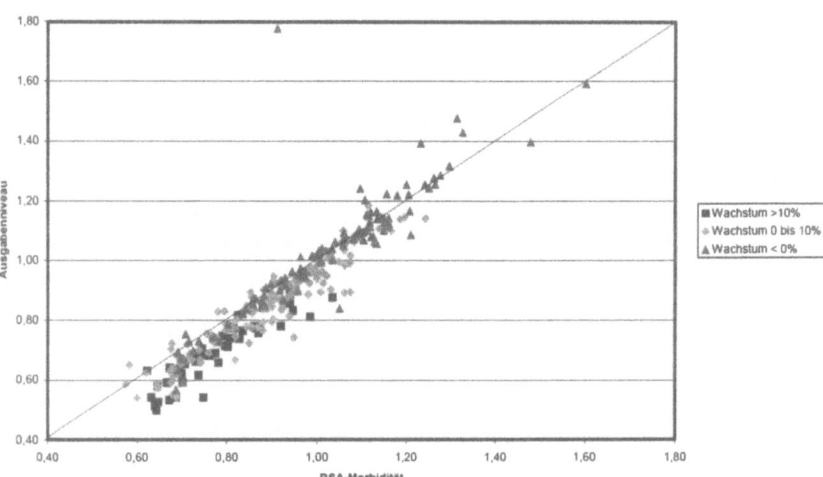

Quelle: Göpffarth 2004, S. 21.

Als Zwischenfazit lässt sich festhalten, dass der bisherige RSA, der einen Ausgleich anhand der Morbiditätskriterien Alter, Geschlecht und Erwerbsminderung vornimmt, die politisch erwünschte Tendenz zur „Verdurchschnittlichung" aufweist. In Abbildung 3 ist der Zusammenhang zwischen der RSA-Morbidität und dem Ausgabenniveau einer Krankenkasse wiedergegeben (vgl. Göpffarth 2004, S. 10). Die RSA-Morbidität ist auf der Abszisse abgetragen und gibt an, ob die Risikostruktur der Krankenkasse, gemessen an den Faktoren Alter, Geschlecht und Zahl der Erwerbsminderungsrentner, über- oder unterdurchschnittlich ist. Eine RSA-Morbidität von 1,0 impliziert, dass die Morbidität dieser Krankenkasse genau dem GKV-Durchschnitt entspricht. Bei einer RSA-Morbidität größer als Eins sind dagegen für diese Kasse höhere Ausgaben im Vergleich zum GKV-Durchschnitt zu erwarten. Das Ausgabenniveau auf der Ordinate gibt an, um wie viel Prozent die Leistungsausgaben der Krankenkasse je Versicherten über oder unter dem GKV-Durchschnitt liegen. In der Abbildung ist zusätzlich ablesbar, ob es sich bei der betreffenden Kasse um eine wachsende oder eine schrumpfende Kasse handelt.

Es ist erkennbar, dass schrumpfende Krankenkassen eine relativ höhere RSA-Morbidität aufweisen, d.h. eine ungünstige Risikostruktur besitzen. Diese Unterschiede werden durch den bestehenden RSA erfasst und abgegolten, d.h. durch höhere Ausgleichsverpflichtungen der Wachstumskassen. Allerdings ist der Ausgleich nicht perfekt, denn schrumpfende Kassen, die im Diagramm rechts oberhalb der Diagonalen liegen, besitzen ein höheres Ausgabenniveau als sie durch den RSA als Beitragsbedarf zugewiesen bekommen.

Abbildung 4: Dynamischer Zusammenhang von RSA-Morbidität und Ausgabenniveau

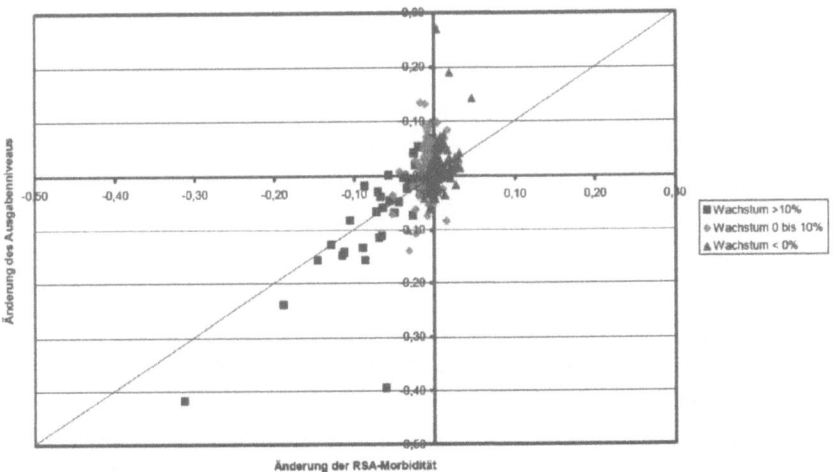

Quelle: Göpffarth 2004, S. 22.

Beim Vergleich der beiden Jahre 2001 und 2002 in Abbildung 4 fällt auf, dass sich tendenziell für die Wachstumskassen auch die Risikostruktur (hier die RSA-Morbidität) verbessert, wodurch aber auch die Ausgleichsverpflichtungen zunehmen. Dadurch werden die im Querschnitt bestehenden Vorteile der Wachstumskassen beschränkt. Die interessierende Frage ist daher, ob das Ausgabenniveau stärker oder weniger stark zurückgeht, als die Ausgleichsverpflichtungen zunehmen. Hierzu liefert Abbildung 4 keinen eindeutigen Zusammenhang. Wachsende Kassen verbessern zwar ihre Risikostruktur, nicht unbedingt aber ihr Ausgabeniveau. Dazu müssten sich die Kassen im unteren Dreieck unterhalb der 45°-Linie in Abbildung 4 befinden, was nicht für alle Wachstumskassen der Fall ist. Zumindest im Vergleich der beiden Jahre 2001 und 2002 ergeben sich damit Hinweise für eine Tendenz zur Verdurchschnittlichung.

3. Wettbewerb und RSA

Unter Wettbewerbsaspekten stellt die Vervollkommnung des RSA in Richtung eines totalen Ausgleichs der Risikostrukturen den falschen Weg dar, da den Krankenkassen lediglich der Beitragssatz als Preissignal zur Verfügung steht. Somit dominiert das Streben nach einer Erhöhung der empfangenen bzw. einer Senkung der geleisteten Transfers in Form von Zahlungen in oder aus dem RSA.

Unter Rent-Seeking versteht man in der ökonomischen Literatur Aktivitäten von Individuen, Unternehmen oder Verbänden, die auf eine Einflussnahme auf die Entscheidungen des Gesetzgebers abzielen und diese in ihrem eigenen Sinne zu beeinflussen versuchen (vgl. Connolly und Munroe 1999). Diese Bestrebungen zielen darauf ab, durch gezielte Investitionen in die Beeinflussung von Entscheidungsträgern eine Rente für sich zu generieren. Dabei geht es um eine künstlich geschaffene Rente, der keinerlei produktive Aktivität gegenübersteht, sondern deren Ziel in einer Umverteilung liegt.

Die besondere Gefahr in Märkten, in denen Rent-Seeking für die Marktteilnehmer von Interesse ist, liegt darin, dass immer mehr Ressourcen für Investitionen in Rent-Seeking Aktivitäten benötigt werden und somit immer weniger Mittel für produktive Zwecke verbleiben. Zudem entsteht ein Anreiz für andere Marktteilnehmer, bei erfolgreichem Rent-Seeking ebenfalls in diesem Marktsegment tätig zu werden.

Das System der GKV in Deutschland stellt ein Beispiel solcher unproduktiver Aktivitäten dar. Aufgrund fehlender Wettbewerbsparameter auf dem GKV-Markt vermehren die Krankenkassen ihre Aktivitäten, die auf eine größere Umverteilung zu ihren Gunsten abzielen. Als größtes Umverteilungsinstrument bietet sich dabei der RSA an. Die ungleiche Verteilung der versicherten Risiken sollte nach der Intention des Gesetzgebers einem funktionierenden Wettbewerb nicht im Wege stehen. Somit sollten sich Rationalisierungsvorteile nutzen lassen und Beitragssatzdifferenzen lediglich die Wirtschaftlichkeitsunterschiede zwischen den Krankenkassen abbilden.

Die Einführung des RSA verfolgte auch das Ziel, historisch gewachsene Wettbewerbsverzerrungen zwischen den Krankenkassen abzubauen. Der anvisierte Wettbewerbserfolg einer Krankenkasse sollte nicht auf ihre möglicherweise günstigere Ausgangsposition zurückgehen. Darüber hinaus sollte sich der Wettbewerb auch nicht einseitig auf die Attrahierung so genannter „guter Risiken" (Resch 2004, S. 49) konzentrieren.[5]

Die Logik des RSA und seiner verstärkt morbiditätsorientierten Varianten setzt an dem Argument an, dass Krankenkassen trotz Kontrahierungszwang und Diskriminierungsverbot eine kassenseitige Risikoselektion vornehmen, entweder direkt oder indirekt über den Umfang und die Struktur des angebotenen Versicherungsschutzes.

Insgesamt gesehen stehen den GKV-Kassen gegenwärtig jedoch nur sehr wenige Instrumente zur Risikoselektion zur Verfügung (vgl. Wille et al. 2007, S. 29ff.). Höppner et al. (2005, S. 59) argumentieren zwar, dass für die Krankenkassen ein deutlicher Anreiz zur Risikoselektion besteht und dass dies auch Beispiele aus der Praxis bestätigen. Diese Sichtweise ist aber erstens empirisch nicht belegt bzw. lediglich von „anekdotischer Evidenz" (McGuire und Glazer 2005, S. 41) und vernachlässigt zweitens, dass nicht jede Selektion von Versicherten auf bestimmte Verträge auf eine aktive Risikoselektion der Krankenkassen zurückgeht.

Wenn sich Individuen mit unterschiedlichen Risiken aufgrund ihrer Präferenzen bei verschiedenen Krankenkassen einschreiben, stellt dies ökonomisch gesehen kein Effizienzproblem dar. In einem wettbewerblich strukturierten Krankenversicherungsmarkt existieren (regionale) Unterschiede hinsichtlich der Nachfrage nach Krankenversicherungsleistungen sowie unterschiedliche Einstellungen zu einem differenzierten Leistungsangebot. Sofern diese Faktoren mit den erwarteten Gesundheitsausgaben korrelieren, kommt es zu einer effizienten Aufteilung der Versicherten auf die einzelnen Krankenkassen in dem Sinne, dass unter-

---

5   Mit der Einführung der Disease Management-Programme kann es zu einer erwünschten Risikoselektion durch die Krankenkassen kommen. Für den Fall eines gut eingestellten Diabetikers lässt sich zeigen, dass es sich aus objektiver Sicht zunächst um ein hohes Risiko handelt, da eine chronische Erkrankung vorliegt. Aus Sicht der Krankenkasse stellt die Einschreibung eines gut eingestellten Diabetikers in ein Disease Management Programm jedoch einen Vorteil dar, falls die daraus folgenden durchschnittlichen RSA-Zahlungen den finanziellen Aufwand der Kasse für dessen Betreuung übersteigen.

schiedliche Risiken verschiedene Verträge abschließen. Aus ökonomischer Perspektive bildet diese Selbstselektion der Versicherten kein Effizienzproblem, solange ein wettbewerblicher Markt für Krankenversicherungsschutz existiert, d.h. dass alle Versicherten jederzeit ohne finanzielle Nachteile ihre Krankenkasse wechseln können. Bei erheblichen unterschiedlichen Beitragssätzen könnte man hierbei höchstens ein Fairness-Problem sehen, allerdings gilt es zu bedenken, dass für den einzelnen Versicherten eine uneingeschränkte Wechselmöglichkeit in der GKV besteht, wodurch sich das Fairness-Problem relativiert.

Gegen ein Effizienzproblem spricht auch, dass im gegenwärtigen GKV-System lediglich ca. 5% der Leistungen gestaltbar und somit die Möglichkeit einer Krankenkasse für eine aktive Risikoselektion eher eingeschränkt sind. Zudem erscheint auch eine Risikoselektion über die Qualität der Versicherungsleistungen schwer möglich, da diese bisher im Wesentlichen durch die Leistungserbringer determiniert wird.

Somit lässt sich festhalten, dass den Krankenkassen gegenwärtig nur sehr wenige Instrumente zur Risikoselektion zur Verfügung stehen (vgl. Nuscheler und Knaus 2005, S. 10; McGuire und Glazer 2005, S. 37ff.). Unter diesem Aspekt besitzt der RSA in Bezug auf eine Selektionsvermeidung bereits heute eine eher in die Zukunft gerichtete Wirkung. Selektionseffekte durch sinkende Beitragssätze könnten allenfalls auf der Verwaltungsebene entstehen, da die Krankenkassen durch effiziente Verwaltungsstrukturen einen Wechsel guter Risiken induzieren könnten. Eine Nivellierung der Vorteile in den Verwaltungsaufwendungen, die eine Steigerung der Effizienz bedeuten, steht im Widerspruch zu dem Ziel, diesen Bereich stärker dem Wettbewerb zu öffnen. Ein wettbewerbskonformer Weg zur Angleichung der Entgeltsätze und der Vertragsabwicklung bestünde in der Deregulierung des GKV-Beschaffungsmarktes und in der Vertragsfreiheit der Absatzseite (Gestaltung des Versicherungsvertrages) sowie der Beschaffungsseite (vertragliche Beziehungen zu den Leistungserbringern, vgl. Cassel et al. 2006).

Das vom Bundesgesundheitsministerium beauftragte Gutachterteam IGES, Lauterbach und Wasem (vgl. IGES et al. 2004) schlägt ein Modell vor, das neben den bisherigen RSA-Merkmalen Alter, Geschlecht und Erwerbsminderung für jeden Patienten vom Grundsatz her sämtliche ambulant verordnete Arzneimittelwirkstoffe und sämtliche dokumentierten Krankenhaus-Diagnosen erfasst (vgl. auch Buchner und Wasem 2003).

Vor allem Arzneimittelausgaben und Krankenhausdiagnosen geben dann den Ausschlag, welche Krankenkasse in den RSA einzahlt bzw. welche Geld aus dem RSA erhält. Die Aufnahme weicher Merkmale in den RSA bringt jedoch eine Steuerungsanfälligkeit, Präventionsfeindlichkeit und Bürokratisierung in das das System, die nicht gewünscht sein kann. In Verbindung mit der angestrebten Umstellung der ärztlichen Vergütungssysteme auf morbiditätsorientierte Regelleistungsvolumina und der Abrechnung stationärer Fälle gemäß Diagnosis Related Groups (DRGs) wird die Dominanz therapeutischer Maßnahmen zulasten präventiver Anstrengungen weiter gestärkt. Die konkrete Ausgestaltung des RSA entscheidet nun darüber, wie der Versicherte eingestuft wird, ob und in welchem Maße er als krank gilt oder nicht. Dabei besitzen sowohl die Leistungserbringer als auch die Krankenkassen Anreize, an einem Strang zu ziehen, d.h. Morbidität zu generieren, zu dokumentieren und über den RSA abzurechnen.

4. RSA im internationalen Vergleich

4.1 USA

Das Gesundheitswesen der USA bietet einerseits große Auswahlmöglichkeiten, ist jedoch andererseits auch das teuerste Gesundheitssystem der Welt. Private Versicherungen, verschiedene private Organisationen wie z.B. Health Maintenance Organisation sowie staatliche Versicherungsträger stehen zur Wahl auf dem Markt für Krankenversicherungsschutz. Die staatlichen Programme sind allerdings nur einer bestimmten Gruppe der Bevölkerung zugänglich, nämlich den über 65jährigen (Medicare) und den Bedürftigen (Medicaid). Einer der Hauptunterschiede zwischen dem deutschen und dem amerikanischen System ist die Versicherungspflicht. In den USA gibt es weder Versicherungspflicht noch ein zentrales Organ, welches die Gesundheitsversorgung reguliert. Aus diesem Grund sind die Möglichkeiten zur Risikoselektion durch die Krankenkassen wesentlich ausgeprägter als in Deutschland.

Etwa 60 % der Amerikaner sind über ihren Arbeitgeber versichert, 10 % haben eine andere private Versicherung, 12 % fallen unter den Versicherungsschutz von Medicaid, 13% haben Schutz durch Medicare und 16 % sind nicht versichert, das entspricht etwa 40 Mio. Amerikanern (vgl. OECD 2003, S.5). Dies heißt jedoch nicht, dass 40 Mio. Menschen ohne jeglichen Versicherungsschutz auskommen müssen. Krankenhäuser sind dazu verpflichtet, Nichtversicherte in ihren Notaufnahmen zu behandeln und sie mit den nötigen medizinischen Maßnahmen zu versorgen.

Die Arbeitgeber haben ihren Einfluss auf die Strukturen des Gesundheitswesens in den letzten Jahren weiter ausgebaut und verhandeln über Preise und Leistungen mit den Versicherungsgesellschaften. Grundsätzlich ist es Sache jedes Einzelnen, für den eigenen Krankenversicherungsschutz zu sorgen. Die Krankenversicherung durch den Arbeitgeber ist keine Pflicht, sondern eine freiwillige Leistung des jeweiligen Arbeitgebers.

Mit Blick auf den RSA zeigt Abbildung 5, dass es innerhalb der privaten Krankenversicherung, die über 60 Mio. Versicherte aufweist, keinen nennenswerten Risikostrukturausgleich mit Hilfe formaler Klassifikationsmodelle gibt (vgl. Glazer und McGuire 2001). Bei den staatlichen Programmen Medicare und Medicaid sieht es dagegen genau umgekehrt aus. Zum Ausgleich der Risikostrukturen vertrauen die staatlichen Versicherer zu 99 % den formalen Klassifikationsmodellen, d.h. einem Morbi-RSA-System. Der Hauptgrund für diese Unterschiede zwischen dem privaten und dem staatlichen Krankenversicherungsmarkt dürfte darin bestehen, dass die privaten Arbeitgeber zum einen über Marktmacht verfügen, falls es sich um ein großes Unternehmen handelt, zum anderen aber auch zahlreiche Alternativen zu formalen Risikoausgleichsverfahren anwenden, etwa einen intensiven Vertragswettbewerb über Preise, Leistungen und Qualitäten der vereinbarten Leistungen.

Innerhalb der staatlichen Medicare-Programme zeigt Abbildung 6, dass die Zahl der Pläne mit RSA-Formel seit Mitte der 80er Jahre starken Schwankungen unterliegt. Insbesondere seit 1995 stieg die Zahl der Medicare-Pläne mit formalem RSA stark an, erreichte 1998 mit 346 Plänen ihren Höchststand und sank danach wieder auf das Niveau der Jahre 1995/96 ab.

Abbildung 5: Formale Risikoausgleichsverfahren in den USA

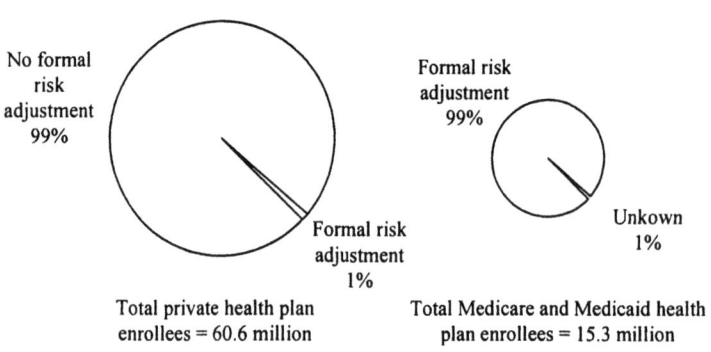

Quelle: Glazer und McGuire 2005, S. 17.

Diese zeitliche Entwicklung spiegelt im Wesentlichen gesetzgeberische Maßnahmen wider, mit denen das Medicare-Programm zu einem Zeitpunkt attraktiv, danach wieder weniger attraktiv ausgestaltet wurde (zu den Details vgl. Glazer und McGuire 2005, S. 33ff.). Der Boom Mitte der 90er Jahre lässt sich zurückführen auf die starke staatliche Förderung der Managed Care-Ansätze in der Krankenversicherung und im Medicare-Programm. Ende der 90er Jahre nahm die Zustimmung zum Medicare-Programm wieder ab und Versicherte wurden auch unfreiwillig ausgeschlossen, da in bestimmten Fällen ihr Anbieter von Krankenversicherungsschutz nicht länger mit Medicare kooperierte.

Insgesamt zeigen die amerikanischen Erfahrungen, dass die Entwicklung im staatlichen Bereich nicht stetiger verlaufen ist als im privaten Versicherungsbereich, der weitgehend ohne formalen Risikostrukturausgleich ausgekommen ist.

Abbildung 6: Zahl der Pläne mit RSA Formel, Medicare, 1985-2005

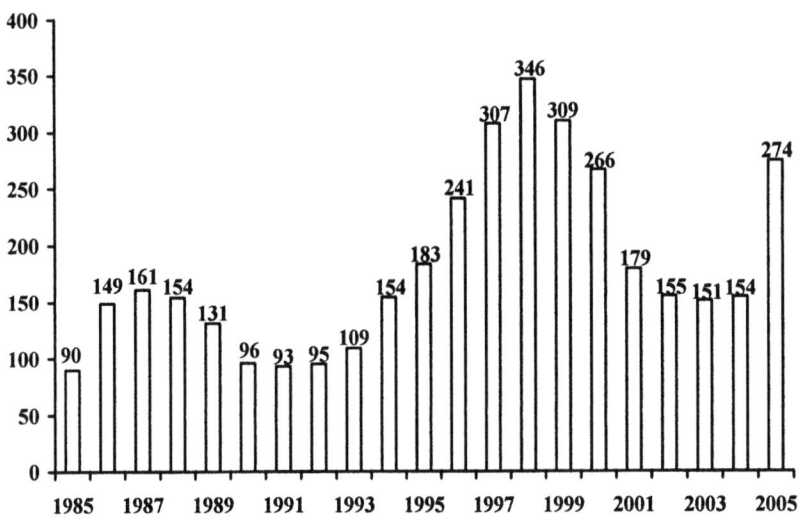

Quelle: Glazer und McGuire 2005, S. 35.

4.2 Schweiz

Das Schweizer Gesundheitssystem lässt sich im Vergleich zum deutschen System durch einen größeren Wettbewerbsdruck und auch durch mehr Wettbewerbsmöglichkeiten für die Schweizer Krankenversicherer kennzeichnen. Diese Rahmenbedingungen ermöglichen den Krankenversicherern grundsätzlich größere Handlungsspielräume für eine aktive Risikoselektion (vgl. Leu und Beck 2007). Sie können so genannte Konglomerate bilden, d.h. unterschiedliche Risikokollektive mit unterschiedlichen Prämien unter einem Markendach bündeln und bieten darüber hinaus die obligatorische Grundsicherung und die private Zusatzversicherung aus einer Hand an, so dass die Versicherungen Krankheitsinformationen über Neukunden haben (vgl. Schips 2005).

Risikoselektion kann nie vollständig verhindert werden. Im Vergleich zur Schweiz bestehen in Deutschland aber wirksame Restriktionen zur Beschränkung der Risikoselektion (vgl. Beck 2003 und 2005). So sind Konglomerate verboten, private Zusatzversicherungen sind nur getrennt über private Anbieter möglich und die Krankenkassen haben keine Krankheitsinformationen über Neukunden. Da die genannten Maßnahmen in der Schweiz politisch schwer durchsetzbar sind, hat man dort den Ansatz gewählt, den RSA maßvoll und schrittweise auszudifferenzieren unter Berücksichtigung von Kosten- und Nutzenaspekten. Zu den bestehenden Ausgleichsparametern Alter, Geschlecht und Region (Kanton) tritt als geplante Ergänzung die Hospitalisierung im Vorjahr, die in Krankenhausaufenthalte ab 3 Tagen/Nächten ohne Geburten gemessen wird (vgl. Leu und Beck 2007). Insgesamt zeigen die Erfahrungen aus der Schweiz, dass im Vergleich zur Ausdifferenzierung des RSA der Ausbau von Wettbewerbsinstrumenten in der deutschen GKV Vorteile verspricht, da man sonst den RSA überdimensioniert und damit auch überfordert. Die Schweizer Erfahrungen mit dem RSA betonen somit die Bedeutung des selektiven Kontrahierens, die Umsetzung von Managed-Care-Optionen und auch die Einführung von Wahlmöglichkeiten für die Versicherten in Ergänzung zu einem sinnvoll ausdifferenzierten RSA.

4.3 Niederlande

Die Niederlande führten im Jahr 2006 eine „große" Krankenversicherungsreform durch, die insgesamt durch die Betonung wettbewerblicher Strukturen gekennzeichnet ist (vgl. Douven 2007). Alle Krankenkassen wurden in privatrechtliche Trägerformen transformiert, so dass nun eine private Pflichtversicherung für alle Einwohner der Niederlande besteht. Die Wahl der Krankenversicherung ist frei, es besteht ein einheitlicher Pflicht-Leistungskatalog, der über Pauschalprämien der Versicherten finanziert wird, so dass es sich um einen Mix aus Bürgerversicherung und Gesundheitsprämie handelt (vgl. van de Ven und Ellis 2000, van Vliet 2006). Eine Blaupause für die deutsche Gesundheitsreform konnte und sollte das holländische Modell nicht sein, dazu sind die Ausgangsvorraussetzungen in beiden Ländern zu unterschiedlich. Zwei Beispiele: Obgleich die Reform in den Niederlanden die Finanzierung des Gesundheitswesens stark verändert, sind etwa die Hausärzte davon nicht unmittelbar betroffen. An ihrer Vergütung hat sich seit dem 1. Januar 2006 wenig geändert. Dies ist in Deutschland angesichts der angekündigten morbiditätsorientierten Regelleistungsvolumina völlig anders. Auch die Privatisierung aller Krankenkassen konnte in den Niederlanden nur durchgeführt werden, weil dort die privaten Kassen, anders als die private Krankenversicherung in Deutschland, keine Altersrückstellungen bilden. Die Einführung des RSA begann 1992 mit den Ausgleichsmerkmalen Alter und Geschlecht. 1995 wurde der RSA um die Merkmale Erwerbsunfähigkeit und Urbanisierungsgrad ergänzt. In den Jahren 2002 und 2004 kamen die Pharmakosten und die Krankenhausdiagnosen hinzu. Mit der Gesundheitsreform 2006 kennt der niederländische RSA nun die Ausgleichsmerkmale Alter, Geschlecht, Erwerbsunfähigkeit, Urbanisierungsgrad sowie 17 Pharmakostengruppen und 13 Krankenhausdiagnosegruppen (vgl. Douven 2007). Weitere Maßnahmen der niederländischen Regierung sind die permanente Anpassung des Risikoausgleichs an den geänderten Wettbewerbsrahmen, die schrittweise Einschränkung der umfangreichen Gewinn- und Verlustausgleiche zwischen den Versicherungen sowie der Ausbau der Finanzverantwortung der Krankenversicherer. Insgesamt handelt es sich beim niederländischen RSA um ein nicht-deterministisches System auf der Basis von „Konsensfindung", denn zusätzlich zum ex ante konzipierten RSA werden zwischen den Krankenkassen ex post Finanztransfers durchgeführt (ex-post Gewinn- und Verlustausgleiche).

5. Alternativen zu einem umfassenden Morbi-RSA

Die Vorstellungen zum umfassenden bzw. maximalen morbiditätsorientierten RSA folgen der Modellwelt eines vollkommenen bzw. perfekten RSA, der möglichst alle Einflussfaktoren berücksichtigt. Falls dies gelingen würde, drohen weitgehend einheitliche Beitragssätze zwischen den einzelnen Krankenkassen und es besteht dann kaum noch ein Anreiz für Versicherte, die Krankenkasse zu wechseln.

Die Vorstellung eines maximalen morbiditätsorientierten RSA basiert letztlich auf der Vorstellung eines regulierten Gesundheitsmarktes und läuft Gefahr, mittelfristig in eine Einheitskasse zu münden. Durch den immer umfangreicheren RSA gibt man den Krankenkassen immer geringere Anreize, sich auf dem Versicherungsmarkt zu profilieren, zu professionalisieren und Rationalisierungspotenziale auszunutzen. Der RSA bildet vor diesem Hintergrund keine notwendige Voraussetzung für einen effizienten Leistungswettbewerb, sondern muss sich dem Primat des Wettbewerbs unterordnen. Dabei stellt Wettbewerb ein geeignetes Such- und Entdeckungsverfahren dar, um die besten Antworten auf die Bedürfnisse der Patienten bzw. Versicherten zu finden (vgl. Straub und Pütz 2004). Die bisherigen Ausführungen zeigen, dass mit einer umfassenden Erweiterung des RSA ein Schritt in die falsche Richtung erfolgen würde. Sie stößt die Tür in Richtung auf einen umfassenden Finanzausgleich zwischen den Krankenkassen auf und gefährdet eine wettbewerbliche Weiterentwicklung des gegliederten GKV-Systems.

Die Forderung nach einem vollständigen Ausgleich der Risikostrukturen verkennt zudem, dass der RSA schon immer morbiditätsorientiert war und dies auch bleiben sollte. Im Sinne eines unbürokratischen und sicheren RSA bedarf es objektiver Kriterien. Im Gegensatz zu den bisherigen objektiven RSA-Merkmalen (Alter, Geschlecht, EU/BU) liegen die vorgeschlagenen Morbiditätsmerkmale (Arzneimittelverordnungsinformationen und Krankenhausdiagnosen) zumindest partiell im Einflussbereich der Akteure des Gesundheitswesens. Eine trennscharfe Unterscheidung zwischen wettbewerbsschädlichen Sondervorteilen einer Krankenkasse und im Wettbewerb erarbeiteten Wirtschaftlichkeitsvorteilen erscheint dann nicht mehr möglich. Dies blockiert die Ausschöpfung von Rationalisierungsreserven und das permanente Streben nach mehr Effizienz und Effektivität. Damit lassen sich auch die zukünftigen Herausforderungen durch den demographischen Wandel und den medizinisch-technischen Fortschritt nur schwer bewältigen, da diese sowohl die Einnahmen- als auch die Ausgabenseite der GKV betreffen. Im Sinne eines funktionsfähigen Wettbewerbs verspricht nicht eine maximale Ausdifferenzierung, sondern eine schrittweise Ergänzung des bestehenden RSA den Rent-Seeking-Teufelskreis zu durchbrechen. Zentrale Elemente eines solchen Wettbewerbs könnten beispielsweise folgende Handlungsparameter bilden (vgl. Wille et al. 2007):

- Einräumung wettbewerblicher Handlungsspielräume für die Krankenkassen sowohl auf der Beschaffungsseite (Einflussnahme auf die Leistungserbringung, Vertragswettbewerb, Sicherstellungsauftrag, Qualität der Leistungserbringung) als auch auf der Absatzseite (Ausdifferenzierung des Leistungskatalogs, Wahlmöglichkeiten, Selbstbeteiligungsformen).
- Komplementäre und subsidiäre Ergänzung des bestehenden RSA mit einer wettbewerblichen Ausrichtung der GKV. Als denkbare Reformalternativen zum umfassenden morbiditätsorientierten RSA werden derzeit, auch international, etwa die Kosten des letzten Lebensjahres, die Hospitalisierung im Vorjahr, der Hochrisikopool, die Anwendung des Best-Practice-Prinzips, Rückversicherungsmodelle, Wechslerprofile oder die Anwendung stärker risikoorientierter Prämien diskutiert.

6 Ausblick

Mit Blick auf internationale Studien zum Thema „risk adjustment" zeigt sich, dass die betrachteten Länder ein relativ breites Spektrum an Varianten eines zielorientierten RSA anwenden oder zumindest in Reformdiskussionen durchleuchten. Zu einem umfassend ausdifferenzierten RSA bestehen zahlreiche Alternativen, die hinsichtlich der ordnungspolitischen Leitbilder Kontrollierbarkeit, Praktikabilität und Verwaltungseffizienz sowie Transparenz und Akzeptanz teilweise Vorteile aufweisen. Diese gilt es, im Sinne eines zielorientierten Wettbewerbs in die deutsche Reformdiskussion einzubeziehen.

Literatur

Beck, K. (2005), Risikostrukturausgleich im sozialen Krankenversicherungsmarkt. Optimale versus maximale Ausgestaltung der Ausgleichsformel. Manuskript eines Vortrags für die XV. Jahrestagung des Ausschusses für Gesundheitsökonomie des Vereins für Socialpolitik, Mainz.
Beck, K. et al. (2003), Risk Adjustment in Switzerland, in: Health Policy 65, S. 63-74.
Breyer, F. und M. Kifmann (2001), Optionen der Weiterentwicklung des Risikostrukturausgleichs in der GKV, Diskussionspapier Nr. 236, DIW, Berlin.
Buchner, F. und J. Wasem (2003), Needs for Further Improvement: Risk Adjustment in the German Health Insurance System, in: Health Policy 65, S. 21-35.
Bundesministerium für Gesundheit (2006), Statistik KG 1.
Bundesversicherungsamt (2006), RSA 1994-2004, online im Internet: http://www.bva.de/Fachinformationen/Risikostrukturausgleich/Jahresausgleiche/RSA-Transfers_1994-2004.xls [Stand: 18.März 2007].
Cassel, D. et al. (2006), Weiterentwicklung des Vertragswettbewerbs in der gesetzlichen Krankenversicherung. Vorschläge für kurzfristig umsetzbare Reformschritte. Gutachten im Auftrag des AOK-Bundesverbandes, Berlin et al.
Connolly, S. und A. Munroe (1999), Economics of the Public Sector, Prentice Hall, Harlow et al.
Cutler, D. und R. Zeckhauser (2000), The Anatomy of Health Insurance, in: Culyer, D. und J.P. Newhouse (Eds.), The Handbook of Health Economics. North-Holland, Amsterdam.
Douven, R. (2004), Risk Adjustment in the Netherlands An Analysis of Insurers' Health Care Expenditures, CPB-Discussion Paper 39, CPB, The Hague.

Douven, R. (2007), Morbidity-Based Risk Adjustment in the Netherlands, erscheint in: Wille, E. et al. (Hrsg.), Risikostrukturausgleich in wettbewerblichen Krankenversicherungsmärkten, Nomos, Baden-Baden.

Gesetzentwurf der Fraktionen der CDU/CSU und SPD (2006), Entwurf eines Gesetzes zur Stärkung des Wettbewerbs in der Gesetzlichen Krankenversicherung (GKV-Wettbewerbsstärkungsgesetz- GKV-WSG), in: Bundestagsdrucksache 16/3100 vom 24.10.2006.

Glazer, J. und T. McGuire (2001), Private Employers Don't Need Formal Risk Adjustment, in: Inquiry 38(3), S. 260-269.

Göpffarth, D. (2004), Die Reform des RSA – eine Zwischenbilanz, Diskussionspapier, Berlin.

Höppner, K. et al. (2005), Grenzen und Dysfunktionalitäten des Kassenwettbewerbs in der GKV: Theorie und Empirie der Risikoselektion in Deutschland ZeS-Arbeitspapier Nr. 4/2005, Zentrum für Sozialpolitik, Universität Bremen.

IGES et al. (2001), Konsenspapier IGES/Cassel/Wasem und Lauterbach/Wille, Berlin et al.

IGES et al. (2004), Klassifikationsmodelle für Versicherte im Risikostrukturausgleich, Endbericht, Berlin.

Jacobs, K. et al. (2001), Zur Wirkung des Risikostrukturausgleichs in der gesetzlichen Krankenversicherung, Endbericht, Berlin et al.

Klusen, N. und C. Pütz (2006), Wettbewerb statt Rent-Seeking. Visionen für einen Krankenversicherungsmarkt mit Zukunft, erscheint demnächst.

Lauterbach, K. und E. Wille (2001), Modell eines fairen Wettbewerbs durch den Risikostrukturausgleich. Gutachten im Auftrag des Verbandes der Angestellten Krankenkassen e.V. (VdAK), des Arbeiter-Ersatzkassen-Verbandes e.V. (AEV), des AOK-Bundesverbandes (AOK-BV) und des IKK-Bundesverbandes (IKK-BV), Köln, Mannheim.

Leu, R.E. und K. Beck (2007), Risikoselektion und Risikostrukturausgleich in der Schweiz, erscheint in: Wille, E. et al. (Hrsg.), Risikostrukturausgleich in wettbewerblichen Krankenversicherungsmärkten, Nomos, Baden-Baden.

McGuire, T. und J. Glazer (2005), Contending with Risk Selection in Competitive Health Insurance Markets, Paper presented at the Annual Meeting of the Verein für Socialpolitik, Bonn.

Nuscheler, R. und T. Knaus (2005), Risk Selection in the German Public Health Insurance System, in: Health Economcis 14(12), S. 1253-1271.

OECD (2003), Health at a Glance, OECD Indicators 2003, Briefing Note USA, Paris.

Resch, S. (2004), Risikoselektion im Mitgliederwettbewerb der Gesetzlichen Krankenversicherung, Lang Verlag, Frankfurt/Main.

Schips, B. (2005), Anmerkungen zur aktuellen Diskussion über den Risikostrukturausgleich in der obligatorischen Krankenpflegeversicherung (OKP), ETH Zürich, Konjunkturforschungsstelle, Zürich.

Straub, C. und C. Pütz (2004), Perfektionswahn statt echter wettbewerblicher Reformen : die Rolle des Risikostrukturausgleichs in einer wettbewerblichen Krankenversicherung, in: Gesundheits- und Sozialpolitik, Bd. 58 (2004), 11/12, S. 10-13.

Van de Ven, W. P. M. M. und R.P. Ellis (2000), Risk Adjustment in Competitive Health Plan Markets, in: Culyer, A.J. und J.P. Newhouse (Hrsg.), Handbook of Health Economics, Elsevier, Amsterdam, 755–845.

Van Vliet, R. (2006), Free choice of health plan combined with risk-adjusted capitation payments: are switchers and new enrolees good risks?, in: Health Economics 15, S. 763-774.

Wille, E. und U. Schneider (1999), Regionalisierung, Risikostrukturausgleich und Verteilungsgerechtigkeit, in: Rebscher, H. (Hrsg.), Regionalisierung der gesetzlichen Krankenversicherung. Ordnungspolitische, ökonomische und juristische Analysen, Baden-Baden, S. 91-123.

Wille, E. et al. (2007), Die Weiterentwicklung des Krankenversicherungsmarktes: Wettbewerb und Risikostrukturausgleich, erscheint in: Wille, E. et al. (Hrsg.), Risikostrukturausgleich in wettbewerblichen Krankenversicherungsmärkten, Nomos, Baden-Baden.

Morbiditätsorientierter Risikostrukturausgleich

Jürgen Wasem und Susanne Staudt

Wettbewerb im Gesundheitswesen

Schon vor mehr als 10 Jahren wurden im deutschen Gesundheitssystem die Weichen in Richtung mehr Wettbewerb gestellt, und die Mitglieder der gesetzlichen Krankenversicherung erhielten ein regelmäßiges Kassenwahlrecht.

Der Wettbewerb zwischen den Krankenkassen dient dem Zweck, eine an den Bedürfnissen und Wünschen der Versicherten ausgerichtete Versorgung mit Gesundheitsgütern zu erreichen. Die Versorgung soll flexibel an veränderte medizinische, medizintechnische, ökonomische und politische Gegebenheiten und Versichertenpräferenzen angepasst werden. Die Krankenkassen müssen sich diesem Wettbewerb stellen, um ihren Bestand und ihre Leistungsfähigkeit zu sichern.

Auf einem freien Krankenversicherungsmarkt würde sich Risikoäquivalenz durchsetzen, das heißt, die Krankenversicherungsbeiträge würden sich am gesundheitlichen Risiko der Versicherten orientieren. Es besteht aber auch in Deutschland ein breiter gesellschaftlicher Konsens, dass dies unakzeptabel wäre. So schreibt das geltende Recht vor, dass bei einem weitgehend einheitlichen Leistungskatalog Beiträge erhoben werden, die sich an der wirtschaftlichen Leistungsfähigkeit der Versicherten orientieren. (Auch wenn die Finanzierung der GKV auf pauschale Gesundheitsprämien umgestellt würde, was ja zurzeit diskutiert wird, bedeutete dies, dass die Beiträge der Versicherten weiterhin nicht an ihrem gesundheitlichen Risiko orientiert sind.) Der Zugang zum Krankenversicherungsschutz und damit zur gesellschaftlich als notwendig und ausreichend angesehenen gesundheitlichen Versorgung soll für Personen mit gesundheitlichen Beeinträchtigungen nicht durch finanzielle Hürden beeinträchtigt werden. Wegen des Verbots risikoäquivalenter Prämien zahlen Gesunde für die Kranken mit, die Jüngeren für die Älteren und – wegen der geschlechtsspezifischen Unterschiede von Krankheitsrisiken und der unterschiedlichen Lebenserwartung – Männer mit für Frauen. Aufgrund der einkommensbezogenen Beiträge zahlen zurzeit außerdem auch Besserverdienende mit für Schlechterverdienende. Schließlich besteht eine beitragsfreie Familienversicherung, in deren Folge Ledige und Kinderlose mit für Familien mit Kindern zahlen.

Risikoselektion

Ein Wettbewerb, bei dem keine risikoäquivalenten Prämien gefordert werden dürfen, bewirkt für die Krankenkassen zunächst starke Anreize zur aktiven Risikoselektion, da sie hierdurch ihre Marktposition verbessern könnten. Insbesondere wäre es für die Krankenkassen attraktiv, möglichst junge und gesunde Versicherte für sich zu gewinnen, weil für diese die Leistungsausgaben geringer als die Beitragseinnahmen sind (und damit so genannte „positive Deckungsbeiträge" entstehen), während umgekehrt Anreize bestehen, alte, kranke Versicherte möglichst nicht zu versichern, weil für diese höhere Leistungsausgaben als Beitragseinnahmen anfallen (es entstehen „negative Deckungsbeiträge"). Bei einkommensabhängigen Beiträgen entsteht außerdem ein starkes Interesse, möglichst gut Verdienende zu versichern, jedoch keine Geringverdiener. Zwar ist es den Krankenkassen aufgrund der gesetzlichen Rahmenbedingungen verwehrt, Beitrittswünsche abzulehnen oder bestehende Versicherungsverhältnisse zu kündigen, gleichwohl können sie ihre Handlungsmöglichkeiten, z.B. bei
- der Gestaltung von Modellvorhaben,
- der gezielten Ansprache von Personengruppen über Werbung,
- „Rückhol-Anstrengungen" bei Kündigung durch das Mitglied,
- der Ausgestaltung von Bonus- und Selbstbehaltmodellen,
- der Gewährung von Kann-Leistungen,
- der Gestaltung der Verträge mit Leistungserbringen, z.B. im Rahmen der integrierten Versorgung (insoweit kassenindividuelle Dispositionsspielräume bestehen)

auf das Ziel einer möglichst „guten" Risikomischung ihrer Versicherten ausrichten.[1]

Begünstigt wird die Tendenz zur aktiven Risikoselektion der Kassen noch durch die „Selbstselektion der Mitglieder" bzw. die „passive Risikoselektion" beim Kassenwechsel: Gesunde wechseln überwiegend in Kassen, in denen sich bereits viele Gesunde befinden und die deswegen einen guten Beitragssatz anbieten können.[2] Die aus dieser aktiven wie passiven Selektion resultierenden positiven oder negativen Deckungsbeiträge schlagen sich unmittelbar auf den Beitragssatz, den eine Krankenkasse im Vergleich zu den Mitbewerbern kalkulieren muss, nieder. Kassen, die über eine schlechte Risikostruktur verfügen und deshalb einen hohen Beitragssatz kalkulieren müssen, geraten in einen ruinösen „Teufelskreis" – und zwar unabhängig davon, wie effizient sie im Übrigen wirtschaften: Sie verlieren nach und nach ihre guten und behalten ihre schlechten Ri-

---

1 Vgl. einen Überblick bei Höppner et al. (2006).
2 Vgl. einen Überblick bei Andersen u. Grabka (2006).

siken, ohne eine reelle Chance zu haben, risikogünstige neue Mitglieder hinzuzugewinnen. Sie unterliegen damit einer unaufhaltsamen, weil beitragssatztreibenden Risikoentmischung, die sich noch dadurch beschleunigt, dass sich die guten Risiken zunehmend in den ohnehin beitragssatzgünstigen Kassen konzentrieren.

Warum Risikostrukturausgleich?

Weil solche Entwicklungen vorhersehbar sind, wurde vom Gesetzgeber ab 1994/1995 der Risikostrukturausgleich (RSA) eingeführt. Er soll für die Kassen die Situation risikoäquivalenter Einkünfte für die einzelnen Versicherten simulieren: Die Versicherten selbst zahlen keine risikoäquivalenten Beiträge, aber der RSA gleicht in standardisierter Form Differenzen zwischen gezahltem Beitrag und risikoäquivalentem Beitrag aus (vgl. etwa van de Ven & Ellis 2000). Die Anreize zur aktiven wie passiven Risikoselektion sollen dauerhaft neutralisiert werden. Erst unter der Voraussetzung des RSA kann das Interesse der Kassen geweckt werden, sich im Wettbewerb durch die Verbesserung von Qualität und Wirtschaftlichkeit der Versorgung zu profilieren. Der RSA hat zudem die Aufgabe, im Beitragssatzwettbewerb die Preissignale so auszurichten, dass nicht historisch überkommene oder aktuell entwickelte Unterschiede in der Zusammensetzung der Versicherten einer Krankenkasse, sondern ihr Handeln mit Blick auf Effizienz sich im Beitragssatz niederschlagen.

Eine Grundentscheidung für einen Risikostrukturausgleich wurde in den meisten Ländern mit wettbewerblicher, sozial gebundener Krankenversicherung getroffen (u.a. Niederlande, Belgien, Schweiz, Tschechien, Slowakei, Israel, Teilmärkte des USA-Gesundheitssystems).

Wirkungen und Probleme beim derzeitigen RSA

Der RSA nimmt heute im Wesentlichen zwei Aufgaben wahr: Er gleicht Unterschiede in den beitragspflichtigen Einnahmen je Mitglied aus (Finanzkraftausgleich), und er gleicht Unterschiede in den ausgabeseitigen Risikostrukturen aus (Beitragsbedarfsausgleich). Gegenwärtig werden im Rahmen des Beitragsbedarfsausgleiches im RSA folgende Merkmale der kassenspezifischen Versichertenstruktur berücksichtigt: Alter und Geschlecht der Versicherten, Erwerbsminderungsstatus, Art der Anspruchsberechtigung auf Krankengeld sowie seit 2003 die Einschreibung in die vom Bundesversicherungsamt (BVA) für bestimmte Krankheiten zugelassenen so genannten strukturierten Behandlungsprogramme (Disease-Management-Programme). Analysen haben aber festgestellt, dass für die Krankenkassen nach wie vor merkliche Anreize zur Risikoselektion bestehen und Selbstselektion die Finanzsituation von Krankenkassen spürbar beeinflusst. Wie Lauterbach und Wille (2001) zeigten, sind auch die derzeit beobachtbaren Unterschiede in den Beitragssätzen wesentlich durch den mangelnden Ausgleich des Morbiditätsrisikos verursacht und nicht durch Unterschiede in der Effizienz des Versorgungsmanagements. Risikostrukturbedingte Beitragssatzverzerrungen verbleiben insbesondere dann, wenn die Krankenkasse für einen Versicherten einen deutlich höheren Beitragsbedarf aus dem RSA zugerechnet bekommt als Leistungsausgaben für diesen Versicherten zu erwarten sind. Umgekehrt entstehen Anreize zu negativer Risikoselektion gegenüber solchen Versicherten, die zukünftig deutlich höhere Leistungsausgaben erwarten lassen als der Krankenkasse an Beitragsbedarf zugerechnet wird. Dies bedeutet, dass die Kassen gegenwärtig nach wie vor ein deutliches Interesse haben, innerhalb der einzelnen Alters- und Geschlechtsgruppen möglichst wenig Kranke, vor allem wenig schwer und chronisch kranke Personen zu versichern. Dieses gering ausgeprägte Interesse der Kassen an kranken Versicherten ist in erster Linie darauf zurückzuführen, dass bei der Ermittlung des Beitragsbedarfs im derzeitigen RSA noch keine umfassende Differenzierung nach dem Morbiditätsrisiko vorgenommen wird. Aus einzelwirtschaftlicher Sicht war es bislang für die Krankenkassen eher mit negativen Konsequenzen verbunden, sich nachdrücklich um eine Verbesserung der Versorgung beispielsweise für chronisch Kranke zu bemühen. Selbst wenn dies zu einer möglichen Effizienzsteigerung und Qualitätsverbesserung geführt hätte, hätten Chroniker nach wie vor zu negativen Deckungsbeiträgen geführt. Da bei einem Engagement für eine verbesserte Behandlung von Chronikern aber das Risiko für eine Krankenkasse bestanden hätte, dass weitere Chroniker sich bei ihr versichern, hätte sich ihre Beitragssatzposition weiter verschlechtert. Krankenkassen haben sich unter den Rahmenbedingungen des bisherigen RSA, so die übereinstimmende Analyse der Gutachten, daher allenfalls „halbherzig" auf die Verbesserung der Behandlung von Chronikern eingelassen; die hier möglichen Effizienz- sowie Qualitätsverbesserungspotenziale sind folglich nicht ausgeschöpft worden.

Die RSA-Reform von 2001

Mit der gesonderten Berücksichtigung von Disease-Management-Programmen im RSA (ab 2003 umgesetzt) und der Einführung des Risikopools in Ergänzung zum RSA (ab 2002 umgesetzt) ist der Gesetzgeber – in Umsetzung sowohl von Überlegungen des Gutachtens Jacobs et. al. (2002) als auch von Lauterbach und Wille (2001), die sich in einem Konsenspapier (2001) auf einen gemeinsam Vorschlag eines Maßnahmenbündels verständigt hatten – schon erste Schritte zu einer verbesserten Berücksichtigung des Morbiditätsrisikos gegangen:

Risikopool

Als Ergänzung zum RSA wird seit 2002 ein Risikopool umgesetzt. Hieraus werden die tatsächlich anfallen Ausgaben jenseits von ca. 20.500,- Euro (der Grenzwert steigt jährlich so wie die Bezugsgröße), die auf einen Versicherten im Kalenderjahr in den Bereichen Krankenhaus, Arzneimittel, Hilfsmittel und Dialyse anfallen, zu 60 % der Krankenkasse erstattet. Anders als beim RSA werden hier also die tatsächlichen Ausgaben erstattet. Damit werden die Krankenkassen bei sehr teuren Fällen nicht alleine gelassen.

Die Effekte des eingeführten Risikopools auf Beitragssätze, Wirtschaftlichkeit und Versorgungsqualität sind aber bisher sehr gering.

Disease-Management-Programme (DMP)

Die Einschreibung in ein DMP ist ein leicht verfügbares Merkmal, mit dem Chroniker identifiziert werden können, während eine weitergehende Berücksichtigung der Morbidität nicht so leicht möglich ist, sondern umfassenderer Vorbereitungsarbeiten bedarf. So wird seit 2003 durch die gesonderte Berücksichtigung von eingeschriebenen Versicherten als „Übergangslösung" erst einmal bewirkt, dass Krankenkassen, die Verträge zur besseren Versorgung chronisch Kranker abschließen, anders als zuvor finanziell nicht „bestraft" werden, wenn Chroniker anderer Kassen sich zu einem Wechsel zu einem erfolgreichen DMP entscheiden. Mit der Berücksichtigung von Einschreibungen in Disease-Management-Programmen werden Anhaltspunkte für eine Risikoselektion bereits abgedeckt, zumal gegenüber zufällig auftretenden Akuterkrankungen kaum selektiert werden kann. Ein überproportionaler Bestand an Chronikern spielt insoweit keine Rolle mehr für den Beitragssatz, wie diese sich einschreiben. Die abweichenden Einschreibquoten in Disease-Management-Programme zwischen Krankenkassen können zudem auch Anlass sein, die eigenen Programme zu verbessern.

Die Anreize zur Risikoselektion konnten durch die Reform aber nicht ganz ausgeräumt werden, die Beitragssatzeffekte werden als gering angesehen. Auch die Effekte auf Wirtschaftlichkeit und Versorgungsqualität werden nicht durchweg positiv beurteilt, sondern kontrovers diskutiert (vgl. Häussler und Berger 2004).

Dringlichkeit eines morbiditätsorientierten RSA

Erst eine umfassende, direkte Berücksichtigung der Morbidität bei der Bemessung des Beitragsbedarfes kann im Krankenkassenwettbewerb die richtigen Anreize setzen. Eine direkte Berücksichtigung der Morbidität der Versicherten im RSA wird vor dem Hintergrund der vom Gesetzgeber beschlossenen Änderung der Vergütungssysteme in der Krankenhausversorgung und der vertragsärztlichen Versorgung zusätzlich dringlich: Mit der Umstellung auf DRGs (Diagnosis Related Groups) wird die Morbidität der Versicherten in den Abrechnungen der Krankenhäuser stärker abgebildet als dies bislang im System tagesgleicher Pflegesätze der Fall war. Ähnliches gilt für die Umstellung auf morbiditätsorientierte Regelleistungsvolumina in der vertragsärztlichen Versorgung, in der Morbidität bislang keine Rolle spielte, weil die Krankenkassen morbiditätsunabhängige Kopfpauschalen je Mitglied an die Kassenärztlichen Vereinigungen entrichteten. Beides führt dazu, dass die Krankenkassen in stärkerem Umfang als bislang das Morbiditätsrisiko übernehmen müssen.

Auch hat der Gesetzgeber mit dem Gesundheitssystemmodernisierungsgesetz (GMG) den Krankenkassen zusätzliche Instrumente eingeräumt, sich im Wettbewerb zu profilieren. Insbesondere ist hier auf Bonusinstrumente und erste Einstiege in selektives Kontrahieren (z.B. im Rahmen der integrierten Versorgung) zu verweisen. Diese Instrumente schaffen Potentiale zu mehr Wirtschaftlichkeit in der Versorgung; gleichzeitig erweitern sie jedoch auch die Möglichkeiten, Risikoselektion zu betreiben. In der Folge entstehen unter dem heutigen RSA verschärfte Wirkungen von Risikoselektion und Selbstselektion auf die Beitragssätze der Krankenkassen, so dass es umso notwendiger wird, die Morbidität auch im RSA direkt zu berücksichtigen.

Funktion und Umsetzung eines morbiditätsorientierten RSA

Mit dem Übergang zum morbiditätsorientierten RSA wären kostenintensive Kranke erstmals keine „schlechten" Risiken mehr für eine Krankenkasse, die zu negativen Deckungsbeiträgen führen. Vielmehr führt ein morbiditätsorientierter RSA dazu, dass die standardisierten Leistungsausgaben für Versicherte mit einer bestimmten Morbidität im Mittel den Durchschnittsausgaben für diese Gruppe entsprechen. Eine Krankenkasse hat daher an der Versicherung von kostenintensiven Versicherten ein vergleichbares Interesse wie an der Versicherung Gesunder; sie kann auch Wettbewerb um diese Patienten mit der Qualität dieser Versorgung treiben. Auch hat sie einen starken Anreiz, durch Versorgungsmanagement die Kosteneffizienz bei ausgabenintensiven Versicherten zu verbessern, um somit positive Deckungsbeiträge zu erzielen; bei den ausgabenintensiven Versicherten ist das Potenzial, durch Gesundheitsmanagement zur Verbesserung der Kosteneffektivität zu kommen, größer als bei „Gesunden".

Von einem so neu ausgerichteten Wettbewerb würden daher sowohl die Patienten als auch die Versicherten profitieren. Da die Krankenkassen deutlich verbesserte Anreize hätten, mit Leistungserbringern, die eine gute Qualität wirtschaftlich erbringen, bevorzugte Vertragsbeziehungen (z.B. im Rahmen der integrierten Versorgung) einzugehen, hätten auch die Leistungserbringer Vorteile.

Das RSA-Reformgesetz von 2001 sieht daher auch vor, einen solchen morbiditätsorientierten RSA bis 2007 durch Änderung der Risikostrukturausgleichsverordnung (RSAV) einzuführen. Das Gesetz schreibt weiterhin vor, dass das Bundesministerium für Gesundheit und soziale Sicherung (BMGS) zuvor eine wissenschaftliche Untersuchung für die Auswahl geeigneter Gruppenbildungen, Gewichtungsfaktoren und Klassifikationsmerkmale beauftragt. Dies ist mit der Beauftragung eines Gutachterkonsortiums geschehen.[3]

Wissenschaftliches Gutachten

Neben konzeptionellen Arbeiten bestand der Kern der wissenschaftlichen Untersuchung in der empirischen Analyse und Auswertung einer GKV-Versichertenstichprobe. Das RSA-Reformgesetz hatte die Krankenkassen unter Beteiligung ihrer Verbände und der Kassenärztlichen sowie Kassenzahnärztlichen Vereinigungen verpflichtet, für die Jahre 2001 und 2002 eine versichertenbezogene, pseudonymisierte Stichprobe mit Informationen insbesondere über die bisher im RSA verwendeten Risikomerkmale sowie die ambulanten und stationären Diagnosen, verordneten Arzneimittel und Leistungsausgaben aller Leistungsarten zu erheben und zur Verfügung zu stellen.

Mit dieser Stichprobe stand den Gutachtern ein für die GKV repräsentativer Datensatz von annähernd 2 Mio. Versicherten zur Verfügung, der eine Analyse der Modelle einer direkten Morbiditätsorientierung und ihrer Wirkungen in der gesetzlichen Krankenversicherung erlaubte. Es ist nach diesen Erfahrungen zur Stichprobe, deren Zusammenführung für alle Beteiligten Neuland war, davon auszugehen, dass auch für den Routinebetrieb nach Einführung des morbiditäts-

---

[3] Gutachterkonsortium bestehend aus: Institut für Gesundheits- und Sozialforschung (IGES, Berlin), Prof. Dr. Dr. Karl Lauterbach (Institut für Gesundheitsökonomie und Klinische Epidemiologie der Universität Köln) und Prof. Dr. Jürgen Wasem (Alfried Krupp von Bohlen und Halbach-Stiftungslehrstuhl für Medizinmanagement der Universität Duisburg-Essen). Publikation: Reschke et al. (2005)

orientierten RSA eine zuverlässige und zeitgerechte Datenerhebung und -bereitstellung möglich ist.

Das Gesetz zur Reform des Risikostrukturausgleichs gibt der Bundesregierung auf, bei der Umstellung des RSA auch internationale Erfahrungen mit Klassifikationsmodellen direkter Morbiditätsorientierung zu berücksichtigen. Auftrag der Gutachter war es daher, zunächst einen Überblick über die international verwendeten Modelle zu erarbeiten. Dabei wurden 18 Modelle einer direkten Morbiditätsorientierung identifiziert. Aus diesen haben die Gutachter eine Vorauswahl aus 6 Modellen getroffen, die sich an konzeptionellen und qualitativen Kriterien sowie daran orientierte, ob die Modelle oder Modellfamilien bereits empirisch eingesetzt wurden.

Alle untersuchten Modelle können im Rahmen eines sog. „zeitgleichen" Verfahrens und im Rahmen eines „prospektiven" Verfahrens eingesetzt werden. Werden die Versicherten im Ausgleichsjahr unter Verwendung der Morbiditätsinformationen eines früheren Jahres den Morbiditätskategorien zugeordnet, handelt es sich um ein prospektives Verfahren. Stammen die Morbiditätsinformationen aus dem Ausgleichsjahr, sprechen wir von einem „zeitgleichen" Modell. Sowohl die zeitgleiche wie die prospektive Ausgestaltung der Modelle wurden von den Gutachtern konzeptionell und empirisch geprüft.

Ein zentrales Kriterium zur Beurteilung der Eignung der Modelle für den Risikostrukturausgleich ist ihre Fähigkeit, die individuellen Ausgaben für Versicherte der Krankenkassen aufgrund der Morbidität zu prognostizieren und insoweit Risikoselektionen und Beitragssatzverzerrungen zu vermeiden. Die Gutachter haben diese Fähigkeit der Klassifikationsmodelle – wie international üblich – anhand statistischer Kriterien überprüft. Auf der individuellen Ebene findet dabei das sogenannte R^2 besondere Beachtung. Das R^2 misst den durch das Modell erklärten Anteil an der interindividuellen Varianz der Ausgaben an der Gesamtvarianz der Ausgaben. Der Wert von R^2 liegt zwischen 0 und 1 (bzw. 100 %); je größer der Wert des R^2, umso besser ist ein Modell in der Verhinderung von Risikoselektion. Bei der Beurteilung der R^2-Werte ist zu berücksichtigen, dass ein großer Teil der Ausgaben der Krankenkassen eines Jahres in prospektiver Sicht „rein zufällig" im Sinne von „nicht vorhersehbar" anfällt. International gelten in prospektiven Modellen Werte größer als 25 % als kaum erreichbar (vgl. van de Ven/Ellis 2000).

Die folgende Tabelle unterrichtet über das R^2 der empirisch geprüften Modelle für die Gesamtheit aller RSA-fähigen Sachleistungen:

R2-Werte der untersuchten Modelle (sämtliche RSA-berücksichtigungsfähigen Sachleistungen)

Zeithorizont	Modell	R^2 (in Prozent)
zeitgleich	RSA S.Q.	7 %
	ACG	14 %
	ACG-PM	21 %
	CDPS	19 %
	HCC	26 %
	PCG+DCG	30 %
	RxGroups+IPHCC	48 %
prospektiv	RSA S.Q.	6 %
	ACG	9 %
	ACG-PM	12 %
	CDPS	12 %
	HCC	15 %
	PCG+DCG	15 %
	RxGroups+IPHCC	24 %

Anm.: RSA S.-Q.: ohne Trennung der Rechtskreise, ohne Berücksichtigung von RSA-wirksamer DMP-Einschreibung, ohne Risikopool, Ausgaben für Sachleistungen ohne Zahnmedizin.

Quelle: Reschke et al. (2005)

Die Tabelle zeigt, dass sämtliche Modelle, die direkte Morbiditätsinformationen verwenden, ein erheblich besseres R^2 aufweisen als der durch Alter, Geschlecht und Erwerbsminderungs-Status modellierte heutige RSA. Sowohl in der prospektiven als auch in der zeitgleichen Ausgestaltung weist das Modell RxGroups+IPHCC, das stationäre Diagnosen und Arzneimittelinformationen verwendet, mit Abstand das höchste R2 auf.

Aufgrund der erzielten Ergebnisse kamen Reschke et al (2005) zu folgenden Vorschlägen:
– Der morbiditätsorientierte Risikostrukturausgleich in der GKV soll ab 2007 auf der Basis des Modells RxGroups+IPHCC durchgeführt werden.

Ein Modell, das mit Krankenhausdiagnosen und Arzneimittelinformationen arbeitet, weist sowohl auf der individuellen Ebene als auch auf der Ebene von Teilkollektiven von Versicherten statistisch bessere Eigenschaften auf als ein Modell, das mit Krankenhausdiagnosen und Diagnosen aus der vertragsärztlichen Versorgung arbeitet.

- Das Modell soll in einer prospektiven Ausgestaltung angewendet werden. Hierbei haben nur chronische Erkrankungen erhebliche Relevanz, die Kostenwirkungen von Akuterkrankungen werden weitgehend über die Ausgleichsfaktoren Alter und Geschlecht in standardisierter Form berücksichtigt. Konkret wird vorgeschlagen, die Versicherten anhand der Krankenhausdiagnosen und Arzneimittelinformationen des Vorjahres einzustufen und die standardisierten Leistungsausgaben anhand der Leistungsausgaben des laufenden Ausgleichsjahres zu ermitteln.

  Die Anwendung eines prospektiven Verfahrens trägt insbesondere der Tatsache Rechnung, dass hiermit die Wirtschaftlichkeitsanreize in noch stärkerem Maße als mit einem zeitgleichen Modell gewahrt bleiben. Zwar weist – wie nicht anders zu erwarten – die prospektive Ausgestaltung des RxGroups+ IPHCC-Modells (wie auch bei den übrigen Modellen) ein deutlich geringeres R^2 auf als bei der zeitgleichen Ausgestaltung, da Akuterkrankungen im prospektiven Modell wesentlich weniger berücksichtigt werden. Da jedoch die Krankenkassen bei Akuterkrankungen im Allgemeinen keine Möglichkeiten zur Risikoselektion haben und die rein zufälligen Ereignisse des Ausgleichsjahres selbst zum Versicherungsgeschäft der Krankenkasse gehören, entstehen hieraus keine Nachteile.

- Die Einschreibung in Disease-Management Programme soll künftig durch eine Disease-Management-Pauschale (Programmkosten) für in strukturierte Behandlungsprogramme eingeschriebene Versicherte berücksichtigt und zur Finanzierung ein Teil-Ausgleichsbedarfssatz erhoben werden; demgegenüber sollen DMPs nicht mehr als eigenständige Risikomerkmale im RSA berücksichtigt werden.

  Damit bleiben die Anreize für die Krankenkassen gewahrt, solche Programme durchzuführen. Das Akkreditierungsverfahren für die strukturierten Behandlungsprogramme kann hierbei wesentlich entbürokratisiert werden.

- Der Bezug einer Erwerbsminderungsrente soll weiterhin als Ausgleichsmerkmal im RSA berücksichtigt werden.

  Die empirischen Untersuchungen haben gezeigt, dass dieses Merkmal auch unter Berücksichtigung von direkten Morbiditätsindikatoren weiterhin zur Erklärung systematischer Ausgabenunterschiede beiträgt. Es erfolgt keine „Doppelberücksichtigung", wenn neben den Morbiditäten auch der Bezug/ Nicht-Bezug einer Erwerbsminderungsrente im RSA berücksichtigt wird; vielmehr wird die Erwerbsminderungsvariable genau in dem Umfang berücksichtigt, indem die Mehrkosten, die durchschnittlich für diese Personen entstehen, nicht bereits durch die Morbiditätsvariablen erfasst wird. Das Gewicht, das der Bezug / Nicht-Bezug einer Erwerbsminderungsrente hat, nimmt daher gegenüber dem Status quo deutlich ab.

- Der Risikopool kann nach Übergang zum morbiditätsorientierten RSA entfallen. Die empirische Überprüfung hat gezeigt, dass er nach Übergang zum morbiditätsorientierten RSA nur noch einen geringen Beitrag zur Erklärung der Ausgabenunterschiede zwischen den Versicherten leisten kann. Da die zusätzlichen Möglichkeiten zur Minderung der Selektionsanreize als sehr gering erscheinen und der Risikopool bereits im Status quo auf Kassenartenebene kaum nennenswerte Beitragssatzeffekte aufweist, erscheint es angemessen, auf den Risikopool zu verzichten. Dies ist auch ein Beitrag zur Verwaltungsvereinfachung.
- Beim Übergang zum morbiditätsorientierten RSA sollen keine Veränderungen der Ausgestaltung des RSA gegenüber dem Status quo im Leistungsbereich Krankengeld vorgenommen werden.
Bei einer Überprüfung, ob das für die Sachleistungen empfohlene Klassifikationsmodell (RxGroups+IPHCC, in prospektiver Ausgestaltung) auch im Leistungsbereich Krankengeld eingesetzt werden soll, zeigte sich, dass aufgrund der Besonderheiten dieses Leistungsbereichs (insbesondere: Aussteuerung nach Erreichen der Blockfrist) die Verwendung des für die Sachleistungen empfohlenen Modeles problematische Effekte zeigt.

Bisher erfolgte keine Umsetzung der Vorschläge der Wissenschaftler in der RSAV oder einem Gesetz. Nun liegt aber mit dem Gesetzentwurf des GKV-Wettbewerbsstärkungsgesetzes (GKV-WSG) ein Plan für die Einführung eines Gesundheitsfonds vor, in dessen Zusammenhang (zwangsläufig) auch der RSA thematisiert wird.

Auswirkungen der Einführung des Gesundheitsfonds

Zurzeit besteht in Deutschland ein „interner RSA": die Versicherten zahlen ihre Beiträge an die Krankenkassen und diese zahlen die Finanzkraft in den RSA ein und erhalten den Beitragsbedarf daraus zurück. Künftig sollen die Versicherten, wie heute auch schon in z.B. Belgien, Israel und den Niederlanden, direkt in den Gesundheitsfonds (entspricht dann RSA) einzahlen (weitergeleitet allerdings durch die Krankenkassen), und von dort erhalten die Krankenkassen den Beitragsbedarf. Direkt an die Kasse soll nur noch die Zusatzprämie gezahlt werden.

Durch den Übergang zu einem „externen RSA" würde nach Einführung des Gesundheitsfonds (wie auch bei der Einführung von Pauschalprämien; dazu Wasem u. Buchner 2006) die Notwendigkeit eines expliziten Finanzkraftausgleichs im RSA entfallen. Zu Beginn ist geplant, dass 100 % der Kosten (einschließlich Verwaltungskosten und Satzungsleistungen) durch den Gesundheitsfonds finanziert werden sollen, später dann 95 %. Der Finanzkraftausgleich würde also mit Einführung des Gesundheitsfonds zugleich „vervollständigt".

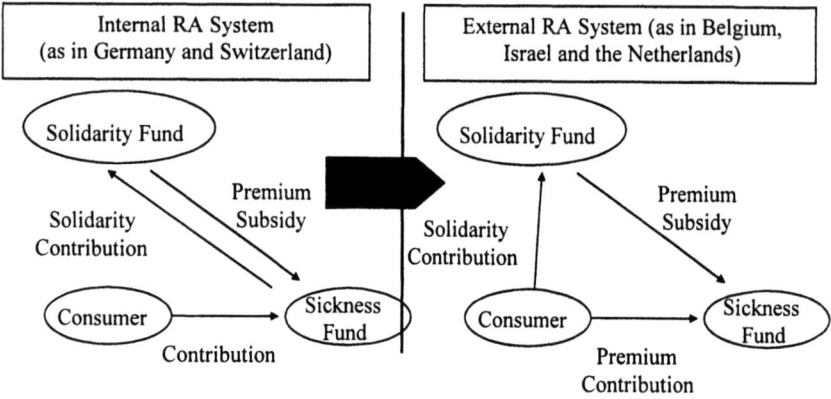

Quelle: van de Ven et al; Health Policy 65, 2003, 75-98

Bezüglich des Beitragsbedarfsausgleichs ist im Gesetzentwurf vorgesehen, dass 50 bis 80 insbesondere kostenintensive chronische Krankheiten und Krankheiten mit schwerwiegendem Verlauf der Auswahl der Morbiditätsgruppen zu Grunde gelegt werden sollen. Berücksichtigung finden sollen nur Krankheiten, bei denen die durchschnittlichen Leistungsausgaben je Versichertem mehr als 150 % der durchschnittlichen Leistungsausgaben aller Versicherten betragen. Bei dem zu entwickelnden prospektiv auszugestaltenden Modell wird als Mindestqualität ein Wert von $R^2 \geq 12\%$ festgelegt. Vorschläge für die Auswahl sowie die zukünftige Pflege der Groupers soll ein wissenschaftlichen Beirat machen, der auf Vorschlag des Bundesversicherungsamtes vom Bundesministerium für Gesundheit berufen werden soll. Der Risikopool und die besondere Einbeziehung der DMP-Gruppen fallen weg, allerdings sollen weiterhin DMP-Programmkostenpauschalen gezahlt werden.

Durch eine Konvergenzklausel sollen die Transferleistungen zwischen den einzelnen Ländern begrenzt werden.

Bewertung

Grundsätzlich handelt es sich bei dem vorliegenden Gesetzentwurf um einen vertretbaren Kompromiss. Es ist zu begrüßen, dass nunmehr offenbar ein ernsthafter Anlauf zur Einführung des morbiditätsorientieren RSA unternommen wird. Positiv ist dabei, dass der Gesundheitsfonds die Unterscheidung zwischen Zahler- und Empfängerkassen beseitigt und damit eine sachlichere Debatte über die Weiterentwicklung des RSA ermöglicht. Auch die in diesem Zusammenhang vorgenommene Vervollständigung des Finanzkraftausgleichs ist im Grundsatz zu begrüßen; sie führt dazu, dass Einkommensunterschiede der Versicherten nicht mehr zu unterschiedlichen finanziellen Spielräumen der Krankenkassen führen. Allerdings gilt dies nicht vor dem spezifischen Hintergrund der Ausgestaltung der Überforderungsklausel für die Zusatzprämie: Diese führt in massiver Weise dazu, dass die Fähigkeit einer Krankenkasse, eine Zusätzprämie erheben zu können, von der Einkommenssituation ihrer Versicherten abhängt (vgl. Schawo und Schneider 2006).

Die zahlenmäßigen Beschränkungen der zu berücksichtigenden Krankheiten bei der Umsetzung des morbiditätsorientierten RSA bedeutet eine Verringerung der Fähigkeit des RSA, Risikoselektion zu verhindern. Bei der Gestaltung des Klassifikationssystems ist insbesondere zu überlegen, welche Effekte entstehen, wenn die Kostenwirksamkeit einiger Krankheiten „unterdrückt" wird. Dringend erforderlich ist vor allem aber eine Präzisierung des Krankheitsbegriffes. In der Wissenschaft gibt es keine eindeutige und auch keine einvernehmliche Definition dieses Begriffs. In den international gebräuchlichen Kodifizierungen von Krankenhausdiagnosen (ICD-10) gibt es z.B. 20000 Diagnosen auf der Einzelebene, 120 Gruppen und 14 Kapitel. Sinnvoll erscheint es hier, auf der Ebene der Gruppen in den Kapiteln bzw. in einzelnen Konstellationen auf die Ebene der Kapitel abzustellen. Hier muss der Wissenschaftliche Beirat mit Augenmaß eine für die Durchführung des RSA geeignete Abgrenzung vornehmen.

Modifiziert werden sollte die Regelung, dass die Morbiditätszuschläge auf solche Krankheiten begrenzt werden sollen, die Kosten verursachen, die um mindestens 50 % über den für jeden Versicherten durchschnittlich getätigten Ausgaben liegen. Es wäre sachgerechter, sich bei einer solchen Grenze an einem Risikoprofil für Gesunde zu orientieren. Das würde bedeuten, dass solche Krankheiten berücksichtigt werden, die Kosten verursachen, die 50 % über den durchschnittlichen Ausgaben für Gesunde liegen. Ebenso wäre sinnvoll, eine Altersadjustierung vorzunehmen, weil das Ausgabenniveau für junge Versicherte prinzipiell deutlich niedriger ist. Ein System, in dem Wettbewerb herrschen soll, darf nicht zu Lasten der jungen Erkrankten gehen.

Unklar ist die Vorgabe des Gesetzentwurfes, dass durch die neue Klassifikation „keine Anreize zu medizinisch nicht gerechtfertigten Leistungsausweitungen gesetzt werden" dürfen. Hier ist vom Wissenschaftlichen Beirat viel Sachverstand bei einer sinnvollen Auslegung gefordert..

Die Konvergenzklausel zur Einführung von Gesundheitsfonds und morbiditätsorientiertem RSA ist nicht unproblematisch. Zwar kann – und sollte! – über die Regionaldimension der GKV-Wettbwerbsordnung noch vertiefend nachgedacht werden, weil die Kombination aus bundesweitem RSA und obligatorisch bundesweiten Prämien bundesweiter Kassen bei Wettbewerb zischen Regionalkassen und bundesweit tätigen Kassen zu erheblichen Wettbewerbsproblemen führt (vgl. dazu Jacobs / Reschke/ Wasem 1998), jedoch führt eine diskretionär an Veränderungen von Transfervolumina anknüpfende Regelung dazu, dass der RSA seine Aufgabe, Risikoselektion zu verhindern, nicht mehr uneingeschränkt wahrnehmen kann. Das Bundesversicherungsamt hat zudem in der Anhörung zum GKV-WSG mit Recht darauf hingewiesen, dass die vorliegende Formulierung der Konvergenzklausel kaum umsetzbar ist. Im übrigen ist darauf hinzuweisen, dass die Datengrundlagen zur Ermittlung der Transferposition eines Bundeslandes nach wie vor eher dünn sind, insbesondere, weil für die bundesweiten Krankenkassen keine Verpflichtung besteht, Daten nach regionalen Gesichtspunkten erheben und auswerten.

Dass Programmkostenpauschalen für die DMPs vorgesehen sind, hat den positiven Effekt, dass auch sich nur langsam oder auch gar nicht refinanzierende DMPs, die aber z.B. für gesteigerte Lebensqualität der Patienten sorgen, weitergeführt werden können. Andernfalls wäre zu erwarten, dass die Krankenkassen sehr schnell nur noch solche Programme weiterführen, die sich schon sehr kurzfristig auch finanziell lohnen.

Sichergestellt werden muss, dass der interdisziplinär zusammengesetzte wissenschaftliche Beirat wettbewerbsneutral – d.h. durch unabhängige Wissenschaftler – besetzt wird, denn er bestimmt die wettbewerblichen Rahmenbedingungen der Krankenkassen maßgeblich.

Vor dem Hintergrund der Einführung des Gesundheitsfonds mit einer Vervollständigung des Finanzkraftausgleichs und dem Übergang zum morbiditätsbezogenen RSA sollte unseres Erachtens die Frage noch einmal aufgegriffen werden, wie das Krankengeld im RSA berücksichtigt werden sollte. Die heutige Ausgestaltung des RSA beim Krankengeld ist systematisch verkehrt, weil sie nicht berücksichtigt, dass Krankenkassen mit höheren beitragspflichtigen Einnahmen je Mitglied auch höhere Krankengeldzahlungen leisten müssen (vgl. Wasem 1993): Während die höheren beitragspflichtigen Einnahmen durch den Finanzkraftausgleich bereits heute weitgehend abgeschöpft werden, bleiben die höheren Leistungsverpflichtungen bestehen. Mit der Vervollständigung des Finanzkraftausgleichs verschärft sich diese Situation. Allerdings war dies bisher in der Gesamtheit dadurch zu rechtfertigen, dass die Krankengeldhäufigkeit morbiditätsbedingt bei den Krankenkassen mit den überdurchschnittlichen beitragspflichtigen Einnahmen nur unterdurchschnittlich war (Vgl. Jacobs, Reschke, Cassel u. Wasem 2002). Es sollte unseres Erachtens noch einmal empirisch überprüft werden, ob Krankenkassen mit überdurchschnittlichen beitragspflichtigen Einnahmen künftig noch in der Lage sind, überdurchschnittliche Krankengeldzahlungen je Tag der Anspruchsberechtigung zu finanzieren. Reschke et al. (2005) hatten (wie erwähnt) vorgeschlagen, für den Bereich des Krankengeldes auf den Übergang zur Morbiditätsorientierung zu verzichten, da ein prospektives Modell hier zu unplausiblen Ergebnissen führt. Auch hier sollte unseres Erachtens die Zeit bis zur Einführung des neuen RSA-Konzeptes für ergänzende Überlegungen genutzt werden.

Schlussbemerkungen

Funktionaler Wettbewerb im Gesundheitswesen braucht bei nicht-risikoäquivalenten Beiträgen einen guten Risikostrukturausgleich. Der vorgelegte Entwurf für das GKV-WSG bietet die RSA-seitige Grundlage für einen funktionalen Wettbewerb, könnte an einigen Stellen aber noch verbessert werden.

Was vor allem noch fehlt, ist der Mut der Politik, auf funktionalen Wettbewerb auch zuzulassen – denn RSA ist kein Selbstzweck, sondern macht nur in einem wettbewerblichen Kontext auch Sinn. (vgl. dazu insbesondere Ebsen et al 2003 sowie Cassel et al. 2006).

Literatur

Andersen H, Grabka M: Kassenwechsel in der GKV 1997-2004. Profile – Trends – Perspektiven. In: Göpffarth D / Greß St / Jacobs K / Wasem J (Hrsg.): Jahrbuch Risikostrukturausgleich 2006 – 10 Jahre Kassenwahlfreiheit. Asgard, St. Augustin, 2006, 145-190.

Cassel D, Ebsen I, Greß St, Jacobs K, Schulze S, Wasem J: Vertragswettbewerb – zu kurz gesprungen. In: Gesundheit und Gesellschaft, 9, 10/2006, 42-45.

Ebsen I, Greß S, Jacobs K, Szecseny J, Wasem J: Vertragswettbewerb in der gesetzlichen Krankenversicherung zur Verbesserung von Qualität und Wirtschaftlichkeit der Gesundheitsversorgung. Gutachten im Auftrag des AOK-Bundesverbandes. Endbericht 6. März 2003. In: AOK-Bundesverband (Hrsg.): Vertragswettbewerb in der GKV zur Verbesserung der Qualität und Wirtschaftlichkeit der Versorgung. AOK im Dialog, Band 13. Bonn, 2003, 145-307

Häussler B, Berger U.: Bedingungen für effektive Disease Management-Programme. Berlin. IGES 2004.

Höppner K, Greß St, Rothgang H, Wasem J: Instrumente der Risikoselektion – Theorie und Empirie. In: Göpffarth D / Greß St / Jacobs K / Wasem J (Hrsg.):

Jahrbuch Risikostrukturausgleich 2006 – 10 Jahre Kassenwahlfreiheit. Asgard, St. Augustin, 2006, 119-144

Jacobs K, Reschke P, Cassel D, Wasem J: Zur Wirkung des Risikostrukturausgleichs in der gesetzlichen Krankenversicherung. Eine Untersuchung im Auftrag des Bundesministeriums für Gesundheit. Nomos-Verlagsgesellschaft, Baden-Baden, 2002

Jacobs K, Reschke P, Wasem J: Zur funktionalen Abgrenzung von Beitragsatzregionen in der gesetzlichen Krankenversicherung. Nomos-Verlagsgesellschaft, Baden-Baden, 1998.

Konsenspapier IGES/Cassel/Wasem und Lauterbach/Wille. Berlin, Duisburg, Greifswald, Köln, Mannheim. 26. Februar 2001.

Lauterbach K, Wille E : Modell eines fairen Kassenwettbewerbs. Sofortprogramm „Wechslerkomponente und solidarische Rückversicherung" unter Berücksichtigung der Morbidität. Abschlussbericht. Gutachten im Auftrag des Verbandes der Angestellten-Krankenkassen e.V. (VdAK), des Arbeiter-Ersatzkassen-Verbandes e.V. (AEV), des AOK-Bundesverbandes (AOK-BV) und des IKK-Bundesverbandes (IKK-BV). Köln/Mannheim, 2001, auch: download bei: http:/www.bmgesundheit.de.

Reschke P, Sehlen S, Schiffhorst G, Schräder W, Lauterbach K, Wasem J: Klassifikationsmodelle für Versicherte im Risikostrukturausgleich. Endbericht. Untersuchung zur Auswahl geeigneter Gruppenbildungen, Gewichtungsfaktoren und Klassifikationsmerkmale für einen direkt morbiditätsorientierten Risikostrukturausgleich in der gesetzlichen Krankenversicherung. Im Auftrag des Bundesministeriums für Gesundheit. Endbericht. Bundesministerium für Gesundheit und soziale Sicherung (Hrsg.): Schriftenreihe Forschungsbericht Gesundheitsforschung. Bd. 334. Bonn, 2005.

Schawo D, Schneider W: Die Wirkungen der Härteregelung beim Zusatzbeitrag im Fondskonzept der Bundesregierung – eine statistische Simulationsanalyse. AOK-Bundesverband, Bonn, 2006.

van de Ven WPMM, Ellis R: Risk Adjustment in competitive health plan markets. Handbook of Health Economics. A.J. Culyer and J.P. Newhouse. Amsterdam, Elsevier North Holland, 2000.

van de Ven WPMM, Beck K, Buchner F, Chernichovsky D, Gardiol L, Holly A, Lamers LM, Schokkaert E, Shmueli A, Spycher S, Van de Voorde C, van Vliet RCJA, Wasem J, Zmora I: Risk Adjustment and Risk Selection on the Sickness Fund Insurance Market in Five European Countries. Health Policy 65, 2003, 75-98

Wasem J: Berücksichtigung des Krankengeldes beim Risikostrukturausgleich. In: Robert Paquet/ Wolfgang König (Hrsg.), Der Risikostrukturausgleich und die Konsequenzen für den Wettbewerb, Essen, 1993, 58-65.

Wasem J, Buchner F: Risikostrukturausgleich in einem GKV-System mit Pauschalprämien. In: Göpffarth D / Greß St / Jacobs K / Wasem J (Hrsg.): Jahrbuch Risikostrukturausgleich 2006 – 10 Jahre Kassenwahlfreiheit. Asgard, St. Augustin, 2006, 279-303.

Funktionsfähiger Wettbewerb der Krankenkassen – Der morbiditätsorientierte Risikostrukturausgleich als notwendige Grundlage?

Rolf Hoberg

1. Einleitung

Die Frage, ob der morbiditätsorientierte Risikostrukturausgleich eine notwendige Grundlage für einen funktionsfähigen Wettbewerb der Krankenkassen ist, wird aus der Sicht der Krankenkassen ganz unterschiedlich bewertet; insofern gibt es <u>die</u> eine <u>Perspektive</u> nicht. Dies als Vorbemerkung zu dem Titel dieses mir vorgegebenen Beitrages. Analysiert man politische Positionen einzelner Akteure, wird man sehr schnell feststellen, dass Vertreter beispielsweise der Techniker Krankenkasse (vgl. z. B. Klusen, 2004 oder Straub/Pütz, 2004) zu einer ganz anderen Bewertung kommen als ihre Kollegen von der Barmer Ersatzkasse (vgl. z. B. Vöcking, 2006). Selbst innerhalb einer Kassenart gibt es somit ganz unterschiedliche Auffassungen. Nimmt man den Vergleich einzelner Kassenarten, kommt man – naturgemäß – zu den selben Ergebnissen. So plädiert beispielsweise der BKK-Bundesverband mit seinem Konzept „Versicherten-Solidarausgleich" (vgl. BKK-Bundesverband, 2006) für eine „Rückbesinnung auf die Grundelemente des Solidarausgleiches". Faktisch impliziert dieser Ansatz eine Rückführung des Risikostrukturausgleiches, denn mit einer Beschränkung auf die Grundelemente „Einkommen", „Alter" und „Geschlecht" würden weniger Kriterien als bisher ausgeglichen. Die bereits jetzt berücksichtigungsfähigen Kriterien „Anzahl der Erwerbsminderungsrentner", „Anzahl der DMP-Versicherten" oder „Besonders hohe Leistungsausgaben (Risikopool – s. Abb. 1)" möchte der BKK-Bundesverband ersatzlos gestrichen haben.

Diese Position wird natürlich vom AOK-Bundesverband bzw. den einzelnen AOKen in keiner Weise geteilt.

In der Gesundheitsökonomie sowie angrenzender Wissenschaften gibt es einen breiten Konsens darüber, dass jedes wettbewerbliche Krankenversicherungssystem mit solidarischer Finanzierung ein Ausgleichssystem benötigt, um Anreize zur Risikoselektion zu (ver-)mindern, Chancengleichheit im Wettbewerb zu sichern und die Stabilität des Systems zu gewährleisten (vgl. z. B. Breyer/Zweifel/Kifmann 2005, Cassel/Janssen 1999 oder Wasem 1998).

Abb. 1: Unterschiede in der Risikostruktur der Krankenkassen

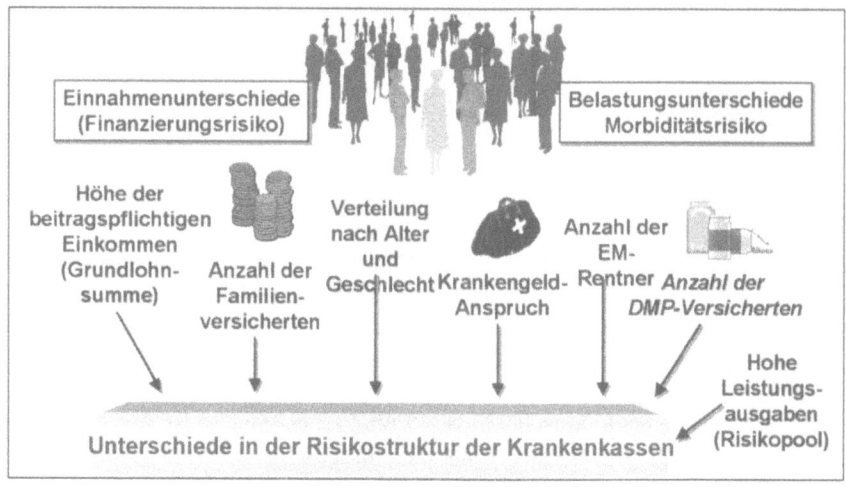

2. Reformgesetz von 2001

Der Gesetzgeber hat mit der Reform des RSA im Jahre 2001 (mit Wirkung ab 2002) die Weichen in Richtung „Verstärkte Morbiditätsorientierung" gestellt. Diesem Reformgesetz gingen umfassende wissenschaftliche Analysen voraus. Sowohl die Bundesregierung als auch die GKV-Spitzenverbände hatten wissenschaftliche Experten bzw. Institute beauftragt, entsprechende Studien zu erstellen (vgl. Jacobs et al 2002 und Lauterbach/Wille 2001). Diese kamen hinsichtlich der Analyse zu weitgehend einheitlichen Befunden: Sämtliche Expertisen stellten übereinstimmend fest, dass die Beschränkung des RSA auf sozioökonomische Faktoren wie Alter, Geschlecht, Einkommen etc. des Versicherten für eine risikogerechte Mittelzuweisung des RSA nicht ausreicht. Wenn eine Krankenkasse für einen schwerkranken 50-jährigen Versicherten, der beispielsweise Kosten in Höhe von ca. 15.000 EUR pro Jahr verursacht, den gleichen Beitragsbedarf zugewiesen bekommt, wie eine andere Krankenkasse für einen gleichaltrigen gesunden Versicherten, muss es zwangsläufig zu erheblichen Wettbewerbsverzerrungen kommen (s. Abb. 2).

In den Worten des Sachverständigenrates: „Die Schwäche des RSA liegt darin, die tatsächlichen durchschnittlichen Ausgaben als Ausgleichsgrößen zu nehmen, obwohl diese offensichtlich zu grobe Morbiditätskriterien sind, um Anreize

Abb. 2: Beitragsbedarf und Wettbewerbsverzerrungen

```
                          Gesund:
                          Kosten nur Kopfpauschale
                          1.562 € / 400 € = +1.162 €
                          Überdeckung entlastet Beitragssatz
                          Mitgliedergewinn


              RSA-Gutschrift für jeden
              50-jährigen Versicherten: 1.562 €

Krank:
Schlaganfall       15.000 €
1.562 €/ 15.000 € = -13.438 €
Unterdeckung belastet Beitragssatz
Mitgliederverlust
```

zu einem gesamtwirtschaftlich ineffizienten Kassenwettbewerb um gute Risiken zu unterbinden. [...] Eine tragfähige Reform des RSA hat folglich an einer Weiterentwicklung der ausgleichsfähigen Tatbestände hin zu valideren Morbiditätskriterien anzusetzen. [...] Die Hinwendung zu direkten Morbiditätskriterien ist unter konzeptionellen Gesichtspunkten richtig" (vgl. Jahresgutachten 2001/2002 des Sachverständigenrates für die gesamtwirtschaftliche Entwicklung, Ziffer 263 f).

3. Rückenwind durch das Urteil des Bundesverfassungsgerichtes von 2005

Ganz erheblichen Rückenwind erhielten die Befürworter einer verstärkten Morbiditätsorientierung des RSA durch des Urteil des Bundesverfassungsgerichtes vom 18.07.2005. Der Zweite Senat des Bundesverfassungsgerichtes entschied, dass die Regelungen des RSA mit dem Grundgesetz vereinbar sind, da er den sozialen Ausgleich in der gesetzlichen Krankenversicherung verwirklicht im Einklang mit dem allgemeinen Gleichheitssatz kassenübergreifend und bundesweit. Ein Normenkontrollantrag der Länder Baden-Württemberg, Bayern und Hessen blieb daher ohne Erfolg. Auch das Gesetz zur Reform des RSA vom 10.12.2001 wurde als mit dem Grundgesetz vereinbar bewertet. Hinsichtlich des Morbi-RSA entschied das Bundesverfassungsgericht folgendermaßen: „Die mit dem Reformgesetz bewirkte Einführung des direkt morbiditätsorientierten Risikostrukturausgleichs begegnet keinen verfassungsrechtlichen Bedenken. Der Gesetzgeber verfolgt legitime Ziele, weil er hierdurch den Solidarausgleich zwischen Gesunden und Kranken und insbesondere Risikoselektion zulasten von – chronisch – Kranken vermeiden will." (vgl. Bundesverfassungsgericht, Pressestelle, Pressemitteilung Nr. 80/2005 vom 31.08.2005, S. 7).

Das Gericht setzte sich auch mit der immer wieder diskutierten *Frage von Obergrenzen hinsichtlich des Transfervolumens bzw. von Kappungsregelungen* auseinander und stellte hierzu Folgendes fest: „Aus verfassungsrechtlichen Gründen war der Gesetzgeber nicht gehalten, derartigen Reformüberlegungen näher zu treten, weil nicht ersichtlich ist, wie mit Belastungsgrenzen die Tauglichkeit des Risikostrukturausgleichs zur Wahrung des Solidarprinzips erhalten oder gar verbessert werden kann. Hohe Transfersummen im Risikostrukturausgleich sind kein Indikator für dessen Versagen, sondern für dessen Notwendigkeit. Sie zeigen an, wie unterschiedlich die Verteilung der Versicherten nach den ausgleichserheblichen Kriterien zwischen den einzelnen Krankenkassen nach wie vor ist." (Bundesverfassungsgericht, Urteil vom 18.07.2005, Randziffer 237).

4. Verankerung des Morbi-RSA im Koalitionsvertrag vom 11.11.2005

Als Folge dieses in seiner Eindeutigkeit nicht zu überbietenden Urteils war und ist die Politik aufgefordert, den RSA entsprechend weiterzuentwickeln. Die im September 2005 neu gewählte Bundesregierung griff die Weiterentwicklung des RSA dann auch in ihrem Koalitionsvertrag „Gemeinsam für Deutschland – mit Mut und Menschlichkeit" vom 11.11.2005 auf. Unter der Überschrift „Wettbewerbliche und freiheitliche Ausrichtung des Gesundheitswesens" findet sich u. a. ein klares Bekenntnis zu einer besseren Abbildung der Morbiditätsrisiken und zu einer gemeinsamen Entwicklung geeigneter Kriterien (vgl. Randziffer 4322 ff.).

5. Kabinettsentwurf „GKV-Wettbewerbsstärkungsgesetz" vom 25.10.2006

Insbesondere in der öffentlichen Berichterstattung wird die anstehende Gesundheitsreform, die unter dem durchaus irreführenden Namen „GKV-Wettbewerbstärkungsgesetz" firmiert, weitestgehend auf die Schlagwörter „Gesundheitsfonds" und „Basistarif" reduziert. Allerdings beinhaltet der Gesetzentwurf darüber hinaus zahlreiche weitere für den Kassenwettbewerb wesentliche Bestandteile. So konnte sich die Arbeitsgruppe aus Union und SPD nach zähen Verhandlungen u. a. auf eine Einführung des Morbi-RSA zum 01.01.2009 einigen. Somit wird der Morbi-RSA – frühestens! – zwei Jahre nach der ursprünglichen Planung und geltender Rechtlage (vgl. § 268 SGB V) eingeführt.

So sehr die Einführung eines morbiditätsorientierten RSA grundsätzlich zu begrüßen ist, so sehr sind zwei Aspekte zu kritisieren: Weder die innerhalb der Arbeitsgruppe und des Kabinetts konsentierte Begrenzung auf 50-80 Krankheiten noch die Einführung eines Ausgabenschwellenwertes von 50 v. H. oberhalb der Durchschnittsausgaben je Versicherten bei der Auswahl der Krankheiten sind wissenschaftlich zu begründen. Beide Aspekte sind vielmehr das Ergebnis eines politischen Kompromisses. Ob diese doppelte Begrenzung mit der oben dargestellten Rechtssprechung des Bundesverfassungsgerichtes, insbesondere mit der Passage zu der Diskussion über die Transferbegrenzung, zu vereinbaren ist, wäre eine spannende Frage.

Unabhängig davon ist eine eindeutige und rechtssichere Definition des Begriffs „Krankheit" zwingend, da beispielsweise die ICD[1] 10 bereits auf der vierstelligen Ebene über 20.000 Diagnosen abbildet. Eine entsprechende Konkretisierung der Risikostrukturausgleichsverordnung ist erforderlich. Geeignet hierfür ist vom Grundsatz her die Ebene der Gruppen der ICD 10.

6. Fazit

In Übereinstimmung mit der herrschenden Meinung in der Wissenschaft (Gesundheitsökonomie) und in Übereinstimmung mit der Rechtssprechung des Bundesverfassungsgerichtes vertritt auch die AOK Baden-Württemberg die Auffassung, dass der morbiditätsorientierte Risikostrukturausgleich eine notwendige Voraussetzung für einen funktionsfähigen Wettbewerb der Krankenkassen ist.

Literatur

BKK-Bundesverband (2006): Auch in Zukunft zueinander stehen: der Versicherten-Solidarausgleich. Essen.

Breyer, F./Zweifel, P./Kifmann, M. (2005): Gesundheitsökonomie, Springer Verlag. 5. Auflage.

Bundesverfassungsgericht (2005): Pressemitteilung Nr.80/2005 vom 31.08.2005 zum Beschluss des Zweiten Senats vom 18.07.2005 sowie selbiges Urteil. Karlsruhe.

Cassel, D./Janssen, J. (1999): GKV – Wettbewerb ohne RSA? Zur wettbewerbssichernden Funktion des RSA in der gesetzlichen Krankenversicherung. In:

---

[1] International Code of Diagnosis

Knappe, E. (Hrsg.), Wettbewerb in der gesetzlichen Krankenversicherung. Baden-Baden. S. 12-49.

Jacobs, K./Reschke, P./Cassel, D./Wasem, J. (2002): Zur Wirkung des Risikostrukturausgleichs in der gesetzlichen Krankenversicherung. Eine Untersuchung im Auftrag des Bundesgesundheitsministeriums.

Klusen, N. (2004), zitiert nach FAZ, 05.10.2004

Lauterbach, K./Wille, E. (2001): Modell eines fairen Wettbewerbs durch den Risikostrukturausgleich. Gutachten im Auftrag von VdAK, AEV, AOK-BV und IKK-BV. Abschlussbericht.Köln, Mannheim.

Sachverständigenrat zur Begutachtung für die gesamtwirtschaftliche Entwicklung (2001): Für Stetigkeit – gegen Aktionismus) Jahresgutachen 2001/2002.

Straub, C./Pütz, C. (2004); Perfektionswahn statt wettbewerblicher Reformen: die Rolle des Risikostrukturausgleichs in einer wettbewerblichen Krankenversicherung. In: Gesundheit- und Sozialpolitik 11/12

Vöcking, J. (2006) in: BARMER, Pressemitteilung vom 21.09.2006 „Versorgung schwer Kranker in Frage gestellt".

Wasem, J. (1998): Der Risikostrukturausgleich als Kernelement der solidarischen Wettbewerbsordnung. Nomos-Verlag.

Der morbiditätsorientierte Risikostrukturausgleich als notwendige Grundlage des Krankenkassenwettbewerbs?

Gerhard Schulte

Seit der gesundheitspolitischen Entscheidung des Gesetzgebers im Jahre 1992 über die Einführung eines Risikostrukturausgleiches (RSA) zwischen den gesetzlichen Krankenkassen als Grundlage für eine wettbewerbliche Orientierung ist die Diskussion über eine sachgerechte Weiter- oder Rückentwicklung nicht zur Ruhe gekommen. Angesichts des aktuellen Volumens von ca. 15 Mrd. € jährlicher Austauschgröße verwundert das nicht. Neben den ursprünglichen Parametern Einkommen, Alter, Geschlecht, beitragsfreie Mitversicherung und Erwerbsminderungsrenten ist der RSA im Laufe der Jahre ausgeweitet worden durch die Einführung eines Risikopools für aufwändige Leistungsfälle und durch einen RSA-Bezug von Disease-Management-Programmen. Gleichwohl gibt es in Gesundheitspolitik und Wissenschaft eine überwiegende Auffassung, dass der aktuelle RSA die Morbidität der GKV-Versicherten nicht ausreichend abbilde und somit ein fairer Wettbewerb zwischen den Krankenkassen behindert sei. Der Gesetzgeber hat deshalb schon im Jahre 2001 im § 268 SGB V eine Weiterentwicklung des Risikostrukturausgleiches veranlasst, die am 1. Januar 2007 in Kraft treten sollte. Dazu wird es nicht kommen, da die erarbeiteten Grundlagen für eine Umsetzung des so genannten morbiditätsorientierten Risikostrukturausgleichs nicht konsensfähig waren. Mit dem GKV-Wettbewerbsstärkungsgesetz (GKV-WSG) nimmt der Gesetzgeber nunmehr einen neuen Anlauf zur Weiterentwicklung des RSA. Ob eine solche Weiterentwicklung tatsächlich erforderlich ist, um ausreichenden Wettbewerb zwischen den Krankenkassen zu ermöglichen, gerade auch vor dem Hintergrund des ebenfalls geplanten Gesundheitsfonds mit einem Einheitsbeitrag für alle Krankenkassen, soll untersucht werden.

1. Die gesetzliche Pflegeversicherung – ein Vorbild für einen vollständigen Risikoausgleich in der GKV?

Die Umsetzung des RSA in der gesetzlichen Krankenversicherung ist zweifelsohne verwaltungsaufwändig. Er fordert stringente Prüfmaßnahmen und führt wegen laufender Korrekturen der Prognosen – in den Anfangsjahren stärker als heute – zu einer Planungsunsicherheit der Haushalte. Es stellt sich deshalb zunächst einmal vor dem Hintergrund des ab 2009 beabsichtigten Gesundheitsfonds die Frage, ob ein Einheitsbeitragssatz ohne Zusatzprämie für alle gesetzlichen Krankenkassen, vielleicht mit Ausnahme der Verwaltungskosten und Satzungsleistungen, die logische Konsequenz aus der im GKV-WSG dokumentierten Einschätzung ist, es gäbe ohnehin nur eine Solidargemeinschaft aller GKV-Versicherten in Deutschland.

Vorbild könnte das SGB XI, die soziale Pflegeversicherung, sein. Der Beitragssatz der Pflegeversicherung wird für alle Pflegekassen einheitlich durch den Gesetzgeber festgelegt. Es besteht ein virtueller Fonds beim Bundesversicherungsamt, der die Verteilung der Mittel nach Leistungsbedarf regelt. Der Leistungskatalog ist abschließend vom Gesetzgeber formuliert. Über die Leistungsgewährung entscheiden Gutachter eines umlagefinanzierten medizinischen Dienstes der Kranken- und Pflegekassen.

Die Einheitsversicherung Pflege ist zwar weitgehend akzeptiert. Ein kritischer zweiter Blick zeigt jedoch eine Reihe ungelöster Probleme. Zunächst einmal scheut der Gesetzgeber seit über 10 Jahren davor zurück, den Beitragssatz der Entwicklung des altersbedingten Leistungsbedarfes und der steigenden Kosten anzupassen. Dies führt zu einer immer stärkeren Belastung der Pflegebedürftigen, die ursprünglich aus der Sozialhilfebedürftigkeit befreit werden sollten. Der Grundsatz „Rehabilitation vor Pflege" wurde aus Kostengründen von Beginn an der gesetzlichen Krankenversicherung auferlegt, weil hier andere Instanzen den wachsenden Belastungen durch Beitragserhöhungen Rechnung zu tragen haben. Daneben zeigt sich eine Tendenz zur Verlagerung von Krankenversicherungsleistungen in die Pflegeversicherung, da dort ein vollständiger Ausgleich praktiziert wird. Über die Rechtmäßigkeit solcher Verlagerungen wird seit Jahren mit allen zur Verfügung stehenden Rechtsmitteln gestritten. Die Diskussionen über einen Pflegenotstand in Deutschland hat das Pflegeversicherungssystem nicht beseitigen können. Eine Reform steht in den Sternen. Es nimmt deshalb nicht Wunder, dass in den ersten Entwürfen des Bundesministeriums für Gesundheit für ein GKV-WSG im Bereich der Pflegeversicherung die konsequente Einheitskasse durch Übertragung der verbleibenden Kassenfunktionen auf den Spitzenverband Bund bzw. auf den Spitzenverband Land vorgesehen war.

Vor dem Hintergrund der Erfahrung mit der Pflegeversicherung müssen sich diejenigen, die einen vollständigen morbiditätsorientierten Risikostrukturausgleich in der Krankenversicherung fordern, fragen lassen, ob sie eine ohnehin in Teilen der Gesundheitspolitik vorhandene Tendenz zur Einheitskrankenkasse fördern.

2. Entwicklung der GKV-Beitragssätze und des RSA-Transfervolumens

Bevor über die Notwendigkeit einer Weiterentwicklung des RSA politisch entschieden wird, macht es Sinn, sich mit der Entwicklung der GKV-Beitragssätze und des RSA-Transfervolumens zu beschäftigen. In der Entwicklung der Beitragssätze der Kassenarten fällt auf, dass sich die durchschnittlichen Beitragssätze von 1996 bis 2005 weitgehend angenähert haben (Abb. 1).

Abb. 1: Entwicklung der GKV-Beitragssätze und des RSA-Transfervolumens

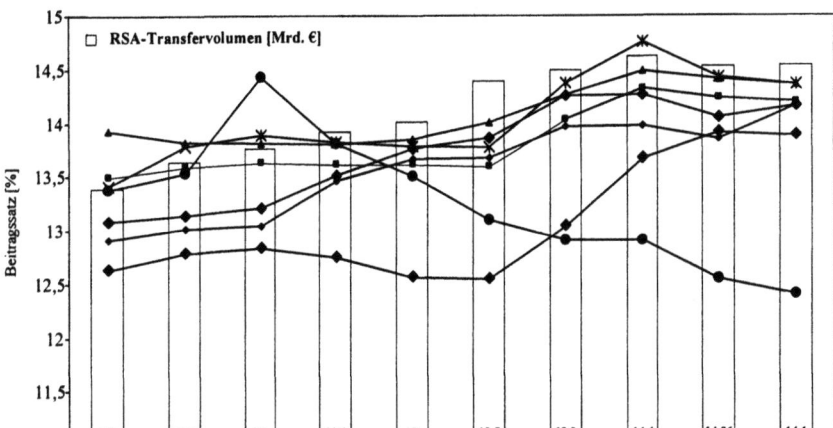

Auffällig ist allerdings der Beitragssatz der Knappschaft. Zwischen 1998 und 2005 konnte die Knappschaft ihren Beitragssatz von 14,5 auf 12,4% senken und damit zur beitragsgünstigsten bundesweit operierenden Krankenkasse werden. Dieses Wunder geschah, obwohl ca. 68% der Versicherten der Knappschaft Rentner sind. Selbst wenn man unterstellt, dass die Knappschaft durch eine relativ günstige ärztliche Gesamtvergütung begünstigt ist und möglicherweise auch ein gutes Kostenmanagement praktiziert, ist der niedrige Beitragssatz in erster Linie die Folge des praktizierten RSA. Interessanterweise gibt es aber keine publizierten gesundheitsökonomischen Untersuchungen über eine mögliche Überkompensation des RSA unter Berücksichtigung der bekannten Frühverrentungen im Knappschaftsbereich. Während die einschlägige Wissenschaft sich intensiv mit RSA-Modellen der USA, der Niederlande oder der Schweiz befasst, sind spezifisch deutsche Entwicklungen weitgehend unerforscht. Ebenso erstaunlich ist der Beitragssatz der AOK Sachsen von 12,0%, während die benachbarte AOK

Thüringen einen Beitragssatz von 13,6% aufweist. Da Arbeitslosigkeit häufig mit der Morbidität der Versicherten korrespondiert, müsste die höhere Arbeitslosigkeit in Sachsen (15,1%) im Verhältnis zu Thüringen (13,6%) zu Nachforschungen Anlass geben. Der häufig gehörte Hinweis, Sachsen habe eine konsequente Krankenhausbedarfsplanung auf den Weg gebracht, reicht wohl ernsthaft zur Erklärung des Beitragssatzphänomens nicht aus. Etwas ähnliches gilt auch in westlichen Bundesländern. Während die AOK Baden-Württemberg bei einer Arbeitslosenquote von 5,5% einen Beitragssatz von 13,9% ausweist, hat die AOK Westfalen-Lippe bei einer Arbeitslosigkeit von 10,3% einen Beitragssatz von 13,0%. Es gibt mithin noch einiges in Deutschland zu evaluieren, um sich ein abschließendes Bild über eine ausreichende Morbiditätsabbildung des RSA über Alter, Geschlecht und Erwerbsminderung machen zu können. Festgestellt werden kann jedenfalls nach über 10-jähriger RSA-Praxis, dass sich die Ortskrankenkassen dank der Ausgleichsbeträge von jährlich durchschnittlich 12 Mrd. € im Wettbewerbsmarkt haben stabilisieren können.

Mit der Einführung eines Risikopools zum Ausgleich aufwändiger Leistungsfälle wollte der Gesetzgeber der bis dahin ständig wiederholten Behauptung entgegenwirken, dass einzelne Kassenarten den überwiegenden Teil aufwändiger Leistungsfälle zu tragen hätten. Nach vier Jahren Risikopool ergibt sich ein anderes Bild wie die Abb. 2 zeigt:

Abb. 2: Gegenüberstellung Risikopoolbetrag und Profilabsenkung RSA absolut in €

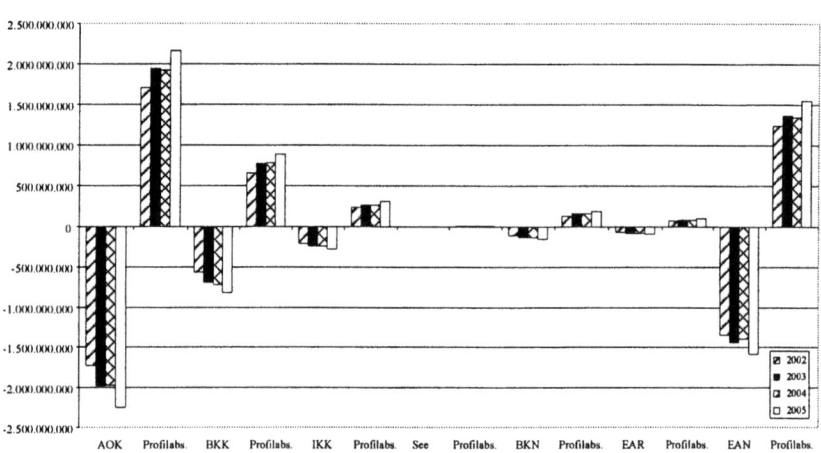

Die Gegenüberstellung von Risikopoolbetrag und Profilabsenkung im RSA zeigt über alle Kassenarten, dass sich die jeweiligen Beträge weitgehend neutralisieren. Seitdem ist die lieb gewonnene Behauptung, aufwändige Leistungsfälle, also Verpflichtungen, die 20.000 € jährlich überschreiten, seien auf einige Krankenkassen konzentriert, nicht mehr zu hören. Insoweit hat der Risikopool zu einer Objektivierung der Diskussion beigetragen.

Auch die Hoffnungen einzelner Kassenarten durch RSA-Anbindung an Disease-Management würden zu einer nennenswerten Beitragsentlastung führen, haben sich wie die Abb. 3 zeigt nicht realisiert.

Abb. 3: Auswirkung DMP in Beitragssatzpunkte

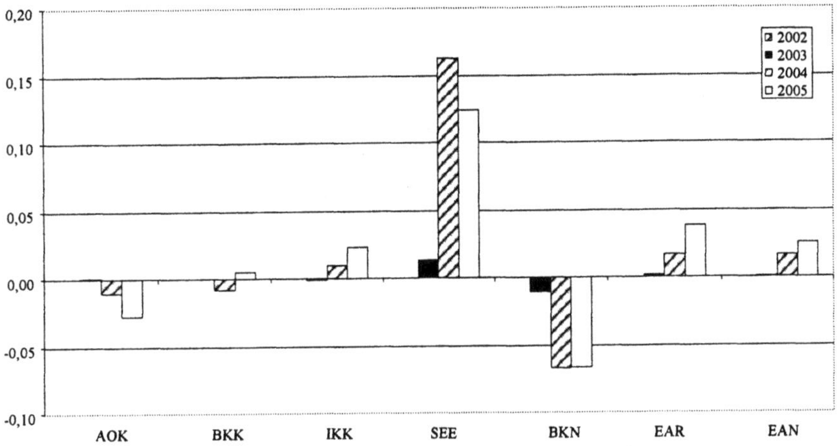

Mit Ausnahme der Knappschaft und der Seekasse sind die Auswirkungen in Beitragssatzpunkten nicht relevant. Daraus lässt sich zunächst der Schluss ziehen, dass sich chronische Erkrankungen, wie z.B. Diabetes Typ 2, einigermaßen gleichmäßig über die Kassenarten verteilen.

Die Umverteilung der Beitragseinnahmen der Krankenkassen nach RSA ist, wie die Tabelle 1 zeigt, beachtlich:

	AOK	BKK	IKK	SEE	KBS	EAN
Beitragssatz mit RSA[1]	14,35	13,89	13,95	13,76	12,4	14,35
Beitragssatz ohne RSA[2]	18,56	10,21	13,03	13,33	20,10	13,13
Umverteilungswirkung des RSA in Beitragssatzpunkten	**-4,21**	**+3,68**	**+0,92**	**+0,43**	**-7,70**	**+1,22**

[1]: Jahresdurchschnitt 2005
[2]: theoretische Modellrechnung

Der durchschnittliche Beitragssatz der Ortskrankenkasse läge ohne RSA bei 18,56% und der der Knappschaft bei 20,1%. Während die Betriebskrankenkassen ohne RSA einen durchschnittlichen Beitragssatz von 10,21% ausweisen könnten. Vor dem Hintergrund dieser Zahlen ist es jedenfalls nicht selbstverständlich davon auszugehen, der aktuell praktizierte RSA erfülle seine wettbewerbsfördernde Aufgabe nicht.

3. Der Anspruch des morbiditätsorientierten Risikostrukturausgleichs

Der RSA soll gerechter, transparenter und einfacher werden. Er soll den Wettbewerb in der GKV fördern, eine verbesserte Versorgungsqualität sichern und die Solidarität unter den Mitglieder der GKV stärken. Ein solch hoher Anspruch ist schwer zu realisieren. Deshalb sind wohl auch die ersten Überlegungen zur Umsetzung des morbiditätsorientierten Risikostrukturausgleiches nicht umgesetzt worden. Als Klassifikationskriterien waren vorgesehen die Krankenhausentlassungsdiagnosen und Arzneimittelverordnungen, nicht aber die ambulantärztlichen Diagnosen. Die Gutachter der Bundesregierung haben die Letzteren offensichtlich nicht für ausreichend geeignet gehalten, obwohl der gleiche Personenkreis auf Grund einer Diagnose Arzneimittel verordnet. Ein möglicher Rückschluss hieraus wäre: der Arzt diagnostiziert falsch, verordnet aber richtig. Auch wäre die vorgesehene Klassifikation nach amerikanischem Vorbild ohne deutsche Praxiserprobung nur schwer übertragbar. Außerdem konnte der Verdacht auf Fehleranfälligkeit der Klassifikationskriterien nicht ausgeräumt werden. Durch ein prospektives Verfahren wollten die Gutachter einer Einflussnahme der Krankenkassen auf Ergebnisse der RSA-Austauschgrößen vermeiden. Ob dadurch Manipulationen in der Tat verhindert werden können, bleibt ungewiss, da das prospektive Verfahren unterstellt, dass um ein Jahr verzögerte RSA-Zahlungen Manager von einer für ihre Krankenkasse günstigen Beeinflussung abhält. Sicher würde allerdings die Kalkulationssicherheit für die Krankenkassen beeinträchtigt werden.

4. Morbidität ist nur ein Faktor im Krankenkassenwettbewerb

Der These, nur ein ausdifferenzierter RSA verbessere den Krankenkassenwettbewerb, liegen die Glaubenssätze zugrunde: die Morbiditätsstruktur entscheide über Wettbewerbsfähigkeit und deshalb sei eine möglichst umfassende Morbiditätscharakterisierung notwendige Wettbewerbsgrundlage. Dem gegenüber ist Wettbewerb ein multifaktoreller Prozess. Die Morbiditätsstruktur der Versicherten ist nur ein Wettbewerbsfaktor unter vielen. Gerade in letzter Zeit ist die regionale Marktmacht als Wettbewerbsfaktor deutlich geworden. Eine stärkere Differenzierungsmöglichkeit im Vertrags- und Versorgungsbereich begünstigt die Ortskrankenkassen als regionale Marktführer, wie etwa eine Ausschreibung der Ortskrankenkassen für Arzneimittelrabatte mit einem Umsatzvolumen von jährlich 3 Mrd. € jüngst gezeigt hat. Auch regionale Versorgungstraditionen spielen im Wettbewerb eine Rolle. Betrachtet man die Arzneimittelumsätze zweier benachbarter KV'en und die Zahl der Verordnungen (Abb. 4), so wird deutlich, dass die Differenzen um bis zu 28% jedenfalls mit Morbidität nicht erklärt werden können. Hierauf einen morbiditätsorientierten RSA zu begründen, kann nur als verwegen bezeichnet werden.

Abb. 4: Arzneimittelbruttoumsätze, DDD und Verordnungen je 1.000 Versicherte in 2003 in den KV-Bezirken Nordbaden und Nordwürttemberg

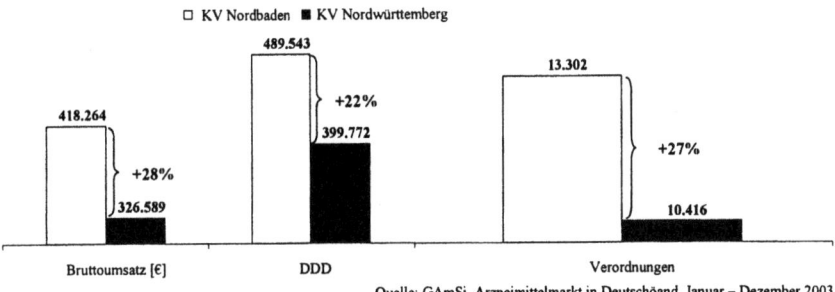

Der RSA muss Mittel zum Zweck eines besseren Wettbewerbes bleiben. Durch weitere Klassifikationskriterien, wie Diagnosen und Verordnungen, wird der RSA komplexer und damit manipulationsanfälliger. Eine 100%ige Morbiditätsbestimmung ist ohnehin unmöglich und für den Wettbewerb der Krankenkassen auch unnötig. Die bisherigen RSA-Parameter genügen, um Wettbewerbsziele zu gewährleisten. Mehr Wettbewerb entsteht durch mehr Gestaltungsfreiheit und nicht durch mehr RSA-Differenzierung.

Schon die DMP-RSA-Kopplung brachte statt Qualitätswettbewerb einen Einschreibewettbewerb, unverhältnismäßigen Verwaltungsaufwand und bisher keine nennenswerten Kosteneinsparungen. Durch den Paradigmenwechsel hin zu einem morbiditätsorientierten RSA werden Gefahren in Kauf genommen, die bei den anstehenden politischen Entscheidungen berücksichtigt werden sollten. Wird bei einer Abstellung auf stationäre Versorgung der Grundsatz ambulant vor stationär relativiert? Werden Präventionsinitiativen geschwächt? Wird eine angebotsinduzierte höhere Leistungsinanspruchnahme auf Grund einer Interessengleichheit von Krankenkassen und Leistungserbringern noch ausreichend geprüft?

Der Ansatz des § 268 Abs. 1 SGB V zur Weiterentwicklung des RSA soll jetzt Klassifikationsmerkmale (Morbiditätsgruppen) bilden die ... „keine Anreize zur medizinisch nicht gerechtfertigten Leistungsausweitungen setzen und 50 bis 80 insbesondere kostenintensive chronische Krankheiten und Krankheiten mit schwerwiegendem Verlauf der Auswahl der Morbiditätsgruppen zugrunde legen." Die zusätzlichen neuen Klassifikationskriterien bleiben unkonkret und deshalb ungeeignet. Was heißt „Krankheit"? Wann beginnt eine Krankheit? Weshalb bleibt es bei dem Klassifikationskriterium Erwerbsminderung, wenn Ursache der Erwerbsminderung eine bestimmte Krankheit ist, die folglich zu einer doppelten Gewichtung im RSA führt? Weshalb fehlen nach wie vor Regelungen zur Berücksichtigung von Krankengeld, das einkommensabhängig im Krankheitsfalle zu zahlen ist? Weshalb wird die Ausgangsbasis für den RSA im Gesundheitsfonds verbreitert mit der Folge, das auch Verwaltungskosten und Satzungsleistungen ausgleichsfähig werden? Diese Fragen vermögen der vorliegende Gesetzentwurf und seine Begründung nicht zu beantworten. Vielmehr bewirkt die Ausklammerung anderer Wettbewerbsinstrumente eine inhaltliche und methodische Überfrachtung des RSA. Internationale Erfahrungen zeigen im Übrigen, dass kein RSA-System die Diskussion über Risikoselektion der Krankenkassen beendet hat. Ohnehin ist Risikoselektion in Deutschland nur sehr begrenzt möglich. Es geht nicht um einen maximalen, sondern um einen optimalen RSA. Um diesem Ziel näher zu kommen, müssten Alternativen zu einem umfassend ausdifferenzierten RSA untersucht werden. Dazu bleibt keine Zeit. Der Status Quo jedenfalls ist der Neufassung des § 268 SGB V vorzuziehen.

Finanzierungsreform und Kassenwettbewerb – das falsche Ordnungskonzept der Reform –

Herbert Rebscher

1. Das WSG – ein Muster ohne Wert

Die Große Koalition hatte sich große Ziele gesetzt. Erstens wollte sie die Finanzen der gesetzlichen Krankenversicherung stabilisieren. Zweitens wollte sie für mehr Wettbewerb im System sorgen. Der Anspruch konnte höher nicht sein: Der nunmehr vorliegende „Entwurf eines Gesetzes zur Stärkung des Wettbewerbs in der Gesetzlichen Krankenversicherung (GKV-WSG)" sieht zur Erreichung dieser Ziele als Kernelement die Einführung eines so genannten Gesundheitsfonds ab dem Jahr 2009 vor. Er wird von den Regierungsparteien als die Errungenschaft der Gesundheitsreform verkauft. Ein staatlicher Einheitsbeitrag ersetzt die wettbewerbliche Beitragskalkulation der einzelnen Versicherungsunternehmen. Der damit einhergehende Zusatzbeitrag, die so genannte „Kleine Prämie", soll vermeintlich Preistransparenz, die gerade durch den Einheitsbeitragssatz eliminiert wurde, wieder herstellen und den Preiswettbewerb anregen. Weiter sieht das Reformvorhaben vor, dass die Zuweisungen der Mittel aus dem Fonds für die einzelne Krankenkasse „risikoadjustiert" nach den Kriterien eines auf 50 bis 80 Krankheiten basierenden morbiditätsorientierten Risikostrukturausgleichs (Morbi-RSA) erfolgen soll. Noch steht in den Sternen, wie dies genau erfolgen soll und ob sich die Zielgenauigkeit oder nur dessen Willkürlichkeit dadurch erhöht. Kurzum: ein ordnungspolitisch durch und durch problematisches Konzept, durchdrungen von der Hybris staatlicher Regulierung, mit höchst kontraproduktiven gesundheitspolitischen Anreizen und der Gefahr einer fragwürdigen Risikoselektion statt der Suche nach Versorgungseffizienz.

Eines kann bereits heute festgestellt werden: Die von der Koalition selbst gesetzten Ziele kann der vorgelegte Gesetzesentwurf nicht bedienen. Im Gegenteil: Er zementiert bekannte Schwächen auf der Finanzierungsseite, löst keines der diskutierten Probleme und schafft seinerseits jedoch neue massive Verwerfungen im Wettbewerb der Krankenkassen. Selten war die Kritik so einhellig, so interessenübergreifend, so harsch. Selbst der stets abwägend formulierende Sachverständigenrat zur Begutachtung der gesamtwirtschaftlichen Entwicklung verlässt seine wissenschaftliche Zurückhaltung und urteilt eindeutig: „misslungener

Kompromiss", "massive Wettbewerbsverzerrung", "Fonds: eine Missgeburt" und folgert eine "wettbewerbsschädliche Wirkung des Gesundheitsfonds".[1]

In seiner Funktionsweise ist der Fonds eher simpel, seine ökonomischen Anreizwirkungen sind jedoch hochkomplex und seine ordnungspolitischen Implikationen wirken nachhaltig – sie sind irreparabel.

Zielführende (Ordnungs-)Politik im Gesundheitssystem soll Anreize zur Erreichung von Humanität, Qualität und Wirtschaftlichkeit der Versorgung setzen und dysfunktionale Anreize, wie z. B. zur Risikoselektion, die zu Wettbewerbsverzerrungen und unproduktiven Gesamteffekten führen, vermeiden. Das aktuelle Reformvorhaben trägt nicht zum Erreichen dieser Ziele bei, im Gegenteil: es entfernt uns immer weiter vom Ziel.

2. Gesundheitsökonomischer (nationaler und internationaler) Konsens

Betrachten wir die Situation, vor der wir in Deutschland stehen: 20 Prozent der Menschen benötigen 80 Prozent der Leistungen! Verschärfend: Eine enorme Kompression der Ausgaben auf wenige Jahre vor dem individuellen Tod. Im Umkehrschluss bedeutet dies, dass 80 Prozent der Menschen lediglich 20 Prozent der Leistungen benötigen.

Wenn man diese (empirisch gesicherte) Ausgangslage ernst nimmt, muss man vordergründige Preissteuerungsmodelle, wie den Gesundheitsfonds mit "Kleiner Prämie", die sich ausschließlich an preisreagible Gesunde (80 % Menschen) richten, die keine Leistungen (20 %) benötigen, ablehnen. Was wir brauchen sind Reformansätze, die die Effizienz der Versorgung in den Vordergrund rücken, denn wirkliche Effizienz bei der Leistungserbringung zeigt sich in dem Bereich der aufwändigen Versorgung (80 % Leistungen) der Wenigen (20 % der Menschen).

3. Gesundheitsversorgung: Unterschiede zu typischen Produkt- bzw. Dienstleistungsmärkten

Ein weiterer Fehler, der bei der Ausgestaltung des Gesundheitsfonds mit Prämie begangen wird, ist der, dass der fundamentale Unterschied des GKV-Marktes zu typischen Produkt- bzw. Dienstleistungsmärkten ausgeblendet wird. Im GKV-Markt fehlt systematisch die simultane Bewertung von Kosten und Nutzen im Moment des Kaufs, ausgedrückt im Preis. Das Gegenteil ist der Fall: Preis- und

---

[1] Jahresgutachten 2006/2007 des Sachverständigenrates zur Begutachtung der gesamtwirtschaftlichen Entwicklung

Nutzenbewertung finden grundsätzlich und nicht änderbar zeitlich und inhaltlich in völlig verschiedenen Situationen statt.

Der Versicherungskontrakt des 18jährigen Berufseinsteigers ist einem abstrakten Nutzenkalkül, dem potenziellen Krankheitsrisiko, geschuldet, eine Nutzenerwartung an eine konkrete Beratungs-, Versorgungs- oder Leistungsqualität besteht nicht!

Ein Beispiel: Leistungen, wie die geriatrische Rehabilitation – das gilt für alle wesentlichen mittel- und langfristigen Versorgungskonzepte –, haben als Bestandteil eines komplexen Versicherungsproduktes und -preises auch für den 25jährigen Gesunden seine Berechtigung. Als Begründung für eine Zusatzprämie für diesen Personenkreis reicht sie allerdings nicht.[2] Es ist sicher kein Zufall, dass der Gesetzgeber noch rechtzeitig vor den „segensreichen Anreizwirkungen" des GKV-WSG sensible Leistungsbereiche, wie die geriatrische Rehabilitation, die Palliativversorgung, die Mutter/Vater-Kind-Kuren, noch zu gesetzlichen Regelleistungen gemacht hat. Eine kluge Entscheidung bei den neuen ordnungspolitisch so kontraproduktiven Anreizstrukturen des Gesetzes.

Wenn die kleine Prämie in der Ausgestaltung des GKV-WSG, wegen des staatlich administrierten Einheitsbeitrags, das einzige unterscheidbare Wettbewerbskriterium für preisreagible in der Regel junge und/oder gesunde Menschen wird – und das ist der zentrale politische Wille –, dann wird der Rechtsrahmen seine ordnungspolitische Anreizwirkung in einer grob dysfunktionalen Form gesundheitspolitisch sinnvollen Zielfunktion entfalten.

Diese fehlgeleiteten ökonomischen Anreize zwingen alle Beteiligten zu einer kalten, betriebswirtschaftlichen Logik:[3]

- Risikoselektion wird gefördert. Ein Wettbewerb, der die Optimierung der Versorgung zum Ziel hat, ist damit grob diskriminiert.
- Harte Prämienvermeidungsstrategie: alles wird getan, um kurzfristig Zusatzprämien zu vermeiden Es gibt keinen Anreiz mehr für einen Wettbewerb um effizientere, an den Versorgungsnotwendigkeiten orientierte Abläufe.
- Kurzfristig attraktive Angebote werden gezwungenermaßen auf betriebswirtschaftlich attraktive Zielgruppen ausgerichtet (Junge und Gesunde) statt auf langfristige Versorgungsstrategien (Zielgruppe Kranke, Chroniker etc.).

---

2   Es wäre im Gegenteil höchst rational eine versorgungsstarke Krankenkasse erst dann zu wählen, wenn deren Leistungsportfolio mit der festgestellten eigenen Erkrankung korreliert und bis dahin ausschließlich preisreagibel zu optieren.

3   Der gesundheitsökonomisch bisher unauffällige „Schöpfer" des Gesundheitsfonds (Prof. Richter) spricht aktuell selbst vom Entstehen von Aldi-Kassen als Folge dieser Reform, FAZ vom 08.01.07, „mit dem Gesundheitsfonds kommt auch die Aldi-Krankenkasse"

Die politische Hoffnung, dass der Wettbewerb oder der (modifizierte) RSA es richten werden, wird zerplatzen wie eine Seifenblase.

4. Die RSA-Modifizierung wird das Risikoselektionsproblem nicht lösen

Wie aufgezeigt, ist der Wettbewerb in der GKV nur dann funktionsfähig, wenn die Preissignale für die Versicherten adäquat sind, d.h. im Rahmen einkommensabhängiger Beiträge, wenn die Beitragssätze nicht durch unterschiedliche Risikomischungen verzerrt sind. Der Risikostrukturausgleich (RSA) hat daher im Beitragssatzwettbewerb die Aufgabe, die Preissignale so auszurichten, dass nicht historisch überkommene oder aktuell entwickelte Unterschiede in der Zusammensetzung der Versichertenstruktur einer Krankenkasse, sondern ihr Handeln mit Blick auf (wirkliche) Effizienz sich im Beitragssatz niederschlagen.

Neben dem Ausgleich der Unterschiede in den beitragspflichtigen Einnahmen wird im RSA zurzeit die ausgabenseitige Risikostruktur über die Variablen Alter, Geschlecht, Erwerbsunfähigkeit, Zahl der beitragsfrei mitversicherten Familienangehörigen sowie die Einschreibung in ein DMP erfasst. Durchaus zurecht wird dabei kritisiert, dass die unterschiedliche Morbidität der Versicherten zwischen den Krankenkassen nicht ausgeglichen wird und deshalb Krankenkassen mit vielen Kranken einen Wettbewerbsnachteil haben.

Weiter zeigen Analysen, dass der derzeitige RSA systematische Anreize zur Risikoselektion bietet. Dies liegt insbesondere darin begründet, dass der RSA nur zu einem geringen Teil in der Lage ist, mit seinen genannten Variablen das Varianzproblem der individuellen Ausgabenunterschiede auszugleichen.

Dadurch erhalten Krankenkassen mit überwiegend gesunden Versicherten eine erhebliche Überdeckung ihrer tatsächlichen Leistungsausgaben. Einfach ausgedrückt: die Krankenkasse mit vielen Gesunden erhält auf der Ausgabenseite im RSA eine Gutschrift, die, da auf den Durchschnitt normiert, teilweise erheblich höher liegt als sie tatsächliche Leistungsausgaben hat.

Eine Krankenkasse mit vielen Kranken wird mit den durchschnittlichen Zuweisungen nicht klarkommen können. Dies hat mit Effizienz im Kassenhandeln nicht das geringste zu tun. Es ist dem technischen Problem der Abbildungsgüte von Klassifikationsmodellen geschuldet. Diese liegt im gegenwärtigen RSA-Modell bei ca. 6 % und bei den best verfügbaren und international eingesetzten medizinischen Klassifikationsmodellen bei max. 25 %.[4]

---

4 IGES, Lauterbach, K., Wasem, J.; Klassifikationsmodelle für Versicherte im Risikostrukturausgleiches (Endbericht), S. 12, Tab. 1

Auch um diese Verwerfungen zu bereinigen, ist im Rahmen des Reformvorhaben nunmehr geplant, Morbiditätszuschläge auf Basis von 50-80 schwerwiegenden und kostenintensiven Krankheiten vorzusehen und danach die Zuweisung der Mittel aus dem Fonds auf die einzelne Krankenkasse zu bemessen.

Wenn im „best verfügbaren" Klassifikationsmodell 76 % der Ausgaben somit von der Morbiditätsverteilung her unerklärt bleiben, sollte die Begriffsverwendung „Effizienz" bzw. „Wirtschaftlichkeit" nur ausgesprochen vorsichtig verwendet werden. Bei diesem „besten Klassifikationsmodell" werden die Morbiditätsinformationen aus (allen) Krankenhausdiagnosen und Arzneimittelinformationen erhoben.

Die geplante willkürliche und methodisch nicht begründbare Fokussierung auf 50-80 Krankheiten ist eine Einladung zur Manipulation und wird das Problem gezielter wettbewerbsverzerrender Risikoselektion nicht lösen, sondern neu befördern. Selbst der Gesetzgeber geht davon aus, dass die Festlegung auf 50 bis 80 Krankheiten zu einem massiven Verlust von Prognosegüte führen wird. 12 % Erklärungskraft genügen dem Gesetzgeber laut Begründung zum Gesetzentwurf, ein Wert, der die bereits ohnehin nicht berauschende Prognosegüte des „besten Ansatzes" nochmals halbiert.

Das Handeln des Gesetzgebers auf methodisch schwierigem Terrain entwickelt sich zunehmend zum Grundproblem für die Systemsteuerung. Das systematische Unterschätzen komplexer methodischer Probleme produziert fehlsteuernde und grob wettbewerbsverzerrende Effekte.

Gäbe es eine rein zufallsgesteuerte Verteilung der Risiken, wäre das Varianzproblem beherrschbar. Die Prognosegüte von Klassifikationsmodellen würde lediglich die Eleganz eines Modells berühren.

Nun haben wir es sowohl in der Versichertenstruktur einer Krankenkasse, ebenso übrigens wie bei der Verteilung von Patienten auf verschiedene Krankenhäuser, gerade nicht mit einer Zufallsverteilung zu tun, sondern mit einer Verteilung, die aufgrund eines bedarfsdeckenden Angebots bewusst und gezielt angesteuert wird. Eine Kasse, die behindertengerechten Zugang mit einer rehabilitationsmedizinischen Beratungskompetenz verbindet und für chronisch kranke Menschen Versorgungsangebote bereithält und qualitativ entwickelt, wird gerade für komplexe Versorgungsprobleme zur bevorzugten Adresse. Eine Krankenkasse, deren Präsens sich auf Internet und Telefonie reduziert, wird diese spezifische Versorgungslast nicht zu schultern haben. Eine Zuweisung nach durchschnittlichen Ausgabenprofilen, standardisiert nach Alter und Geschlecht, muss fehlsteuernd wirken. Auch eine erklärende Varianz von lediglich 25 % in einem neuen RSA wird das Problem neu zuspitzen, keinesfalls lösen.

Analog gilt dieses Problem für die „Zuweisung" von Finanzmitteln im Krankenhaus. Auch hier liegt das Problem darin, dass wir richtigerweise keine Zufallsverteilung vornehmen, sondern über eine hochqualifizierte Einweisungssteuerung über die ambulante Facharztstruktur.

Unterschiedliche Krankenhäuser und deren Leistungen nach einem DRG-Ranking zu vergleichen, blendet systematisch die Dimensionen Nutzen und Qualität aus. Die Varianz der Komplexität der einzelnen Fälle und des damit verbundenen Aufwands innerhalb einer – auch noch so gut kalkulierten – DRG ist nicht zu unterschätzen und birgt die latente Gefahr eines gefährlichen Fehlschlusses:

Die Zuweisung von oder die gezielte Konzentration von Einrichtungen auf einfache „Routinefälle" innerhalb einer DRG produziert eine „nachgewiesene Wirtschaftlichkeit"; die durch die bekannte Qualität der Ärzte/innen und optimierte sachliche Ausstattung geförderte Konzentration auf „komplexe" Fälle zeigt im Modell eine „Unwirtschaftlichkeit". Damit wird Risikominimierung prämiert, Leistung und Qualität diskriminiert.

Wie können wir damit umgehen? Es ist zwingend die Ergänzung des ökonomischen Vergleichs durch methodisch gesicherte (und akzeptierte!) Qualitätsvergleiche samt Risikoadjustierung zu fordern. Leichter ist ein fairer Effizienzvergleich eben nicht zu haben. Leichter ist auch kein Preismodell zu haben. Hoffentlich wissen das alle, die darüber reden, hier im Krankenhaus wie auch (nur anders instrumentiert) bei den Krankenkassen.

5. Konzept mit gefährlich falscher politischer Botschaft

Vor diesem Hintergrund ist das ökonomische Ventil der Finanzierungsreform, der kassenindividuelle Zusatzbeitrag oder die „kleine Prämie", ein wettbewerbsverzerrendes und grob falsche Anreize setzendes Preissignal.

Die politische Botschaft „wirtschaftlich arbeitende Kassen brauchen keine Zusatzprämie, unwirtschaftliche Kassen brauchen eine Zusatzprämie" beinhaltet ein mindestens dreifaches Problem:
- Diese Aussage ist erstens sachlich schlicht falsch!

Da die Zusatzprämie ohne jeden Ausgleich der Einkommensunterschiede, der Morbiditätsrisiken und der Familienstrukturen wirkt, werden die Prämienunterschiede der Zukunft in erheblichem Maße die Versorgungsintensität und die finanzielle Ausstattung der Versicherten einer Kasse abbilden und deshalb dysfunktional wirken. Dies führt zu einem verzerrten Wettbewerb um einkommensstarke, ledige, gesunde Versicherte und nicht, wie gewünscht, um eine effiziente Leistungserbringung. Weiter könnte dies dazu führen, dass eine Kasse aus dem Markt ausscheiden muss, nicht weil sie ineffizient wirtschaftet, sondern weil sie eine ungünstige Versichertenstruktur hat.

- Diese Aussage ist zweitens politisch kurzsichtig!
Wenn die Politik in der Zusatzprämie das ökonomische Ventil für die zukünftige Dynamik des Gesundheitsmarktes sieht, ist diese Aussage auch perspektivisch völlig unverständlich. Politik müsste dafür an die Eigenverantwortlichkeit appellieren und dafür werben, dass eine qualitativ gute und umfassende Versorgung durch Eigenfinanzierung ergänzt werden muss und gute Angebote eben auch ihren Preis haben. Wer die Prämie als Unwirtschaftlichkeitssignal verunglimpft, darf sich ebenfalls nicht wundern, wenn Prämienvermeidung durch Risikoselektion, Leistungsverweigerung und Tarifdumping die relevanten strategischen Ansätze des Kassenmanagements werden.
- Diese Aussage diskreditiert schließlich drittens das Bemühen um Qualität und Effizienz!
Wie Eingangs beschrieben benötigen 20 % der Menschen rund 80 % der Leistungsausgaben. Dadurch entsteht eine im Vergleich untypische Marktspaltung in einen kleinen Teil von Menschen (20 %) mit einem extremen Leistungsbedarf und einen sehr großen Teil von Menschen (80 %) ohne relevanten Leistungsbezug.

Personale und temporale Marktspaltung

jung und/oder gesund	alt und/oder krank
- Beitragsreagibel	- Leistungsreagibel
- Prämienvergleich	- Versorgungsvergleich
- Versicherungsmotiv	- Versorgungsmotiv (Beratung/Service)
- Nutzen heut (Eventangebote)	- Nutzen mittel- bis langfristig

Quelle eigene Darstellung

Preissteuerung setzt auf Preisreagibilität. Preisreagibilität der Vielen (80 %) ohne relevanten Leistungsbezug heißt jedoch, dass der Nutzen ausschließlich im Preis des Versicherungsarrangement (Risikoabsicherung), nicht jedoch im (Leistungs-) Nutzen qualitativer Medizin, im Nutzen guter Versorgungsorganisation, im Nutzen medizinischer und pflegerischer Qualität beurteilt wird und werden kann.

Wenn ein Tatbestand die gesundheitsökonomische Beurteilung insgesamt bestimmt, dann der, dass „Effizienz" nur an der angemessenen, guten und wirtschaftlichen Versorgung kranker Menschen beurteilt werden kann. Es geht um die wirtschaftliche Erbringung einer notwendigen Leistung in guter Qualität. Die mittel- und langfristige Perspektive zählt. Die Vermeidung einer Eskalation von Krankheiten und Risikofaktoren ist das eigentliche Ziel. Deshalb müssen ganzheitliche Versorgungskontexte inkl. Prävention, Rehabilitation und Pflege organisiert werden – in diesem Rahmen wäre „Effizienz" messbar und beurteilbar. Ein durch Risikoselektion und Leistungsverweigerungswettbewerb erzieltes Prämiendumping für ausschließlich preisreagible gesunde Kunden darf nicht als „Effizienz" missinterpretiert werden.

6. Die gesundheitsökonomischen Anreize des GKV-WSG

Wenn die kleine Prämie in der Ausgestaltung des GKV-WSG wegen des staatlich administrierten Einheitsbeitrags das einzige unterscheidbare Wettbewerbskriterium für preisreagible in der Regel junge und/oder gesunde Menschen wird – und das ist der zentrale politische Wille –, dann wird der Rechtsrahmen seine ordnungspolitische Anreizwirkung wie folgt entfalten:
- Preiswettbewerb durch Leistungsverweigerung
- Kurzfristige Prämienorientierung („Billig") statt mittelfristiger Versorgungsoptimierung („Effizient")
- Akutmedizinische Fokussierung statt präventions- und rehabilitationsmedizinischer Orientierung
- Grundleistungsorientierung (RSA-kompatibel) statt ganzheitlichem Medizinansatzes
- Billigmedizin (Preis/Prämie) statt Qualitätsmedizin (Nutzen/Qualität) bei formalem Leistungsanspruch

7. Fazit

- Kommt die „Kleine Prämie", werden alle Krankenkassen diese Prämie als alleinigen Wettbewerbsparameter begreifen müssen. Sie müssen Satzungsleistungen streichen, sinnvolle innovative Versorgungsangebote für Chroniker aufgeben und Serviceleistungen vor Ort kürzen.
- Im Fokus zukünftiger Aktivitäten der Krankenkasse rückt alleine der gesunde, gutverdienende Kunde. Ein grenzenlos betriebswirtschaftlicher Zynismus liegt in diesem Modell, dem jede gesundheitspolitische Orientierung fehlt.

- Die ungeklärte RSA-Zuweisungslogik wird das Problem der Risikoselektion nicht lösen. Ebenso öffnet die willkürliche Fokussierung auf 50 bis 80 Krankheiten die Möglichkeit zur Manipulation.
- Mit dem GKV-WSG geht es der derzeitigen Regierung um die kontinuierliche Ausdehnung staatlicher Zuständigkeit und interventionistischer Eingriffe – weg von einem freiheitlichen Gesundheitswesen hin zu einem staatlichen Regulierungsansatz.
- In seinem jüngsten Herbstgutachten rügt der Sachverständigenrats zur Begutachtung der gesamtwirtschaftlichen Entwicklung den Gesundheitsfonds als „Missgeburt" und nimmt vernichtende Kritik an dem Reformvorhaben: „Die aktuellen Reformvorschläge sind sogar noch eine Verschlechterung gegenüber dem Status quo", so der Ratsvorsitzende Bert Rürup bei der Vorstellung des Gutachtens in Berlin.
- Es gab eine Alternative zu diesem missglückten Versuch. Erstens: Eine Weiterentwicklung der im GMG angelegten ambitionierten Strukturreform – für die sich im Vertragsarztrechtsänderungsgesetz und GKV-WSG hinreichend Paragrafen finden lassen. Zweitens: Eine über die Legislaturperiode die Beitragssätze stabilisierende Übernahme staatlicher Aufgaben durch sachlich gebotene und in den Koalitionsparteien mittelfristig bereits konzedierte Steuerfinanzierung. Sowie schließlich drittens: ein Stück politischer Souveränität: Souverän wäre das offene Eingeständnis, dass es Bereiche gibt, in denen keine Lösung besser ist als eine krampfhafte Einigung. Der Verzicht auf den völlig unnützen Fonds, den staatlichen Einheitsbeitrag und die Zerschlagung gewachsener und wettbewerblicher Organisationsstrukturen zugunsten von staatlichem Einheitsverband und Regulierungsbehörde wären die Konsequenz gewesen. Die Menschen hätten durch konkreten und erlebten Fortschritt Vertrauen in das System zurückgewonnen – ein hohes Gut, das mit diesem Gesetz verloren zu gehen droht.

Literatur

Entwurf eines Gesetzes zur Stärkung des Wettbewerbs in der Gesetzlichen Krankenversicherung (GKV-Wettbewerbsstärkungsgesetz – GKV-WSG, vom 24.10.2006 (Bundestags-Drucksache 16/3100).
Sachverständigenrat zur Begutachtung der gesamtwirtschaftlichen Entwicklung. Jahresgutachten 2006/07. Widerstrebende Interessen – ungenutzte Chancen. Fünftes Kapitel – Soziale Sicherung: Licht und Schatten.
IGES/ Lauterbach/ Wasem. Klassifikationsmodelle für Versicherte im Risikostrukturausgleich (Endbericht).

Die künftigen Wettbewerbsparameter der gesetzlichen Krankenkassen – Bisheriger Entwicklungsprozess und Neuerungen durch das GKV-Wettbewerbsstärkungsgesetz

Franz Knieps

Wohl kaum ein gesundheitspolitisches Thema wird derart kontrovers diskutiert, wie die Frage, ob und wie Wettbewerb im Gesundheitswesen die Qualität der Versorgung verbessert und die Allokation der Ressourcen optimiert. Während in den siebziger und achtziger Jahren Ideologie und Ordnungspolitik der Auseinandersetzung grundsätzlichen Charakter verliehen, steht seit Einführung von Kassenwahlfreiheit und kassenartenübergreifender Solidarität über einen Risikostrukturausgleich mit dem Gesundheitsstrukturgesetz (GSG) aus dem Jahr 1992 die konkrete Ausgestaltung der Wettbewerbsparameter auf der Tagesordnung jeder Gesundheitsreform.

Von der ständischen Ordnung zur Kassenwahlfreiheit

Mit dem Abbröckeln der ständischen Ordnung des Arbeitslebens wurde die Unterscheidung zwischen Arbeitern und Angestellten nicht nur im Arbeitsrecht obsolet. Auch in der Sozialversicherung ließen sich Strukturen, die allein am Berufsstand, einer Branchenzugehörigkeit oder am Einkommen anknüpfen weder sozialpolitisch noch verfassungsrechtlich legitimieren. Renten-, Kranken- und Pflegeversicherung wurden ihres traditionellen Bezugsrahmens entkleidet und grundlegend reorganisiert. Während die Rentenversicherung ihr traditionelles Zuweisungssystem behielt und der Schwerpunkt der organisatorischen Neuordnung durch den föderalen Staatsaufbau geprägt war, wurde die Mischung aus Zuweisungs- und Wahlsystem in der Krankenversicherung durch eine Öffnung (fast) aller Krankenkassen für alle Versicherten abgelöst. Die Rentenversicherung behielt das Zuweisungssystem und den einheitlichen Finanzverbund mit einheitlichem Beitragssatz bei, während der ausgabenorientierte Finanzverbund in der Krankenversicherung der Rentner aufgelöst und insgesamt durch einen kassenartenübergreifenden Risikostrukturausgleich abgelöst wurde. Privilegien einzelner Kassenarten im Organisations-, Mitgliedschafts-, Beitrags- und Leistungsrecht wurden schrittweise abgebaut zu Gunsten einer einheitlichen wettbewerblich ausgerichteten Rahmenordnung.

Dieser Prozess ist bis heute noch nicht vollständig abgeschlossen. So werden im GKV-Wettbewerbsstärkungsgesetz (GKV-WSG) die Sondersysteme Knappschaftliche Krankenversicherung und See-Krankenkasse für den allgemeinen Wettbewerb geöffnet, doch können geschlossene Betriebs- und Innungskrankenkassen diesen Status ebenso aufrecht erhalten wie das Sondersystem der Landwirtschaftlichen Krankenversicherung, das erst nach einer umfassenden Finanzreform der landwirtschaftlichen Sozialpolitik in das Gesamtsystem der wettbewerblichen Krankenversicherung eingegliedert werden könnte. Schließlich harren auch die unterschiedlichen Selbstverwaltungsstrukturen bei den einzelnen Kassenarten einer Harmonisierung, ehe man von einem einheitlichen Ordnungsrahmen für alle Krankenkassen sprechen könnte.

Die Etablierung einer neuen Wettbewerbsordnung und ihre Auswirkungen

Trotzdem hat die Harmonisierung der rechtlichen Rahmenbedingungen erhebliche ökonomische Auswirkungen auf Kassen und Kassenarten. Die Erscheinungsform des Wettbewerbs und die entsprechenden Mitgliederbewegungen haben sich speziell nach Einführung der Kassenwahlfreiheit spürbar verändert. Bis zum Jahr 1996 verloren die so genannten RVO-Kassen – also Orts-, Betriebs- und Innungskrankenkassen – kontinuierlich Mitglieder an die Arbeiter- und Angestellten-Ersatzkassen. Der Übertritt zu einer Angestellten-Ersatzkasse war mehr eine Frage des Sozialprestiges als eine der finanziellen Entlastung. sie dokumentierte den Aufstieg vom Arbeiter zum Angestellten, vom Blaumann zu weißen Kragen. Zumindest bis in die achtziger Jahre lag der Beitragssatz der großen Ersatzkassen oberhalb des Niveaus vieler RVO-Kassen. Darauf kam es aber den Betroffenen wohl weniger an. Beim Übergang vom Arbeiter- zum Angestelltenstatus erhielten die Versicherten ein Wahlrecht zu bisher ihnen verschlossenen Krankenkassen. Die Ausübung dieses Wahlrechts war offenbar ein Wert an sich. Dies sah auch der Gesetzgeber des GSG so, als er eine Ausweitung des Zuweisungssystems, die vor allem von der Bundesvereinigung der deutschen Arbeitgeberverbände vorgeschlagen wurde, ablehnte und die Ersatzkassen – teilweise gegen deren erbitterten Widerstand – für alle Versicherten öffnete. Gleichzeitig sollte ein Risikostrukturausgleich für faire Wettbewerbsbedingungen sorgen und größere Beitragssatzunterschiede zwischen den Kassen einebnen.

Die Erwartungshaltung des Gesetzgebers lief darauf hinaus, diese neue Rahmenordnung werde zur Angleichung des strukturellen Unterschiede im Mitgliedergefüge und damit auch im Beitragssatzniveau zwischen Kassen und Kassenarten führen. Diese Erwartungshaltung wurde zumindest zeitweise erfüllt. Extreme Ausreißer in der Beitragssatzlandschaft wurden seltener. Zumindest zwischen den

Kassenarten näherten sich die Niveaus schnell an. Dies galt insbesondere für AOKs und Ersatzkassen. Dramatische Mitgliederverluste – Experten prognostizierten 1995 jährlich Bewegungen von bis zu 20% der GKV-Mitglieder – traten nicht ein. Allerdings setzte sich mehr und mehr der Beitragssatz als entscheidender Wettbewerbsparameter durch. Imagefragen traten – auch befördert durch geschickte Marketing-Ideen, wie z. B. die Gesundheitskasse als Synonym für Prävention in der AOK –, in den Hintergrund. Mitgliederbewegungen pendelten sich zwischen 2 und 3 % pro Jahr ein. Gewinner wurden immer stärker beitragssatzgünstigere Krankenkassen, unabhängig davon, welcher Kassenart sie angehörten.

Der Morbi-RSA als Reaktion auf Fehlentwicklungen im Kassenwettbewerb

Misstöne in der neuen Wettbewerbswelt der Krankenkassen erzeugte vor allem die Tatsache, dass Betriebe und Innungen legitimiert blieben, neue Krankenkassen zu gründen. Deren Neu- oder Ausgründungen sowie strategisch ausgerichtete Öffnungen bisher geschlossener Krankenkassen beeinflussten den Wettbewerb seit Ende der neunziger Jahre stärker als die bisher herkömmlichen Mitgliederbewegungen zwischen etablierten Krankenkassen. Zusätzlich befeuert wurde die Diskussion durch die Ausrichtung als so genannte „virtuelle Krankenkassen" ohne flächendeckendes Geschäftsstellennetz und wohnortnahe Betreuung. Einzelne Exzesse bei der Abwehr schlechter Risiken und spektakuläre finanzielle Schieflagen infolge von Fehleinschätzungen der künftigen Zahlungen an oder aus dem Risikostrukturausgleich zwangen den Gesetzgeber wiederholt, die wettbewerbliche Rahmenordnung zu ändern. Bis zum Inkrafttreten einer neuen „solidarischen Wettbewerbsordnung" wurde mit dem GKV-Modernisierungsgesetz (GMG) zudem ein Öffnungsmoratorium verfügt, um die großen Versorgerkassen von neuen Mitbewerbern mit geringer Gesundheits- und Solidarlast zu schützen. Bereits etablierte Kassen, die von der Philosophie der Direktversicherung geleitet werden, blieben davon unberührt und konnten seit der Jahrtausendwende größere Mitgliedergewinne erzielen. Das Internet wirkt dabei als (gewollte und ungewollte) Selektionsgrenze zwischen alter und neuer Kassenwelt.

Um den unerwünschten Fehlsteuerungen entgegen zu wirken, muss der Risikostrukturausgleich hin zu einem morbiditätsorientierten Ausgleich weiterentwickelt werden, der die unterschiedlichen Krankheitslasten der jeweiligen Versichertenpopulation präziser ausgleicht. Erst mit dem GKV-WSG konnte der Weg endlich frei gemacht werden zum Morbi-RSA, dessen gesetzliche Verankerung schon im Jahr 2002 beschlossen war, dessen Umsetzung aber von den unionsgeführten Bundesländern blockiert worden war. Zusammen mit der Vervollständigung des Grundlohnausgleichs im Gesundheitsfonds wird das GKV-WSG, für die bisher benachteiligten Kassen die Wettbewerbsbedingungen durch eine faire Verteilung der Beitragseinnahmen deutlich verbessern und die Ausgabenunterschiede, die nicht durch Management der Kassen zu beeinflussen sind weiter reduzieren. Dabei gibt sich niemand der Illusion hin, ein solcher Morbi-RSA könne die Morbiditätslast vollständig ausgleichen, zumal die gesetzliche Neuregelung in den §§ 266 ff. SGB V die Zahl der zu berücksichtigenden Krankheiten auf 50 bis 80 begrenzt und eine Kostenschwelle vorsieht. Es sind immer nur Annäherungen an das gewünschte Ziel denkbar, den Wettbewerb von Risikoselektion frei zu halten und auf die Parameter Qualität und Effizienz zu fokussieren. Schließlich sind auch die Schaffung eines einheitlichen Spitzenverbands Bund anstelle der sieben bzw. acht Kassenarten bezogenen Bundesverbände und die Ermöglichung kassenartenübergreifender Fusionen soweit der Verzicht auf den Parlamentsvorbehalt mit Staatsverträgen bei den länderübergreifenden Fusionen von Ortskrankenkassen klare Belege dafür, dass der Gesetzgeber die traditionelle Gliederung der Kassenlandschaft für überholt erachtet. Statt dessen sind Wahlfreiheit und Wettbewerb zentrale Elemente eines neuen Organisationsgefüges in der gesetzlichen Krankenversicherung. Dabei ist es durchaus konsequent, die Finanzordnung an diese Veränderungen anzupassen, einen Gesundheitsfonds mit einheitlichem Beitragssatz einzuführen und den Wettbewerb auf einen positiven oder negativen Zusatzbeitrag zu lenken. Um einen Zusatzbeitrag zu vermeiden, werden Krankenkassen alle Anstrengungen unternehmen müssen, Wirtschaftlichkeitspotenziale zu erschließen. Die Kritik von Kassen- und Verbandsmanagern an dieser gewollten Stoßrichtung des Zusatzbeitrags, man zwinge sie zum Abbau von Leistungen, ist im Wirtschaftsleben mehr als unüblich. Andere Branchen reagieren auf erhöhten Wettbewerbsdruck mit Produktivitätssteigerungen und Innovationen. Leistungseinschränkungen und Qualitätsabbau dürften aber auch für Krankenkassen keine realistische Option sein, denn die Abstimmung mit den Füßen und eine wachsame Öffentlichkeit werden solche Strategien schnell zu einem (existenzgefährdenden) Imageproblem anwachsen lassen. Deshalb wird wohl jede Krankenkasse versuchen, im Rahmen der nach § 53 SGB V möglichen Tarifdifferenzierungen einer Variante ohne Zusatzbeitrag anzubieten. Um einem schleichenden Ausstieg aus (primär familienpolitisch motivierten) Satzungsleistungen zu begegnen, hat der Gesetzgeber zudem alle Leistungen der Rehabilitation, Eltern-Kind-Kuren und Impfungen zu Pflichtleistungen deklariert und ein umfassendes Berichtswesen als Controllinginstrument für die tatsächliche Inanspruchnahme etabliert.

Neue Gestaltungsmöglichkeiten durch das GKV-WSG

Für eine Ausrichtung des Wettbewerbs auf Qualität und Wirtschaftlichkeit kommt es entscheidend auf die Gestaltungsmöglichkeiten der Krankenkassen gegenüber ihren Versicherten und gegenüber den Leistungserbringern als Träger der Versorgung an. In beiden Bereichen verändert das GKV-WSG die Bedingungen fundamental. Das Verhältnis zwischen der Krankenkasse und ihren Mitgliedern wird künftig wesentlich flexibler werden. Neben dem Normaltarif mit Sachleistung wird der Versicherte von der jeweiligen Krankenkasse autonom gestaltete Wahltarife wählen können. Diese können an Stelle der Sachleistungen Kostenerstattung anbieten mit der Folge, dass der Versicherte beim Arzt zum Privatpatienten wird. Die Kostenerstattung muss sich dabei nicht auf die Finanzierung des privatärztlichen Honorars in Höhe eines vergleichbaren Satzes von gesetzlich Versicherten beschränken, sondern darf sich im gleichen Rahmen wie in der privaten Krankenversicherung bewegen. Damit wird das Wettbewerbsverhältnis von gesetzlichen Krankenkassen zu privaten Versicherungsunternehmen grundsätzlich neu gestaltet.[1] Für Versicherte, die einen Übertritt zur PKV erwägen, dürfte auch das Angebot von Selbstbehalten attraktiv sein. Für die Intensivierung des Wettbewerbs um bessere und effizientere Versorgung dürfte aber vor allem interessant sein, dass Krankenkassen künftig verpflichtet sind, einen Hausarzttarif anzubieten und dass sie neue Möglichkeiten zur Ausgestaltung der Versorgung mit speziellen Tarifen verknüpfen können. Vorbild sind so genannte Preferred-Provider-Tarife im Managed Care System der USA, Versicherte, die sich einem intensiveren Care- und Case-Management ihrer Kasse oder von ihrer Kasse beauftragten Organisationen anvertrauen, sollen hierfür tarifäre Anreize erhalten. Damit wird eine Brücke zwischen Leistungsrecht und Vertragsrecht geschlagen. Die spannende Frage wird sein, ob sich solche Tarife aus sich selber rechnen. Denn der Gesetzgeber lehnt eine Quersubventionierung der Wahltarife ab. Es ist jedoch unschwer vorherzusagen, dass den Krankenkassen ein gewisser Spielraum bei der Kalkulation der Tarife verbleiben muss. Erst die Praxis wird zeigen, welchen Realitätsgehalt entsprechende Schätzungen besitzen.

Die wettbewerbsfördernde Wirkung von neuen Versorgungstarifen ist insbesondere davon abhängig, dass die Krankenkassen das Versorgungsgeschehen effizienter steuern können als heute. Hierzu liefert das GKV-WSG zahlreiche neue Instrumente oder beseitigt Wettbewerbshindernisse. Krankenkassen können künf-

---

[1] Auf andere Wettbewerbsparameter des „Systemwettbewerbs" von GKV und PKV, wie z. B. die mindestens 3-jährige Überschreitung der Jahresarbeitsentgeltgrenze, auf die Portabilität von Altersrückstellungen die Einführung eines Basistarifs soll hier nicht eingegangen werden.

tig allein, in Kooperation mit anderen Kassen oder – wie heute – über ihre Verbände
- mit einzelnen Ärzten und Apotheken Verträge schießen,
- über Ausschreibungen preisgünstige Arznei- und Hilfsmittel einkaufen,
- Rabattverträge mit pharmazeutischen Unternehmen schließen.

Der Kollektivvertrag erhält damit ernsthaft Konkurrenz durch den Individual- und Gruppenvertrag. Die einzelwirtschaftliche Ebene wird gegenüber dem traditionellen korporatistischen Geflecht gestärkt. Auf Seiten der Kassen können neue Verbünde entstehen und neben den Verbänden auch andere Dritte – z. B. Managementgesellschaften – mit der Bündelung der „Einkaufsmacht" beauftragt werden. Auf Seiten der Ärzte hat das Vertragsarztrechtsänderungsgesetz (VÄG) aus dem Jahr 2006 den Weg frei gemacht für neue Kooperations-, Organisations- und Betriebsformen. Mit dem GKV-WSG wurde die Trennung zwischen ambulanter und stationärer Versorgung, speziell bei der hochspezialisierten Behandlung und bei Diagnose und Therapie von seltenen Erkrankungen weiter gelockert, so dass sich auf allen Seiten neue Konfigurationen ergeben haben.

Viele Kritiker des GKV-WSG bezweifeln, dass das Gesetz zu einer Intensivierung des Wettbewerbs um Qualität und Effizienz führt, speziell mit dem Hinweis auf das neue Honorarsystem für ambulante ärztliche Leistungen. Die Einführung einer Eurogebührenordnung auf der Basis eines bundeseinheitlichen Orientierungswertes schmälert sicherlich die individuellen Gestaltungsmöglichkeiten der Kassenarten auf Landesebene, wo heute noch kassenartenbezogene Gesamtverträge zu unterschiedlichen Punktwerten für ärztliche Leistungen führen. Der Gesetzgeber wollte aber allein historisch begründete Differenzierungen ohne Bezug zur Qualität und zur Wirtschaftlichkeit im Interesse eines kalkulierbaren Honorars für Ärzte und einer gleich Behandlung der Versicherten unabhängig von der Kassenart beseitigen. Vielmehr sollen unterschiedliche Honorare primär Ausdruck unterschiedlicher Qualitätsanforderungen an ärztliches Handeln sein. Daher bleibt es im neuen Honorarsystem (vgl. §§ 85 ff. SGB V) den Krankenkassen unbenommen, Zuschläge für die Erfüllung besonderer Qualitätskriterien zu vereinbaren.

Vor allem soll die Differenzierung zwischen den Kassen aber bei besonderen Versorgungsformen ansetzen. Dies gilt sowohl für Individual- wie Kollektivverträge zur hausärztlichen Versorgung (§ 73 b SGB V), als auch für qualitätsbezogene Verträge mit Arztgruppen (§ 73 c SGB V). Dabei wird es zu neuen Konkurrenzsituationen zwischen den Kassenärztlichen Vereinigungen und Berufsverbänden oder anderen ärztlichen Kooperationsformen kommen. Dabei wird sorgfältig darauf zu achten sein, dass Kassenärztliche Vereinigungen ihre Monopolstellung nicht dazu nutzen, das Wirken ihrer Wettbewerber einzuschränken und hierzu Finanzmittel aus öffentlich-rechtlichen Zwangsbeiträgen einzusetzen. Die

KVen sind schon dadurch privilegiert, dass sie nach § 77 a SGB V eigene Dienstleistungsgesellschaften gründen und sich damit über die hoheitlichen Ordnungsfunktionen und Interessenvertretung als „Gewerkschaften" mit Pflichtmitgliedschaft ein eigenständiges Dienstleitungsprofil geben können.

Kernpunkt möglicher Differenzierungen bleibt weiterhin die Integrationsversorgung (§§ 140 a ff. SGB V). Die gesetzlichen Rahmenbedingungen für die Integrierte Versorgung werden grundsätzlich fortgeschrieben und durch die Aufnahme der Pflegeversicherung zusätzlich erweitert. Durch die Klarstellung, dass die Finanzierung der Integrationsversorgung primär aus den gesetzlich bzw. vertraglich vereinbarten Vergütungsformen zu erfolgen hat und dass die Anschubfinanzierung, die sich aus den Töpfen der Vertragsärzte und der Krankenhäuser speist, verlängert und auf die speziellen Integrations- und Koordinierungsaufgaben konzentriert wird, erweitert sich der Spielraum der Krankenkassen für Integrationsverträge. Diese Verträge sollen sich primär auf bevölkerungsbezogene Ansätze fokussieren, damit die bisherigen Insellösungen miteinander verbunden werden können und die Integrationsversorgung sich aus dem Orchideenstatus lösen und sich als wirkliche Regelversorgung etablieren kann. Ergänzt werden diese Gestaltungsmöglichkeiten durch die Neuregelungen im Arznei- und Hilfsmittelbereich, wo über Ausschreibungen zusätzliche Wirtschaftlichkeitspotenziale erschlossen werden können (vgl. §§ 129, 130, 127 SGB V). Die Bedingungen für diese Ausschreibungen werden so gestalten sein, dass zum einen eine flächendeckende Versorgung für die jeweiligen Versicherten einer Kasse garantiert sein muss, zum anderen die Abgabe der rabattierten Produkte durch Apotheken, Sanitätshäuser und andere Leistungserbringer gewährleistet ist.

Offene Felder und neue Grenzen im Vertragswettbewerb

Natürlich hätte man sich noch weitergehende Öffnungen der Beziehungen der Krankenkassen zu den Leistungserbringern vorstellen können. Zumindest an Sonntagen wird im Deutschen Gesundheitswesen stets eine möglichst weitgehende Deregulierung gefordert, an Werktagen türmen sich allerdings die Regulierungsvorschläge auf dem Schreibtisch des Verfassers. Von daher ist die politische Skepsis vieler politisch Verantwortlicher gegenüber Einkaufsmodellen der Krankenkassen zu verstehen. Sie ist nicht allein dem Zurückweichen vor dem Lobbyismus des KV-Systems geschuldet. Ein Einkaufswettbewerb, der bei fairer Ausgestaltung immer auch ein Verkaufswettbewerb ist, könnte in Ballungsgebieten zur langfristigen Reduzierung des Überangebots ebenso beitragen wie zur Qualitätssteigerung durch schärfere Konkurrenz. Bisher liegen jedoch wenige befriedigende Antworten vor, wie ein solcher Wettbewerb sich in dünn besiedelten

Regionen ausgestalten lässt. Daher waren in dieser Reformstufe die Abschaffung der ärztlichen Bedarfsplanung und der Wegfall des Kontrahierungszwangs im ambulanten ärztlichen Bereich (noch) nicht konsensfähig. In der stationären Versorgung wird bei der Anpassung des ordnungspolitischen Rahmens für das DRG-System auch darüber zu diskutieren sein, wie man es künftig mit der Krankenhausbedarfsplanung, dem Kontrahierungszwang und den DRGs als Höchstpreisen halten wird. Von der Beantwortung dieser Fragen wird es entscheidend abhängen, ob der Weg in eine wettbewerbliche Ausgestaltung der Vertragspolitik konsequent weitergegangen wird.

Grenzpfeiler dieses Weges markieren das Wettbewerbs- und Kartellrecht, deren Grundgedanken auch im Gesundheitswesen zu beobachten sind. Das GKV-WSG wird den §§ 19 – 21 des Gesetzes gegen Wettbewerbsbeschränkungen (GWB) zumindest mittelbar Geltung verschaffen. Der Missbrauch einer marktbeherrschenden Stellung, die Diskriminierung oder der Boykott von Vertragspartnern, Leistungen und Produkten bleiben unzulässig. Die Ahndung und Kontrolle solcher Wettbewerbsverstöße wird Aufsichts- und Kartellbehörden überantwortet, der Rechtsweg jedoch nicht den Zivilgerichten überlassen. Hier bleibt die Sachkenntnis der Sozialgerichte von den besonderen Gesetzmäßigkeiten des Gesundheitsmarktes gefordert. Die Entwicklung des Marktverhaltens von Krankenkassen und Leistungserbringern wird in der nächsten Zeit sorgfältig beobachtet werden müssen. Dann wird gegebenenfalls über weitere Schritte zu entscheiden sein, wie ein fairer und funktionaler Wettbewerb sowohl auf Seite der Krankenkassen als auch auf Seiten der Leistungserbringer auszusehen hat.

Fazit: Ausrichtung des Wettbewerbs hängt von Akteuren ab

Das GKV-WSG öffnet Türen für eine neue Ausgestaltung des Wettbewerbs im Gesundheitswesen. Dahinter liegen neue Welten. Wie diese Welten aussehen werden, bestimmen in erster Linie die Akteure des Gesundheitswesens selbst durch ihr konkretes Handeln. Von diesem Handeln wird es abhängen, ob der Wettbewerb sich von einem Preiswettbewerb hin zu einem Wettbewerb um die bessere Versorgungsqualität und um ein optimales Preis-/Leistungsverhältnis fortentwickelt. Der Gesetzgeber wird Aktivitäten zur Ausrichtung des Wettbewerbs auf eine bessere Befriedung des Bedarfs und der Bedürfnisse unterschiedlicher Versicherten- und Patientengruppen im Gesundheitswesen und zur Verbesserung von Qualität und Wirtschaftlichkeit der Versorgung positiv begleiten. Er wir aber auch nicht zögern, missbräuchliche Entwicklungen einzudämmen und erwünschte Erscheinungsformen des Wettbewerbs zu fördern. Das GKV-WSG steht ungeachtet aller interessengeleiteter Kritik allein auf dem Prüfstand des

Praxistestes, inwieweit diese Ziele erreicht werden. Andere Kriterien, insbesondere die institutionellen und monetären Interessen der Akteure, sind und bleiben dem gegenüber zweitrangig.

Mittelfristige Preis- und Struktureffekte durch DRGs

Günter Neubauer

Der nachfolgende Beitrag gliedert sich in fünf Punkte. Zunächst wollen wir die Phasen der DRG-Einführung kurz beschreiben und darstellen, wie sich diese zukünftig noch bis Ende 2008 weiter entwickeln. In einem zweiten Abschnitt versuchen wir, eine Systematik der Fallpauschaleneffekte zu entwickeln, auf deren Grundlage wir dann in einem dritten und vierten Abschnitt konkrete Preis- und Struktureffekte analytisch ableiten. Im Ausblick schließlich sprechen wir einige weitere ordnungspolitische Grundfragen an, die nach Ende der Konvergenzphase zu diskutieren sind.

1. Phasen der DRG-Einführung

Insgesamt lassen sich fünf Phasen der DRG-Einführung feststellen (vgl. Abb. 1). In den Jahren 2000 bis 2003, der Vorbereitungsphase, wurden die Bedingungen für eine Einführung eingelöst. Wichtigstes Ereignis hierbei war die Auswahl des Startsystems; es wurde im Jahre 2001 das australische DRG-System gewählt. Die zweite Phase (2003-2005) kann als die budgetneutrale Einführungsphase bezeichnet werden. In ihr hatten alle Krankenhäuser die Pflicht, ihre Patientendokumentation auf das DRG-System umzustellen. Gleichzeitig wurden die Budgets von dem alten System der Tagespflegesätze auf das neue DRG-System umgerechnet. Die Umsetzung mit ökonomischen Konsequenzen begann im Januar 2005 und endet im Dezember 2008. Diese so genannte Konvergenzphase sieht eine schrittweise Angleichung der Vergütungen der einzelnen Krankenhäuser an einen einheitlichen Landesbasisfallwert vor. Am Ende des Einführungsprozesses steht eine ordnungspolitische Neuausrichtung der Krankenhausvergütung an. In der Abbildung 1 haben wir einige der anstehenden Fragen aufgezählt.

In diesem Beitrag legen wir den Fokus auf die Konvergenzphase. Von 2005 bis 2009 werden die Krankenhäuser gezwungen, eine interne Kostenanpassung an die konvergierenden Basisfallwerte vorzunehmen, wenn sie nicht dem ökonomischen Verdrängungsprozess unterliegen wollen. Sie sind gezwungen, ihre Leistungs- und Kostenprozesse an die Logik der DRG-Vergütung anzupassen.

Abb. 1: Die G-DRG-Einführungsphasen von 2000 bis 2012

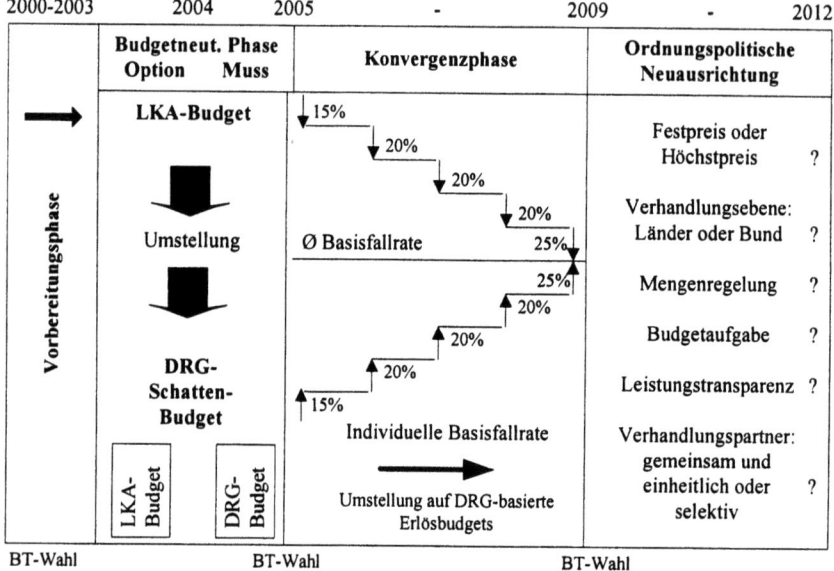

Im Weiteren werden wir nicht die mikroökonomischen Wirkungen im engeren Sinne verfolgen, sondern mehr auf die Systemeffekte eingehen. Gleichwohl aber sind letztere nur dann zu beurteilen, wenn man auch die betriebswirtschaftlichen Anpassungsvorgänge in den Krankenhäusern vor Augen hat, so dass wir einige Ausführungen auch dazu machen müssen.

2. Systematik der Fallpauschaleneffekte

Um die Effekte von Fallpauschalen systematisch ableiten zu können, ist es wichtig das DRG-System zunächst in seine wichtigsten Komponenten zu zerlegen. In der Abbildung 2 haben wir die aus unserer Sicht ökonomisch wichtigen drei Module des deutschen DRG-Systems dargestellt. Diese drei Module sind zugleich für jedes Vergütungssystem zutreffend.

Gemäß Abbildung 2 unterscheiden wir die Abrechnungseinheiten, die im DRG-System die Behandlungsfälle – mit dem Schweregrad gewichtet – darstellen. Als zweites Modul ist die Vergütung pro Abrechnungseinheit zu nennen. Diese wird im DRG-System durch den jeweiligen Basisfallwert ausgewiesen. Als drittes Modul sind schließlich Zu- und Abschläge zu berücksichtigen, die wir auch zusammengefasst als Ergänzungskomponente bezeichnen. Die Ergänzungskomponente kompensiert sowohl bei der Mengenkomponente wie bei der Wertkomponente vermutete oder erkannte Schwächen.

Abb. 2: Module des G-DRG-Systems

Abrechnungseinheit (ARE) X	Vergütung pro ARE +	Zu-/Abschläge
(Mengenkomponente)	(Wertkomponente)	(Ergänzungskomponente)
Behandlungsfälle nach Schweregraden differenziert	Landeseinheitlicher Preis pro durchschnittl. Behandlungsfall und Relativgewicht	Zur Mengenkomponente: - Grenzverweildauer - Psychiatrie u.a. Zur Wertkomponente: - Zusatzentgelte - InEK-Aufschlag u.a.

Begrenzung durch Budgetvorgabe

↑ ↑ ↑

Politisches Gebot der Beitragsstabilität

Schließlich muss die Budgetierung als begrenzender Faktor angesprochen werden. Das deutsche DRG-System ist nach wie vor durch eine staatliche Budgetvorgabe begrenzt. Diese leitet sich von dem politischen Gebot der Beitragssatzstabilität nach § 71 des SGB V ab.

Basierend auf den Modulen des G-DRG-Systems lässt sich nun eine Systematik für eine Wirkungsanalyse der DRGs entwickeln. In der nachfolgenden Abbildung 3 haben wir diese Systematik abgebildet. Wir gehen dabei analytisch so vor, dass wir zunächst die Wirkungen nach den drei genannten Modulen partiell differenzieren. Die Wirkungsreichweite wird in kurzfristige (bis 3 Jahre) und mittelfristige (3-7 Jahre) unterschieden.

Die Wirkungen werden jetzt in Bezug zu den einzelnen betroffenen Akteuren gesetzt. Das können, wie in der Kopfspalte der Abbildung 3 ersichtlich, das einzelne Krankenhaus, das Krankenhaussystem, der Patient oder auch andere verwandte Leistungserbringer sein. Aufgrund der zentralen Bedeutung der Krankenhäuser in unserem Gesundheitssystem werden grundsätzlich alle Bereiche direkt bzw. indirekt von DRGs getroffen. Doch soll in dieser Abhandlung die Wirkungsanalyse für das Krankenhaussystem in den Mittelpunkt gestellt werden. Wie schon oben angesprochen, können die Veränderungen im Krankenhaussystem nur erfasst werden, wenn wir auch eine Vorstellung von der Anreizstruktur eines einzelnen Krankenhauses haben.

Abb. 3: Systematik einer Wirkungsanalyse von DRGs

Wirkungen von → auf ↓	Leistungseinheit		Vergütungsform		Zu- und Abschläge	
	kurzfr.	mittelfr.	kurzfr.	mittelfr.	kurzfr.	mittelfr.
Einzelnes Krankenhaus						
Krankenhaussystem						
Patient						
Vertragsärztliche Versorgung						
Krankenkasse						
Sonstige Leistungserbringer						

Die Handlungsweise und Zielvorstellung der einzelnen Krankenhäuser wollen wir über den mikroökonomischen Ansatz, wie er in der Abbildung 4 beschrieben wird, ableiten.

Abb. 4: Mikroökonomischer Erklärungsansatz für die DRG-Wirkungen

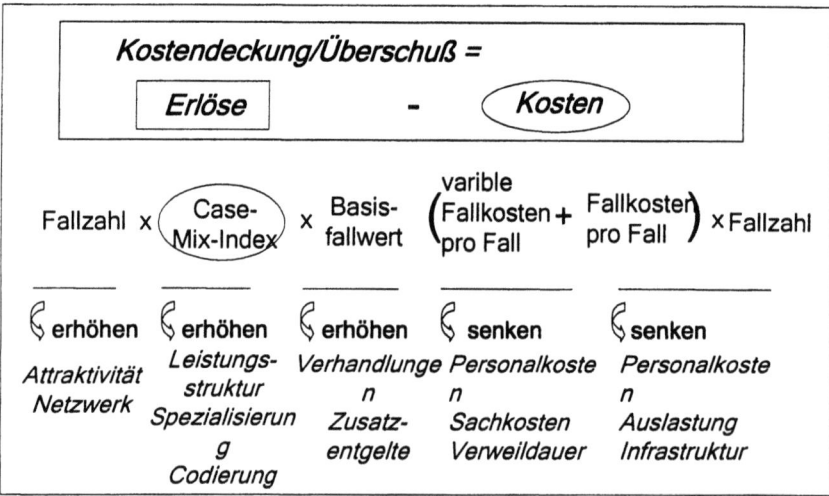

In der Abbildung 4 gehen wir davon aus, dass Krankenhäuser, ganz gleich ob sie nur die Kostendeckung oder einen Überschuss anstreben, stets die Differenz zwischen Erlösen und Kosten optimieren wollen. Zerlegt man wiederum die Erlöse in die Komponenten des DRG-Systems, so sind dies die Fallzahl, der Casemix-Index und der Basisfallwert. Die Krankenhäuser müssen bestrebt sein, alle drei Variablen zu erhöhen.

Auf der anderen Seite stehen die Kosten, die wir in variable Fallkosten und in fixe Fallkosten unterscheiden. Hier gilt die Vorgabe für das Krankenhaus, die Fallkosten möglichst abzusenken. Für die Fallkostenabsenkung wiederum sind die Verweildauer sowie die Auslastung die wohl wichtigsten Größen. Doch auch die Personalkosten, die etwa 65 Prozent der Krankenhauskosten ausmachen, sind eine zentrale Zielgröße.

Vor diesem Hintergrund wollen wir nun im Weiteren die Preis- und Struktureffekte betrachten. Doch bevor wir das tun, sei noch ein Blick auf eine Untersuchung des WIdO aus dem Krankenhausreport 2005 geworfen. Dort werden die DRG-Komponenten systematisch daraufhin untersucht, inwieweit ein Krankenhaus durch eine Casemix-Optimierung im System der DRG seine ökonomische Lage verbessern kann, ohne dass es die realen betriebswirtschaftlichen Abläufe ändert (vgl. Abb. 5).

Abb. 5: Faktoren der Casemix-Entwicklung

	Fallzahl	Abgänge	
		Zugänge	
Casemix	**CMI**	**Ausgewählte Einflussfaktoren**	**Strukturkomponenten**
		• Diagnosen • Operationen und Prozeduren • Beatmung • Aufnahmegewicht • Alter • Zu- und Abschläge durch Verweildauer und Verlegung • Umstiegszeitpunkt	• DRG • Basisfallgruppe • Partition • MDC

Quelle: J. Friedrich, Ch. Günster; KH-Report 2005, Seite 156

Es zeigt sich, dass der Casemix, also die gewichteten Fallwerte, eine wichtige Gestaltungsgröße im DRG-System ist. Der Casemix setzt sich zusammen aus der Fallzahl der Patienten und deren Gewichtung mit dem Schweregrad. Wie man in der weiteren Abfolge der Abbildung 5 erkennen kann, gibt es eine Reihe von Einflussfaktoren auf den Casemix-Index (CMI) den das Krankenhaus intern gestalten kann. Viele der genannten Faktoren lassen sich von außen nur schwer beobachten oder kontrollieren und geben insofern dem Krankenhaus einen gewissen Gestaltungsspielraum.

Im weiteren Verlauf wollen wir diesen Ansatz nicht weiter detaillieren und von der krankenhausinternen Betrachtungsweise wieder auf die Analyse des gesamten Krankenhaussystems übergehen.

3. Analyse der DRG-Preiseffekte

3.1 Konvergenz der Basisfallwerte und ihre Effekte

Wie wir schon in der Abb. 1 dargestellt haben, befinden sich die Krankenhäuser derzeit in der Konvergenzphase hin zu einem landeseinheitlichen Basisfallwert.

Dabei werden sowohl die Annäherungsschritte in Prozent der jeweiligen Ausgangswerte als auch die so genannte Kappungsgrenze ausgewiesen. Letztere dient zum Schutz vor zu hohen Vergütungsreduktionen. Es gilt die Regel, dass eine Vergütungsabsenkung nicht mehr als ein Prozent des Gesamtbudgets ausmachen darf. Von daher kann also der Konvergenzprozess durchaus auch über das Jahr 2009 hinausgehen.

Vergleicht man nun die Jahre 2005 und 2006 mit ihren Wirkungen auf die Konvergenz der Basisfallwerte, die ja den Charakter von Preisen haben, so kann man der Abbildung 6 entnehmen, dass sich die Preisunterschiede erheblich verengt haben. Waren im Jahr 2005 die Differenzen zwischen niedrigstem und höchstem Vergütungswert 558 Euro, so reduzierte sich dieser Wert 2006 auf nahezu die Hälfte, nämlich auf 324 Euro. Hier muss dem Konvergenzprozess eine durchaus spürbare Wirkung nachgesagt werden. Dies bedeutet freilich noch nicht, dass eine Konvergenz zu einem einheitlichen Preis auch ökonomisch Sinn macht.

Abb. 7: Annäherung an einheitliche Basisfallwerte

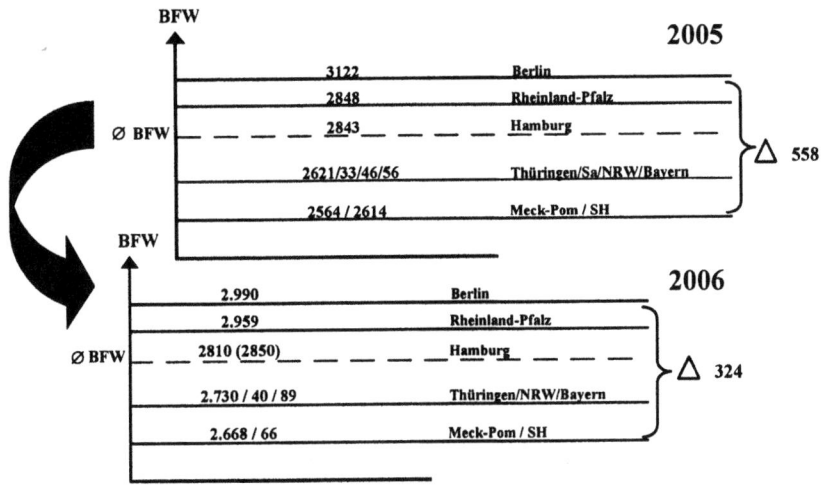

Quelle: Eigene Darstellung

3.1.1 Druck auf die DRG-Differenzierung

Die oben beschriebene Konvergenz der DRG-Basisfallwerte führt bei den Krankenhäusern zu einer Gegenreaktion derart, dass sie versuchen, die Leistungsbeschreibungen stärker zu differenzieren. Die Preise zu vereinheitlichen ist nur dann unschädlich, wenn die zugrunde liegenden Leistungsbeschreibungen auch möglichst homogen und vergleichbar sind. Da nun aber ein DRG-System nur rund 70 % der Kostendifferenzen zu erklären vermag, versuchen die Krankenhäuser, die restlichen 30% durch eine erweiterte Leistungsdifferenzierung und eine Leistungsauslagerung aus dem DRG-System zu kompensieren. In der folgenden Abbildung 8 haben wir diesen Prozess in Zahlen beschrieben.

Abb. 8: Druck auf die DRG-Differenzierung

Entwicklung der DRG-Fallgruppen und der Zusatzentgelte					
	2003	2004	2005	2006	2007
Anzahl DRGs	664	824	878	954	1.082
Bewertete DRGs in HA	642	806	845	913	1.035
Nicht bewertete DRGs	22	18	33	41	42
Zusatzentgelte Obergruppen		25	36	42	59
abrechenbar		über 62	über 100	über 125	über 125

Quelle: W.-D. Leber, 2006

Die Zahl der DRGs wurde seit Einführung von 664 auf 1082 nahezu verdoppelt. Gleichzeitig wurden aber die aus dem DRG herausgenommenen Leistungsbeschreibungen in Form der so genannten krankenhausindividuellen Zusatzentgelte ebenfalls in etwa verdoppelt. Beide Effekte können als ein Ausweicheffekt auf die vereinheitlichten Basisfallwerte und die damit einhergehenden Vergütungen eingeschätzt werden.

3.1.2 Intensivierung des Qualitätswettbewerbs

Eine weitere Folge einer Fixierung und Vereinheitlichung der Vergütung ist die Intensivierung des Qualitätswettbewerbs. Wenn die Krankenhäuser keine Möglichkeit haben, mit den Preisen um Patienten bzw. Vertragspartner zu konkurrieren, so werden sie mehr oder weniger gezwungenermaßen in den Qualitätswettbewerb ausweichen müssen. Dabei ist es auch im Interesse der Krankenhäuser, den Preiswettbewerb zu vermeiden und den Qualitätswettbewerb zu suchen. Zum einen ist der Qualitätswettbewerb weniger gut kontrollierbar und zum anderen richtet er sich vor allen Dingen an die Patienten. Eine höhere Patientenbindung stabilisiert aber für das einzelne Krankenhaus – wie für die Krankenhäuser insgesamt – die Belegung und damit wiederum die Kostensituation.

Abb. 9: Intensivierung des Qualitätswettbewerbs

G-DRG	Typ	Bewertungsrelation	G-DRG-Text	Fälle Krankenhauskette	% Alter ab 65 Krankenhauskette	% Todesfälle Krankenhauskette	% Todesfälle Deutschland
F60A	M	1,58	Akuter Myokardinfakt, PCCL 4	484	91,1	25,6	23,8
F60B	M	1,16	Akuter Myokardinfakt, PCCL 0-3	892	69,2	11,0	13,6
F61Z	M	2,35	Infektiöse Endokarditis	44	56,8	11,4	8,7
F62A	M	1,68	Herzinsuffizienz und Schock, PCCL 4 mit Dialyse oder Reanimation	190	87,4	27,9	38,0
F62 B	M	1,26	Herzinsuffizienz und Schock, PCCL 4 ohne Dialyse oder Reanimation	1.562	91,7	9,5	13,9

Schon seit geraumer Zeit beginnen die Krankenhäuser von sich aus, durch mehr Leistungstransparenz auf DRG-Basis den Patienten wertvolle Informationen über ihr Leistungs- und Qualitätsprogramm zu geben. In der Abbildung 9 haben wir einen Auszug aus dem medizinischen Jahresbericht der HELIOS-Gruppe ausgewiesen. Man kann erkennen, dass auf der Basis der Leistungsbeschreibung durch DRGs den Patienten Informationen über die Erfahrung des Krankenhauses, ausgedrückt in der spezifischen Letalitätsrate, sowie ein Vergleich zu Gesamtdeutschland geboten werden. Dies ist, verglichen zu früheren Qualitätsnachweisen, ein Meilensprung nach vorne.

Doch sind die Krankenhäuser insgesamt vom Gesetzgeber seit 2005 aufgefordert, über die Webseiten ihres Hauses Qualitätsberichte zu liefern. So können nicht nur Patienten, sondern auch zuweisende Ärzte sich ein Bild vom Leistungsprogramm eines Krankenhauses machen und entsprechend ihre Patienten beraten.

3.1.3 Intensivierung des Rationalisierungswettbewerbs

Auch der Rationalisierungswettbewerb wird für die Krankenhäuser unausweichlich, da sie keine Möglichkeit haben, die Preise zu erhöhen. So sind die Krankenhäuser insbesondere im Konvergenzprozess gezwungen, sich der Durchschnittsvergütung anzupassen und entsprechend ihre Kosten und Leistungsstrukturen auszurichten. Da aber der Konvergenzprozess sich automatisch für die Häuser dadurch verschärft, dass die jeweils kostenungünstigeren Häuser sich verbessern, kommt es insgesamt zu einem Abwärtstrend in der Vergütung. Tatsächlich haben wir auch in der Abbildung 6 zeigen können, dass der durchschnittliche Basisfallwert vom Jahr 2005 zum Jahr 2006 leicht abgesenkt wurde, obwohl es eine Reihe von Steigerungen bei den Sach- und Personalkosten gab.

Der Rationalisierungswettbewerb löste, neben der nach innen gerichteten Kostensenkung, auch eine nach außen gerichtete Fusions- und Kooperationswelle ungeahnten Ausmaßes aus. So sind vor allen Dingen in Deutschland die Zusammenschlüsse zu Ketten und Krankenhausverbünden in den letzten Jahren schlagartig angestiegen. Doch werden wir diese Effekte weiter hinten unter dem Punkt „Struktureffekte" noch detaillierter analysieren.

3.2 Flexibilisierung der Preise

Wenn auch bislang der Gesetzgeber eine Fixierung und Vereinheitlichung der Preise vorsieht, ist es doch höchst erforderlich auch über eine mögliche Flexibilisierung der Preise, spätestens nach Ende der Konvergenzphase, nachzudenken. Schließlich gilt für den Krankenhaussektor, genauso wie auch für alle anderen Wirtschaftsbereiche, dass nur flexible Preise eine wirkliche Steuerungswirkung entfalten können. Verzichtet man auf diese Steuerungswirkung, haben Preise lediglich eine Finanzierungsfunktion. Dies könnte aber auch über andere Mechanismen, wie eine Selbstkostendeckung, erreicht werden. Wie könnte nun eine Flexibilisierung der Preise aussehen?

3.2.1 Vorgabe von Höchstpreisen

Dem DRG-System am nächsten käme eine politische Vorgabe von Höchstpreisen in Höhe des landeseinheitlichen Basisfallwertes. Krankenhäuser, die diesen einheitlichen Basisfallwert unterbieten wollen, dürfen dies tun, doch ist ein Überschreiten nach oben nicht erlaubt.

In der nächsten Abbildung haben wir die Möglichkeiten, wie Höchstpreise ausgestaltet sein könnten, abgebildet. Nach der Abbildung 10 sind Höchstpreise bzw. eine Unterbietung der Höchstpreise immer nur dann attraktiv, wenn Krankenhäuser dafür eine höhere Auslastung und damit eine Senkung ihrer Fixkosten erreichen können. Dies bedeutet aber auch, dass Krankenhäuser mit Krankenkassen Vereinbarungen derart treffen, dass sie bei Erreichung einer Zielmenge bereit sind, den Preis im Sinne des Basisfallwertes abzusenken. Die Krankenkassen ihrerseits müssen ein Interesse haben, in jene Krankenhäuser vermehrt Patienten zu lenken, welche ihnen Preisnachlässe gewähren.

Abb. 10: Höchstpreise und Preis-/Mengenstaffelungen

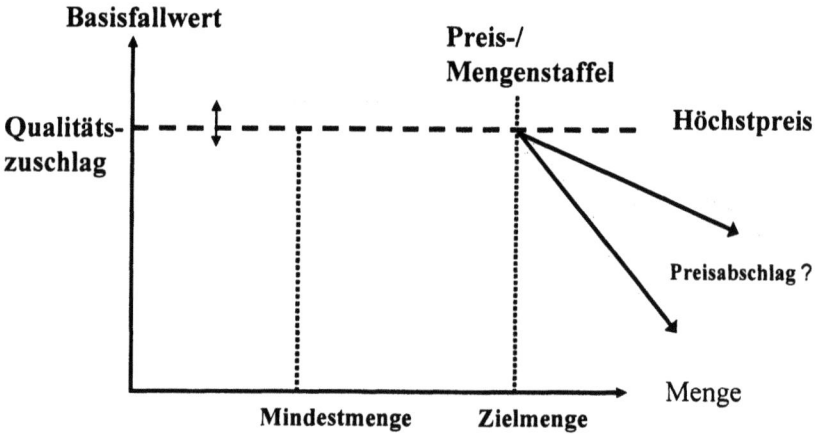

Bei Höchstpreisen, die an eine Preis-/Mengenstaffel gebunden sind, ist entscheidend, in welchem Umfange es Krankenkassen gelingt, ihre Patienten gezielt zu steuern. Dies kann sicherlich nur mit Unterstützung der niedergelassenen und einweisenden Fachärzte bzw. Allgemeinärzte gelingen. Von daher ist also eine Betrachtung ausschließlich der Krankenhäuser noch keine Garantie für einen Erfolg. Der Höchstpreis kann über Qualitätszu- und -abschläge noch flexibilisiert werden; andererseits sollte gute und transparente Behandlungsqualität zu einer höheren Auslastung führen, so dass Krankenhäuser auch so Vorteile erreichen.

3.2.2 Verhandlungspreise

Eine weitergehende Liberalisierung der Preissetzung könnte darin liegen, dass Krankenhäuser und Krankenkassen sich in selektiven Verträgen zusammen finden. Die Krankenhäuser, die keine Verträge von allen oder von einigen Krankenkassen erhalten, haben jedoch das Recht, von ihren Patienten Kostenerstattung zu verlangen. Diese Patienten können mit ihren Krankenkassen dann über Kostenerstattung abrechnen. Ob Krankenhäuser auf Verträge mit den Krankenkassen gezielt verzichten wollen, hängt davon ab, wie stark sie ihre Patienten an sich binden können. Umgedreht werden Krankenkassen versuchen, ihre Patienten in Vertragshäuser zu schicken, weil nur dann mit diesen Vertragshäusern auch attraktive Preise vereinbart werden können. Es zeigt sich also, dass in einem solchen System der Patient plötzlich sehr viel mehr in den Mittelpunkt rückt. In der Abbildung 11 haben wir ein solches Verhandlungspreissystem skizziert.

Abb. 11: Verhandlungspreise, Vertragshäuser und Kostenerstattung

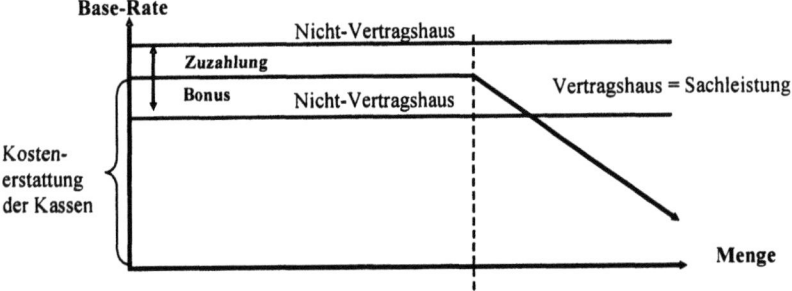

Wir haben hierbei zwischen Vertragshäusern und Nichtvertragshäusern unterschieden. Dabei gehen wir davon aus, dass Krankenhäuser, die mit Krankenkassen Verträge abschließen, weiterhin die Sachleistung anbieten, während Nichtvertragshäuser die Freiheit haben, von ihren Patienten Kostenerstattung zu verlangen.

Damit allerdings Patienten auch tatsächlich preiselastisch reagieren, ist es unumgänglich, dass Patienten sich an den Vergütungen prozentual beteiligen. Im DRG-System wäre eine solche prozentuale Beteiligung deswegen besonders gut zu gestalten, da der Patient nur den jeweiligen Basisfallwert eines Krankenhauses kennen muss, um dann daraus ableiten zu können, um wie viel Prozent die verschiedenen Krankenhäuser in ihren Preissetzungen sich unterscheiden. Es ist also nicht erforderlich, dass ein Patient die rund tausend Preise für die verschiedenen DRGs eines Krankenhauses vergleicht. Das gleiche gilt natürlich auch für einweisende Ärzte, welche ihre Patienten nicht nur medizinisch, sondern auch ökonomisch beraten wollen.

4. DRG-Struktureffekte

Unter den Struktureffekten wollen wir vor allen Dingen solche Wirkungen zusammenfassen, welche die Angebotsstruktur der Krankenhäuser verändern. Aber auch die den Krankenhäusern vor- und nachgelagerten Leistungsbereiche sind in die Betrachtung mit einzubeziehen, da die Krankenhäuser als „Schwergewichte" der Krankenversorgung auf das gesamte System der Patientenversorgung ausstrahlen.

4.1 Erhöhung der Arbeitsteilung

Durch die oben geschilderten Preis- und Kosteneffekte der DRGs werden die Krankenhäuser gezwungen, sich um eine nachhaltige Kostenabsenkung zu bemühen. Dies bedeutet aber auch, dass sich die Krankenhäuser – wie andere Wirtschaftsbetriebe – verstärkt auf ihre Kernkompetenzen konzentrieren müssen. Mit anderen Worten, es kommt zu einer erhöhten Arbeitsteilung. Die Krankenhäuser geben an die vor- und nachgelagerten Leistungserbringer die Leistungen ab, die dort besser und kostengünstiger erbracht werden können, sofern dadurch intern auch eine Kostensenkung zu erzielen ist. Wir haben in der Abbildung 12 den Prozess der Arbeitsteilung kurz skizziert. Die dort angenommene Verweildauerverkürzung von 10 auf 4 Tage ist zwar sehr generalisiert dargestellt, liegt aber nicht so weit von der Realität entfernt.

Die Abbildung 12 zeigt aber auch, dass es, verglichen mit dem heutigen durchschnittlichen Krankenhausaufenthalt von 10 Tagen bzw. 8 Tagen, zu einer stärkeren Verteilung der Leistungen auf den prä- und poststationären Bereich kommt. Dies impliziert Überlegungen, inwieweit die Verweildauerverkürzung in

Abb. 12: Erhöhung der Arbeitsteilung durch DRG-Kostendruck

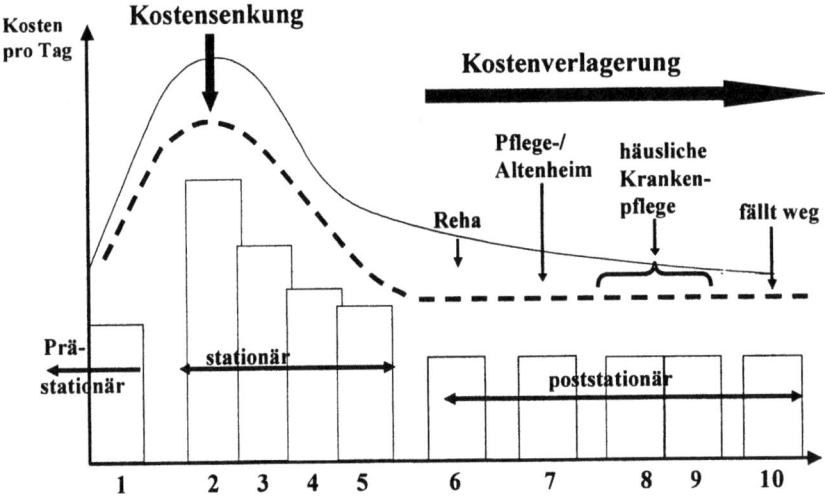

den Krankenhäusern zu einer tatsächlichen Kosteneinsparung führt, oder ob es nicht lediglich zu einer Kostenverlagerung kommt. Die allgemeine ökonomische Überlegung sagt, dass beides eintreten wird. Es wird in den Krankenhäusern eine Kostensenkung erreicht, die sich in eine Kostenverlagerung und eine echte Kosteneinsparung aufspaltet. Deutlich wird hierbei ebenfalls, dass durch die erhöhte Arbeitsteilung gleichzeitig ein erhöhter Bedarf an integriertem Versorgungsmanagement entsteht. Das Krankenhaus wird also wegen der vertieften Arbeitsteilung immer mehr in die Rolle eines Generalunternehmers rücken, der zwar den gesamten Behandlungsprozess koordiniert, aber längst nicht mehr alleine durchführt.

4.2 Kettenbildung und Konzentration

Der schon oben angesprochene Rationalisierungsdruck auf die Krankenhäuser führt dazu, dass sich die Krankenhäuser in einem sehr viel größeren Umfang als bislang zu größeren Unternehmenseinheiten zusammenschließen. Schon seit geraumer Zeit kann man beobachten, dass vor allen Dingen die privaten Krankenhausketten rasch expandieren. Neben anderen Vorteilen dürfte es vor allen Dingen der Effekt der Unternehmensgröße sein, der den Krankenhausketten Kosteneinsparungen eröffnet und gleichzeitig damit die Chance bietet, weniger kostengünstige Krankenhäuser zu übernehmen. Dieser Prozess der betrieblichen Konzentration lässt sich mittlerweile auch im kommunalen Bereich verstärkt registrieren.

Immer mehr öffentliche Krankenhausträger gehen dazu über, ihre verschiedenen Krankenhausbetriebe zu Krankenhausunternehmen unter einer einheitlichen Leitung zusammenzufassen, um so ebenfalls die Vorteile von großen Zusammenschlüssen ausschöpfen zu können. Wir haben in der nachfolgenden Abbildung 13 einen Überblick über die sich in der letzten Zeit gebildeten großen kommunalen Krankenhausunternehmen gegeben. Es zeigt sich, dass diese kommunalen Krankenhausunternehmen oft einen marktdominierenden Anteil an der lokalen Versorgung haben. Unter diesem Gesichtspunkt muss durchaus auch von der Gefahr einer Marktmachtbildung gesprochen werden.

Vor diesem Hintergrund darf es nicht verwundern, dass sich auch immer häufiger das Kartellamt einschaltet, wenn sich kommunale oder auch private Krankenhausunternehmen zu immer größeren Unternehmenseinheiten zusammenschließen.

Abb. 13: Marktanteile öffentlicher Krankenhäuser in Prozent der Planbetten (2005)

	Unternehmensgruppen			Uni-Klinika	Einzelunternehmen
	öffentliche	frei-gemeinnützige	private		
Berlin	26%	6%	9%	17%	42%
Bremen	35%	28%	k.A.	--	37%
Hannover	29%	5%	3%	24%	39%
München	34%	6%	3%	37%	20%

Quelle: eigene Berechnungen

4.3 Vertikale Verflechtung durch Integrierte Versorgung

Neben der Bildung von horizontalen Krankenhauszusammenschlüssen wird auch mehr und mehr die vertikale Verflechtung der Krankenhäuser mit vor- und nachgelagerten Versorgungseinheiten beobachtet. Der Prozess verläuft jedoch weniger spektakulär als der der Krankenhauskettenbildung.

Wir haben gleichwohl in der Abbildung 14 den Prozess idealtypisch skizziert. Krankenhäuser versuchen, sich sowohl mit den niedergelassenen Ärzten, wie auch mit Nachsorgeeinrichtungen, etwa der Rehabilitation oder auch der Geriatrie, zu vernetzen. Ziel ist es, den Versorgungsprozess aus einer Hand zu organisieren, aber auch um Kostenvorteile ausschöpfen zu können.

Abb. 14: *Vertikale Verflechtung durch Integrierte Versorgung*

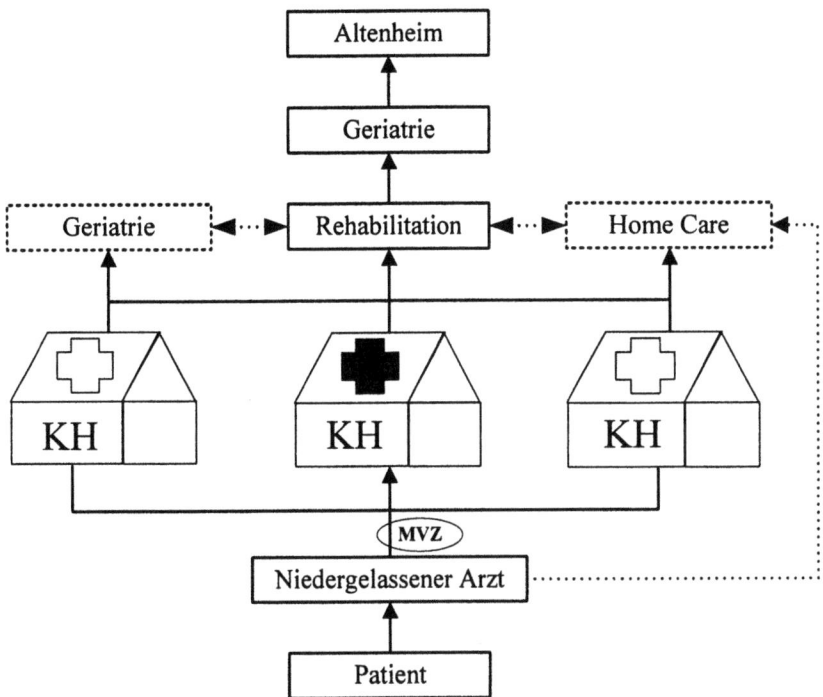

Die in letzter Zeit wohl am häufigsten diskutierte Betriebsform zur vertikalen Verflechtung ist das Medizinische Versorgungszentrum. In ihm können sich Ärzte verschiedener Fachrichtungen zusammenschließen und sich sowohl einem Krankenhaus anschließen oder von einem Krankenhaus rechtlich und ökonomisch unabhängig bleiben. In jedem Fall sind MVZs für die Krankenhäuser wichtige Kooperationspartner, da sie die ambulante Versorgung einer Region mindestens teilweise abdecken und damit für das Krankenhaus als Patientenzuweiser von hoher Bedeutung sind. Ob Krankenhäuser selbst MVZs als Eigentümer gründen oder nicht, hängt sehr von der jeweiligen regionalen Versorgungssituation ab.

4.4 Ländliche Versorgung

Die DRG-Einführung hat auch eine Reihe von gravierenden Folgen für die ländlichen Kleinkrankenhäuser. In der Abbildung 15 haben wir ebenfalls schematisch dargestellt, womit kleine Krankenhäuser mit einer Bettenzahl bis zu 200 Betten zu rechnen haben, wenn die Verweildauer weiterhin absinkt und insbesondere die ambulante Behandlung am Krankenhaus an Bedeutung gewinnt. Wir sprechen im letzteren Zusammenhang zutreffender von einer tagesklinischen Versorgung.

Abb. 15: Folgen für Kleinkrankenhäuser bis 200 Betten

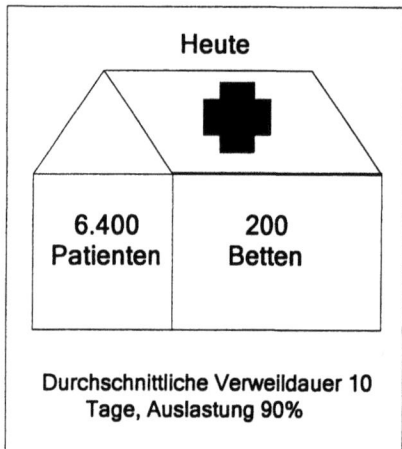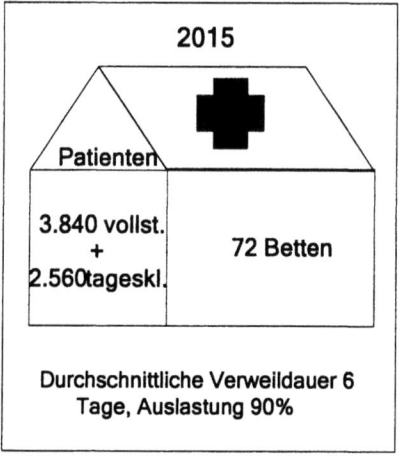

Wie wir aus der Abbildung 15 entnehmen, können im Jahr 2015 mit 72 Betten soviel Patienten behandeln werden, wie heute mit 200 Betten. Gleichzeitig bedeutet dies, dass sich die betriebswirtschaftliche Führung eines dann 72-Betten-Hauses grundlegend ändern muss.

Es wird für diese Krankenhäuser vor allem darauf ankommen, die fachärztliche Versorgung voll an sich zu binden, ohne dass dazu Betten gebraucht werden. Kleinkrankenhäuser dieser Art müssen zu fachärztlichen Kompetenzzentren ausgebaut werden, die einerseits mit den Hausärzten in engem Kontakt stehen, andererseits mit einem Krankenhaus der höheren Versorgungsstufe kooperieren. Nur so wird auf längere Sicht die Versorgung in der Fläche mit fachärztlichen Leistungen noch einigermaßen qualifiziert erfolgen können. Detaillierter haben wir diesen Ansatz im Krankenhaus-Report 2006 beschrieben.

4.5 Teilstationäre Versorgung und DRGs

Vergleicht man die deutsche Krankenhausversorgung mit der in anderen Ländern, so fällt auf, dass in Deutschland die stationäre Versorgung ein relativ hohes Gewicht hat. Eine Konsequenz davon ist, dass auch in Deutschland die Versorgung mit Akutbetten teilweise doppelt so hoch liegt als in anderen Ländern. In der nachfolgenden Abbildung 16 haben wir Deutschland mit den USA und Holland verglichen.

Abb. 16: Kennziffern der stationären Versorgung im Vergleich zwischen Deutschland, USA und Niederlande

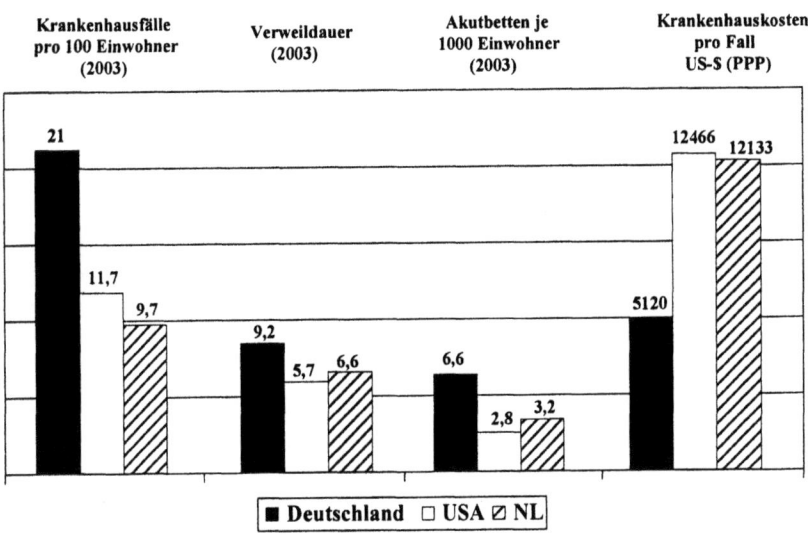

Quelle: Deutsche Krankenhausgesellschaft, Zahlen, Daten, Fakten 2004/5

Es ist sehr deutlich zu sehen, dass Deutschland etwa die doppelte Anzahl von Akutbetten pro tausend Einwohner aufstellt und dem gemäß auch die doppelte Zahl von stationären Krankenhausbehandlungen ausweist. Der gravierende Unterschied zu den anderen Ländern ist, dass in Deutschland die fachärztliche tagesklinische Versorgung am Krankenhaus unterentwickelt ist. Die tagesklinische Versorgung am Krankenhaus findet u.a. deswegen nicht statt, weil das DRG-System für die Versorgung von teilstationären Patienten bislang keine Lösung anbietet. Die DRG-Definition kennt zwar grundsätzlich keine Behandlung mit und ohne Bett, doch ist die Kalkulation in Deutschland stets auf eine Behandlung mit Bett ausgerichtet. Es fällt schwer zu verstehen, warum das InEK bislang es nicht geschafft hat, eine DRG-Kalkulation ohne Betteninanspruchnahme durchzuführen. Würde dies nämlich gelingen, so könnten fachärztliche Versorgungen am Krankenhaus ohne Bett oder auch in der Praxis ohne Bett jeweils annähernd gleich vergütet werden. Damit ließe sich die Wirtschaftlichkeit der fachärztlichen Versorgung mit und ohne Bett nachhaltig verbessern.

Die niedrigen Fallkosten deutscher Krankenhäuser (vgl. Abb. 16) dürfen nicht als Indikator für hohe Wirtschaftlichkeit genommen werden. Der günstige Wert wird nämlich durch die leichten, kostengünstigen Behandlungsfälle erreicht, die in den USA und in den Niederlanden als tagesklinische Fälle aus der Kalkulation herausgenommen sind.

5. Ausblick

Die Krankenhausvergütung und -versorgung in Deutschland wird durch DRGs zwar nachhaltige Veränderungen erfahren, gleichwohl sind diese Veränderungen eher eine Beschleunigung schon eingetretener Entwicklungen, als dass sich die Entwicklungsrichtung verändert hätte. Ja, es gibt auch Entwicklungen, die durch die DRGs nicht beschleunigt, sondern abgebremst werden, wie die tagesklinischen Behandlungen. Gleichwohl müssen wir davon ausgehen, dass sich die Zahl der Krankenhausbetriebe weiter reduzieren wird. Doch sehr viel wichtiger ist aus ökonomischer Sicht, dass vor allem die Zahl der Krankenhausunternehmen deutlich sinken wird, während die Größe der Unternehmen ansteigen wird. Mit anderen Worten, wir erwarten eine drastische Konzentration im Krankenhaussektor. Wichtige Ursache für diese Entwicklung ist der durch DRGs ausgelöste Kostendruck.

Ob die DRGs mehr als Preise zur Steuerung der knappen Ressourcen, oder eher als Entgelt für die von den Krankenhäusern aufgewendeten durchschnittlichen Kosten fungieren werden, ist derzeit noch nicht entschieden. Erst gegen Ende der Konvergenzphase soll dieser Frage nachgegangen werden. Da aber derzeit in Deutschland generell eine Tendenz zu Einheitspreisen festzustellen ist – man erinnere sich nur an die im GKV-WSG beschlossene Vereinheitlichung der Beitragssätze der Krankenkassen, oder an die einheitliche Festlegung der Vergütungssätze für vertragsärztliche Versorgung – ist eher nicht mit einem flexiblen, steuernden Preissystem auf der Basis von DRGs zu rechnen. Dadurch werden wichtige Steuerungseffekte ungenutzt bleiben, so dass DRGs weitaus weniger an Effizenz- und Steuerungsbeitrag leisten können, als dies unter anderen Umständen möglich wäre. Doch steht die Diskussion an und wird in den Jahren ab 2007 zu führen sein.

Literatur

Deutsche Krankenhausgesellschaft: Zahlen Daten Fakten 2004/5, Düsseldorf 2005

Friedrich J., Günster, Ch.: Determinanten der Casemix-Entwicklung in Deutschland während der Einführung von DRGs (2002 bis 2004); in: Klauber, J., Robra, B.-P., Schellschmidt, H. (Hrsg.) Krankenhaus-Report 2005

Gerdelmann, W.: DRGs in Deutschland – eine (noch) unvollendete Geschichte, in: H. Rebscher (Hrsg.), Gesundheitsökonomie und Gesundheitspolitik im Spannungsfeld zwischen Wissenschaft und Politikberatung, Festschrift für G. Neubauer, Heidelberg 2006

Leber, W.-D.: Aktuelle DRG-Entwicklung aus Sicht der Krankenkassen, Vortrag auf dem 5. Nationalen DRG-Forum, Berlin 2006

Neubauer, G.: Ordnungspolitische Neuorientierung der Krankenhausversorgung auf der Basis von diagnosebezogenen Fallpauschalen, in: Klusen, N., Straub, Ch. (Hrsg.): Bausteine für ein neues Gesundheitswesen: Technik, Ethik, Ökonomie, Baden-Baden 2003, S. 91-107

Neubauer, G.: Zur ökonomischen Steuerung der Krankenhausversorgung unter DRG-Fallpauschalen, in: Klauber, J., Robra, B.-P., Schellschmidt, H., (Hrsg.): Krankenhaus-Report 2003, Stuttgart 2004

Neubauer, G., Ujlaky, R.: G-DRG-Vergütungssystem für den Gesundheitsmarkt, in: Beck, M., Goldschmidt, A., Greulich, A. u.a. (Hrsg.): Management Handbuch DRGs, Heidelberg 2005

Neubauer, G., Ujlaky, R.: Finanzmanagement in Krankenhäusern, in: Busse, R., Schreyögg, J., Gericke, Ch. (Hrsg.): Management im Gesundheitswesen, Heidelberg 2006

Neubauer, G., Beivers, A., Minartz, Ch.: Marktwandel und Sicherstellung der regionalen Krankenhausversorgung, in: Klauber, J., Robra, B.-P., Schellschmidt, H. (Hrsg.), Krankenhaus-Report 2006

Die künftige Krankenhauslandschaft – aus Sicht eines privaten Klinikbetreibers

Wolfgang Pföhler

Begrüßung und Einleitung

Meine sehr geehrten Damen und Herren,

ich danke Ihnen, Herr Dr. Knabner, für die Einladung zu den 11. Bad Orber Gesprächen und Ihnen, Herr Professor Wille, für die Übernahme der Gesamtleitung dieser Veranstaltung. Die Bad Orber Gespräche haben sich zu einem wichtigen Termin im jährlichen Kalender in der Gesundheitsbranche etabliert. Ich freue mich, mit Ihnen einige Thesen zur künftigen Krankenhauslandschaft zu erörtern und möchte dies aus Sicht eines großen privaten Klinikbetreibers tun. Die Frage, die es zu beantworten gilt, lautet: Wie sieht der deutsche Krankenhausmarkt in der Zukunft aus? Ich will mich der Lösung dieser Oberfrage nähern, indem ich vier vorgelagerte Einzelfragen ansprechen möchte:
1. Wie sehen die aktuellen Rahmenbedingungen aus?
2. Welche Aufgaben werden Krankenhäuser künftig erfüllen und wie sieht der Kunde der Zukunft aus?
3. Wie sieht das Krankenhaus der Zukunft aus?
4. Wer finanziert das Ganze eigentlich?

1. Wie sehen die aktuellen Rahmenbedingungen aus?

Deutschland befindet sich in einer Phase der Entstaatlichung. Der Staat ist zunehmend finanziell überfordert, seine öffentlichen Aufgaben zu erfüllen – und das trifft auch auf die stationäre Krankenversorgung zu. Die Staatsverschuldung und die Belastungen aus Zinszahlungen steigen, die Handlungsspielräume für notwendige Investitionen in die Infrastruktur werden kleiner. Die Bundesländer haben sich immer mehr aus der dualen Krankenhausfinanzierung verabschiedet. Die Folge ist ein erheblicher Investitionsstau an deutschen Krankenhäusern.

Krankenhäuser, die keine modernen Medizingeräte vorweisen können oder in einer veralteten Infrastruktur arbeiten, können kaum mit einem hohen Patientenzustrom rechnen. Wenn Sie als Patient mitentscheiden, in welche Klinik Sie gehen, dann würden Sie sich doch auch für das modernere Krankenhaus entscheiden, das mit kurzen Wegen zwischen den Stationen und einer Architektur, die eine hohe medizinische Qualität fördert. Kliniken im großflächigen Pavillonstil des 19. Jahrhunderts mögen vielleicht Architekten oder Historiker entzücken, für einen modernen Klinikbetrieb sind sie aber hinderlich, weil dies die Qualität durch lange Wege mindert und die Behandlungskosten unnötig in die Höhe treibt.

In diese Bresche springen private Klinikbetreiber wie die RHÖN-KLINIKUM AG. Sie tun dies auch, weil sie ein lohnendes Geschäft wittern. Und das ist auch gut so, denn die wachsenden Bedürfnisse nach Gesundheitsdienstleistungen in einer alternden Gesellschaft sind durch nichts aufzuhalten oder zurückzudrängen. Man muss die Nachfrage befriedigen. Die Rationierung von Leistungen, so wie es die Bundesregierung mit Ihrem neuen GKV-Wettbewerbsstärkungsgesetz plant, ist ein Irrweg.

Die aktuelle Gesundheitsreform ist der Einstieg in ein staatlich gelenktes Zuteilungssystem. Nur: Planwirtschaft funktioniert nicht, wie wir alle wissen.

Meine sehr geehrten Damen und Herren,

zwischen 1990 und 2004 ist jedes fünfte Krankenhausbett stillgelegt worden. Die Fallzahl ist im gleichen Zeitraum um fast 20 Prozent gestiegen. Das bedeutet, dass in immer weniger Betten immer mehr Patienten – in kürzerer Zeit, weil die Verweildauer sinkt – behandelt werden. Das sind gewaltige Effizienzsteigerungen und Prozessbeschleunigungen, die im deutschen Krankenhaussektor erzielt wurden. Schaut man sich aber die durchschnittliche Bettenauslastung an, sie ist im selben Zeitraum gesunken, dann sieht man sofort, dass diese Entwicklung ungesund ist.

An der gesunkenen Auslastung kann man erkennen, dass die Marktbereinigung weiter gehen wird. Aktuell haben wir in Deutschland noch über 2000 Krankenhäuser. Nach der Konsolidierungs- und Marktbereinigungsphase werden es vielleicht 1500 bis 1800 Krankenhäuser sein.

Die DRGs und das wenn Sie so wollen „Scharfschalten" des neuen Vergütungssystems werden die weitere Marktbereinigung befördern. In der Theorie würde man sagen, dass „Grenzanbieter" aus dem Markt ausscheiden. In der Krankenhauspraxis bedeutet dies schlichtweg, dass wir weitere Schließungen, Zusammenschlüsse und Privatisierungen sehen werden. Die Privatisierungswelle läuft weiter und hat nun auch mit voller Wucht die Maximalversorger erreicht.

Private Klinikbetreiber zeigen seit Jahrzehnten, dass sich Medizin und Ökonomie nicht nur vertragen – ja sich sogar gegenseitig unterstützen. Die Privatisierung des ersten Universitätsklinikums Gießen/Marburg beweist, dass selbst der Dreiklang aus Medizin, Wissenschaft und Ökonomie funktioniert. Aus meiner Zeit als Alleingeschäftsführer des Uniklinikums Mannheim kann ich nur bestätigen, dass effiziente Prozesse eine hohe medizinische Qualität unterstützen. Einen Widerspruch, der häufig von Privatisierungsgegnern konstruiert wird, kann ich nicht erkennen. Rein ideologisch begründete Ablehnungen schieben die überfällige Neuausrichtung der Krankenhausbranche auf die lange Bank und lösen nicht das Problem des Investitionsstaus.

2. Welche Aufgabe werden Krankenhäuser künftig erfüllen und wie sieht der Kunde der Zukunft aus?

Neben die demografische Entwicklung – die Menschen werden erstens älter und zweitens gibt es immer mehr ältere Menschen – treten der medizinische und der medizinisch-technische Fortschritt. Das medizinisch Machbare nimmt zu. Ich gebe Ihnen ein Beispiel: 1971, also vor gerade einmal 35 Jahren wurde die erste Computertomographie-Aufnahme an einem Menschen vorgenommen. Seitdem hat sich die Computertomografie zu einem Standardverfahren in der Medizin entwickelt, nicht zuletzt auch deshalb, weil die Rechenleistung der Maschinen durch die Revolution in der Mikroelektronik dies ermöglicht hat. Die aktuelle Entwicklung geht nun sogar so weit, dass man präzise Bilder von schnell oder unregelmäßig schlagenden Herzen bekommen kann. Die Technisierung der Medizin ist nicht aufzuhalten – ich denke zum Beispiel an die so genannte Nanomedizin, die heute noch in den Kinderschuhen steckt.

Nimmt man diese zwei Bedingungen, die demografische Entwicklung und den medizinisch-technischen Fortschritt, berücksichtigt unser hohes Wohlstandsniveau und die hohen angesparten Vermögen, dann kann man Eines wohl konstatieren: Das wachsende Bedürfnis, gesund und sicher zu leben, wird dafür sorgen, dass man in Zukunft Gesundheitsdienstleistungen nachfragt, die jedermann dazu befähigen, länger und schmerzfreier zu leben. Gesundheit wird immer mehr zu einem Produkt, das man sich – gegen einen Obolus – gerne leisten wird. Die aktive Gesellschaft und die vitalen Senioren wollen das einmal erlebte Wohlfühlniveau so lange wie möglich beibehalten und werden bereit sein, dafür auf andere Dinge, wie zum Beispiel eine Urlaubsreise oder ein neues Auto, zu verzichten.

Wozu sind Krankenhäuser da, was ist bzw. wird ihre Aufgabe sein? Krankenhäuser sind komplexe Großbetriebe, d.h. nichts anderes als dass das Endprodukt, die „Verbesserung des Gesundheitszustands des Patienten", nur dann entsteht, wenn viele verschiedene Mitarbeiter wie ein eingespieltes Team um den Patienten herum arbeiten. Dabei ist die Sicht des Patienten entscheidend: Sein Gesundheitszustand bestimmt den Prozessablauf, der in der Zukunft immer öfter über verschiedene Abteilungen und Stationen verlaufen wird – die Interdisziplinarität nimmt zu.

Wer könnte die Therapie in der gesamten Breite und mit einer hohen Qualität noch erfüllen? Ich sehe keinen anderen Anbietertyp, der ein derartiges Leistungspaket wie das eines Krankenhauses anbieten könnte. Zwar sprechen viele von dem Substitutionsrisiko durch ambulante Operationen, doch werden niedergelassene Ärzte kaum diese Infrastruktur aufbieten können. Es gibt keine Alternative zum Krankenhaus. Krankenhäuser werden auch in der Zukunft ein unverzichtbarer Bestandteil unseres Gesundheitssystems sein.

Meine sehr geehrten Damen und Herren,

das Internet hat dafür gesorgt, dass die Patienten informierter sind als in der Vergangenheit. Das Internet bietet ungeahnte Möglichkeiten, sich über einzelne Therapien und Anbieter ausführlich zu informieren. Die Qualitätsberichte, die Krankenhäuser seit 2004 verpflichtend veröffentlichen müssen, werden die Transparenz über die Behandlungsqualität weiter erhöhen.

In der Zukunft werden Patienten wahrscheinlich öfter ins Krankenhaus kommen, dafür aber immer weniger Tage dort verbleiben. Man wird ins Krankenhaus gehen, um seine gefühlte Lebensqualität zu steigern. Die Patienten wollen sich wohl fühlen und in Sicherheit alt werden. Ich kann mir vorstellen, dass präventive Maßnahmen zunehmen werden und dass man sich öfter durchchecken lässt, als dies bislang der Fall ist.

Immer weniger Patienten gehen ins nächstgelegene oder nächstbeste Krankenhaus. Schon heute zeigen Umfragen – eine aktuelle der Forschungsgruppe Wahlen liegt uns vor – dass viele Menschen bereit sind, für planbare oder besonders schwierige Eingriffe in weit entfernte Kliniken zu gehen, die auch über einhundert oder zweihundert Kilometer vom Wohnort entfernt liegen. Das Einzugsgebiet von Krankenhäusern wird also größer, die so genannte „Substitutionselastizität", platt gesprochen die Intensität des Wettbewerbs zwischen den Krankenhäusern nimmt zu.

Was bedeutet das konkret? Die Patienten werden sich unter den bestehenden Kliniken die aus Ihrer Sicht beste aussuchen. Der immer besser informierte Patient entscheidet mit seiner Wahl über das Überleben des Krankenhauses. Schon kleine Patientenwanderungen genügen, um aufgrund der hohen Fixkostenbelastung von Krankenhäusern einen Gewinn oder einen Verlust zu erwirtschaften. Die Patienten stimmen mit den Füßen ab. Umso mehr müssen sich die Krankenhäuser mit attraktiven medizinischen Leistungsangeboten platzieren.

Mit welchen Konzepten sich die Krankenhäuser bewerben könnten, soll nun die Beantwortung der Frage drei zeigen.

3. Wie sieht das Krankenhaus der Zukunft aus?

Damit Krankenhäuser im Wettbewerb um Patienten langfristig bestehen können, müssen sie besser als alternative Anbieter sein; dafür sind ständige Innovationen Pflicht. Innovationen sind – in Anlehnung an den Ökonomen Schumpeter – immer auch ein Akt schöpferischer Zerstörung. Deshalb muss Wettbewerb als kreatives Entdeckungsverfahren bestehende Strukturen und Prozesse im Krankenhaus jeden Tag aufs Neue in Frage stellen, um so immer wieder wertschöpfende Erfindungen zu generieren.

Da der Mensch ein „Gewohnheitstier" ist und sich vor Veränderungen drückt – wir alle kennen das bekannte Argument: „Das haben wir schon immer so gemacht." – ist die Durchsetzung von Innovationen ein kräftezehrender Vorgang, der eine starke Führung braucht. Es ist schon schwer genug, einen bestehenden Prozess, eine Behandlungskette, verstanden als Aneinanderreihung einzelner Therapiebausteine, effizienter zu machen. Viel schwieriger ist es aber, einen kompletten Prozess neu zu erdenken und zu realisieren.

Ich möchte Ihnen nun kurz einige Konzepte vorstellen, die dazu beitragen können, dass Krankenhäuser im Wettbewerb um Patienten bestehen.

Flussprinzip

Auch wenn wir als RHÖN-KLINIKUM AG dieses Prinzip schon seit Jahren erfolgreich anwenden und es für uns nichts Neues ist, möchte ich es trotzdem an dieser Stelle vorstellen. Ich will dies auch tun weil ich glaube, dass die flächendeckende Anwendung dieses Prinzips die Krankenhauslandschaft in Deutschland insgesamt nach vorne bringt.

Bislang sind die Ressourcen in vielen Krankenhäusern um den Chefarzt und seine Fachabteilung herum organisiert. Der Patient wird zwischen den einzelnen Abteilungen herumgereicht. Der Patientenfluss durch das Krankenhaus stockt; die Leistungserbringung zwischen den Abteilungen ist nicht aufeinander abgestimmt. Jede Abteilung optimiert ihre eigene Leistung, nicht aber das „Gesamtprodukt" – die Verbesserung des Gesundheitszustandes des Patienten. Die bisherigen Strukturen in Krankenhäusern bedeuten lange Wartezeiten und Wege für den Patienten und damit hohe Zeitverluste und Leerzeiten.

Bei Investitionen sollte man sich von dem Gedanken leiten lassen, dass sämtliche Prozesse – um den Patienten herum – effizient organisiert werden müssen. Dazu nutzt die RHÖN-KLINIKUM AG schon seit Jahren das aus anderen Branchen bekannte Flussprinzip, das wir als Erster im Krankenhaus angewendet haben.

Die Anwendung des Flussprinzips schlägt sich in einem mehrstufigen Pflege- und Behandlungskonzept nieder. Dieses Konzept ist differenzierter als das bekannte zweistufige Konzept, das nur zwischen Intensiv- und Normalstation unterscheidet. Die Behandlungskette beginnt mit der Eingangsdiagnostik und führt weiter über die Low-Care-Station, die OP, die Intensivstation, die Intermediate-Care-Station und die Normalstation zur Entlassung. Der Gesundheitszustand des Patienten bestimmt dabei den Prozessablauf.

Dieses Grundprinzip schlägt sich in der Architektur unserer Krankenhäuser nieder: Sie finden dort in Beton gegossene Prozesse.

Das Flussprinzip sorgt dafür, dass Krankenhausleistungen bezahlbar bleiben – eine wie ich meine immer wichtiger werdende Eigenschaft! Das Flussprinzip sorgt für eine hohe Effizienz der Krankenversorgung und bildet die Voraussetzung für die Erwirtschaftung eines Mehrwertes, den wir wiederum für Investitionen verwenden können.

Medizinische Versorgungszentren und Teleportal-Kliniken

Eine der Schwächen unseres Gesundheitssystems ist die sektorale Abschottung der unterschiedlichen Leistungserbringer. Gerade Patienten mit chronischen Erkrankungen haben in unserem Versorgungssystem unter organisatorischen Defiziten, Verzögerungen und Problemen an den Schnittstellen zu leiden. Anstelle eines kontinuierlichen Behandlungsablaufes aus einer Hand müssen viele Patienten eine von Unterbrechungen, Doppelarbeiten, zeitlichen Verzögerungen, Qualitätsschwankungen und hohen Kosten geprägte Behandlungskarriere über sich ergehen lassen.

Medizinische Versorgungszentren sind eine gute Möglichkeit, um die Sektorengrenzen aufzubrechen. Sie stellen im Verbund mit Tele-Portal-Kliniken die konsequente und logische Weiterentwicklung dar: Dadurch kann die gesamte Wertschöpfungskette der ambulanten, teilstationären und stationären Medizin aus einer Hand angeboten werden; die Folge sind erstaunliche Qualitätssteigerungen.

Mittlerweile gibt es etwa 500 Medizinische Versorgungszentren in Deutschland und es kommen immer mehr hinzu. Auch die RHÖN-KLINIKUM AG betreibt bereits acht Medizinische Versorgungszentren. An zahlreichen Standorten planen wir weitere Neugründungen. Mit der Etablierung eines MVZ sichern die Krankenhäuser die Erbringung teilstationärer und ambulanter Leistungen. Somit machen sich Krankenhäuser mit der Errichtung von MVZs fit für die Zukunft.

Meine sehr geehrten Damen und Herren,

vielleicht hat der ein oder andere von Ihnen bereits von unserem Konzept der Tele-Portal-Klinik gehört, welches wir an zwei Klinikstandorten in unserem Konzern in Stolzenau (Niedersachsen) und Dippoldiswalde (Sachsen) verwirklicht haben bzw. sich in der Umsetzung befindet. Worum geht es dabei im Einzelnen?

Die Krankenhausbranche hat seit Jahren mit einem Bettenabbau zu kämpfen, der in ländlichen Regionen zu einer Ausdünnung der Versorgung führt. Gerade in Regionen, die mit einem Bevölkerungsrückgang zu kämpfen haben, stehen Klinikschließungen auf der Tagesordnung, da diese Kliniken nicht mehr rentabel zu betreiben sind. Gegen diese Entwicklung setzen wir die Tele-Portal-Klinik. Tele-Portal ist ein Grundversorgungskrankenhaus, das in eine gestufte Regel-, Schwerpunkt-/Maximalversorgung eingebunden ist. Über diese Abstufung bringt man den Patienten dorthin, wo er kompetent, routiniert und optimal behandelt wird. Tele-Portal organisiert patientenorientierte Prozesse krankenhausübergreifend auf der Basis neuester telematischer – insbesondere teleradiologischer – Anwendungen.

Konkret bedeutet dies, dass man die Kompetenz von hochqualifizierten Spezialisten in den Schwerpunktkrankenhäusern auch in den Tele-Portal-Kliniken in ländlichen Gebieten verfügbar macht. Ganz entscheidend ist dabei die Eingangsdiagnostik: Alle Daten über den Zustand eines Patienten werden dezentral in der Qualität erhoben, wie sie heute an Großkliniken verfügbar sind. Diese Daten werden dann an die Spezialisten im Schwerpunktkrankenhaus weitergeleitet und telemedizinisch ausgewertet. Die qualifizierte Diagnose und Handlungsempfehlung wird durch den Spezialisten erstellt und dann anschließend an den Arzt in der Tele-Portal-Klinik zurück übermittelt. Bei geringem Schweregrad erfolgt die Therapie in der Tele-Portal-Klinik, bei schwierigen Fällen kann eine sofortige Verlegung an das Schwerpunktkrankenhaus erfolgen. Gerade für Patienten in ländlichen Regionen bedeutet die Tele-Portal-Klinik eine wohnortnahe Versorgung mit der Gewissheit, dass jederzeit Spezialisten zur Verfügung stehen.

Elektronische Patientenakte

Hausärzte in Einzelpraxen, Ärzte in den Medizinischen Versorgungszentren und die klassischen Krankenhausärzte benötigen, um ihre Arbeit auszuführen, zahlreiche Informationen über ihre Patienten: Dies sind unter anderem bisherige Untersuchungsergebnisse, Medikamentenunverträglichkeiten und Ähnliches. Diese Informationen liegen oft verstreut in den verschiedenen Systemen der einzelnen Leistungsanbieter vor: Der Überblick ist nur schwer zu behalten, es kommt zu

Medienbrüchen und Informationsverlusten. Eine bestmögliche Behandlung ist, gerade bei Chronikern, schwierig.

Statt bisheriger Insellösungen benötigen wir eine einheitliche IT-Infrastruktur, die eine effiziente Kommunikation zwischen den Teilnehmern im Versorgungsnetzwerk erlaubt. Die medizinisch notwendigen Informationen müssen zeitnah dort sein, wo sie benötigt werden und nicht erst mühsam aus Archiven geholt werden.

Im Kern geht es bei der elektronischen Patientenakte darum, eine hohe Behandlungsqualität sicherzustellen. Die Mitarbeiter beziehungsweise das System erkennen den Patienten und seine Patientengeschichte bei einer Aufnahme sofort wieder – auch wenn er in einem anderen Krankenhaus ohne Unterlagen vorstellig wird. Die Patientenakte ist der virtuelle Begleiter des Patienten auf seinen Wegen durch das Krankenhaus.

Zudem erkennt die Patientenakte als – wenn Sie so wollen – „lernendes System", welche Erkrankungen häufig gemeinsam auftreten. Dadurch wird der Arzt auf mögliche weitere Diagnosen aufmerksam gemacht, was eine höhere diagnostische Qualität zu Folge haben dürfte. Konkret und flapsig gesprochen: Kaufen Sie das Buch X beim Onlinebuchhändler Amazon, werden Sie als Systemnutzer darauf aufmerksam gemacht, wie viel Prozent der Kunden ebenfalls das Buch Y erworben haben. Dieses Prinzip lässt sich auch bei Krankheiten nutzen: Wenn bei Ihnen das medizinische Problem X auftaucht, weist das System darauf hin, dass bei solchen Erkrankungen zum Beispiel 30% der Patienten auch das Problem Y haben könnten.

Damit Patienten und Ärzte die Vorteile vernetzter Kommunikationsstrukturen schon heute nutzen können, hat die RHÖN-KLINIKUM AG bereits zum Jahresanfang 2006 in zwei Konzern-Kliniken das erste Pilotprojekt mit der elektronischen Patientenakte auf den Weg gebracht. Nach Abschluss der Pilotphase werden wir die elektronische Patientenakte konzernweit einsetzen.

Ich möchte zur abschließenden Frage vier kommen.

4. Wer finanziert das Ganze eigentlich?

Die Finanzierung der Krankenhäuser in Deutschland ist im Grundsatz zweigeteilt, deswegen nennt man dies auch duale Finanzierung. Die Betriebskosten werden von den gesetzlichen Krankenkassen und den privaten Krankenversicherungen getragen. Die Investitionskosten werden von den Ländern getragen.

Lassen Sie mich zunächst auf die künftige Finanzierung der Betriebskosten eingehen. Wenn wir auch in Zukunft gedeckelte Krankenhausbudgets haben – die aktuelle Gesundheitsreform zeigt in diese Richtung – die Nachfrage aber weiter wächst, dann benötigen wir neue Finanzierungsquellen. Die Alternative wären Wartelisten, so wie wir sie in anderen Ländern sehen. Einen Ansatz zur Lösung dieser Finanzierungsproblematik möchte ich Ihnen vorstellen.

Bisher ist es so, dass alle Versicherten in der GKV gemeinsam für alle GKV-Patienten bezahlen. Ob dabei im Einzelfall auch unnötige Leistungen in Anspruch genommen werden, kann kaum jemand beurteilen. Indem man – sozial gestaffelte Eigenbeteiligungen – einführt, stärkt man die Eigenverantwortung der Patienten.

Der Grundgedanke liegt darin, dass Patienten in Abhängigkeit Ihres Einkommens und Vermögens einen bestimmten Teil der Behandlungskosten selbst übernehmen – Ökonomen sprechen vom „gleichen relativen Opfer": Wer über ein hohes Einkommen verfügt, trägt einen größeren Anteil; Geringverdienende entsprechend weniger. Wenn ein Geringverdiener dann beispielsweise 50 Euro für eine Behandlung selbst zahlen muss oder ein Gutverdiener 500 Euro, dann passiert folgendes: Die Patienten beginnen sich in viel stärkerem Maße als vielleicht heute dafür zu interessieren, dass Sie bei einem Anbieter behandelt werden, der erstens eine hohe Qualität liefert und zweitens auch noch preiswert ist.

Eine höhere unmittelbarere Inanspruchnahme der Patienten fördert demnach die Konsumentensouveränität und dient dem Wettbewerb und der Qualität. Durch die Einführung einer sozial gestaffelten Eigenbeteiligung werden zusätzliche Kaufkraft und eine umfangreiche Nachfrage freigesetzt, die ein nachhaltiges Wirtschaftswachstum befördern. Vorhandene Zahlungsbereitschaften ließen sich zudem zur Finanzierung von Innovationen außerhalb des Leistungskatalogs in der Krankenversicherung nutzen – so wie wir es mit dem Modell GKV Plus bereits gedanklich vorgezeichnet haben.

Der aktuelle Gesetzentwurf zum GKV-Wettbewerbsstärkungsgesetz enthält unter anderem Vorschläge zur Einführung von Wahltarifen in der GKV mit unterschiedlichen Selbstbehalten. Insofern kann man damit rechnen, dass Eigenbeteiligungen – wie bereits heute in der privaten Krankenversicherung – auch bei den gesetzlich Versicherten künftig möglich werden.

Meine Damen und Herren,

ich möchte nun zur Investitionsfinanzierung kommen: Damit Krankenhäuser attraktive Leistungspakete vorweisen können, müssen sie kontinuierlich in Vorleistung treten – Innovationen und Investitionen in Gebäude und Geräte müssen immer wieder auf Neue vorfinanziert werden. Wer heute denkt, er hätte es geschafft, fällt automatisch im Rennen um die nächste Generation von Patienten zurück. Es reicht eben nicht aus, einmalig zu investieren – dies ist ein Irrtum. Wenn ein Krankenhaus langfristig überleben will, braucht es dauerhaft die Fähigkeit,

Kapital zu generieren, um so einen sich selbst verstärkenden Investitionskreislauf in Gang zu setzen.

Wenn man als Krankenhaus Kapital benötigt, dann will der Kapitalgeber üblicherweise eine Gegenleistung dafür erhalten. Sofern ein Krankenhausbetreiber – wie in der Vergangenheit üblich – sich an den Staat und die Politik hält, muss er Mitsprache- und Entscheidungsrechte dieser Kapitalgeber hinnehmen. Wozu dies geführt hat, erkennen Sie an dem Zustand der öffentlichen Krankenhäuser in Deutschland.

Eine Alternative zur Inanspruchnahme öffentlicher Fördermittel stellt die Aufnahme von Eigenkapital an der Börse dar. Als Gegenleistung verlangen die Kapitalgeber eine sichere und anständige Verzinsung ihres eingesetzten Kapitals. Mit einer Börsennotierung, wie bei der RHÖN-KLINIKUM AG, kann man zudem recht einfach weiteres Eigen- oder Fremdkapital aufnehmen, als dies zum Beispiel bei öffentlichen Krankenhäusern der Fall sein dürfte. Effiziente Krankenhausprozesse werden somit zu einer Bedingung für die Bereitstellung von Kapital.

Ich habe heute bereits die duale Finanzierung der Krankenhäuser angesprochen. Die Investitionskosten sollen durch staatliche Fördermittel der Bundesländer finanziert werden. Das aber geschieht nicht oder nicht mehr. Wieso es sich lohnt, auf staatliche Fördermittel zu verzichten und stattdessen diese vollständig bzw. teilweise aus Eigenmitteln zu finanzieren (monistische bzw. teilmonistische Investitionsfinanzierung), möchte ich kurz darstellen.

Die Inanspruchnahme staatlicher Fördermittel bedeutet in der Regel, dass der Investor an das umständliche öffentliche Ausschreibungswesen gebunden ist. Indem man auf öffentliche Fördermittel verzichtet, sinken die Baukosten, die sonst durch teure und ineffiziente Ausschreibungen höher wären. Mit unserem Investitions-Know-how können wir patientenorientierte Ablaufstrukturen realisieren, die die künftigen Betriebskosten eines Krankenhauses reduzieren. Schließlich lassen sich durch eine hochwertige Geräteausstattung Fallzahlsteigerungen und damit Kostendegression durch die Vermeidung von Leerkosten erreichen.

Die RHÖN-KLINIKUM AG hat deshalb in den vielen Fällen darauf verzichtet, öffentliche Fördermittel einzusetzen und stattdessen auf das Kapital seiner Aktionäre zurückgegriffen. Es dürfte keinen zweiten Krankenhausbetreiber wie die RHÖN-KLINIKUM AG in Deutschland geben, der den Staat durch den Verzicht auf öffentliche Fördermittel so konsequent entlastet hat. Als wir vor fast 15 Jahren in Meiningen erstmals einen Krankenhausneubau ohne öffentliche Fördermittel errichten wollten, mussten wir zunächst prozessieren, damit es erlaubt war, keine Fördermittel einzusetzen.

Mittlerweile hat sich unser Konzept herumgesprochen und ist akzeptiert. Denn mit der monistischen Investitionsfinanzierung entlasten wir den Staat von seinen finanziellen Verpflichtungen; gleichzeitig steigt die Effizienz der Krankenversorgung. In der Zukunft dürfte daher der Anteil der monistischen bzw. teilmonistischen Investitionsfinanzierung im Vergleich zu heute zunehmen.

Fazit

Meine sehr geehrten Damen und Herren,

wir müssen die Krankenversorgung als einen wertvollen und wertschöpfenden Prozess verstehen, der aus zahlreichen Wertschöpfungsstufen besteht. Damit das Ziel – die Verbesserung des Gesundheitszustands des Patienten – bestmöglich erreicht wird, müssen vor- und nachgelagerte Wertschöpfungsstufen miteinander an einem Strang ziehen. Dies ist am leichtesten zu gewährleisten, wenn die komplette Behandlungskette aus einer Hand angeboten wird. Deshalb werden sich Medizinische Versorgungszentren und Tele-Portal-Kliniken durchsetzen, weil sie auf intelligente Art und Weise die Sektorengrenzen überwinden.

Die künftige Krankenhauslandschaft wird aus Einrichtungen bestehen, die untereinander vernetzt sind; als Beispiel dafür habe ich die elektronische Patientenakte beschrieben. Und es wird mehr Klinikketten geben als heute – allein agierende Kliniken werden es schwer haben. Der Wettbewerb wird dafür sorgen, dass nur gut geführte Krankenhäuser überleben werden. Wer nicht auf die Bedürfnisse seiner Patienten eingeht, wird nicht bestehen.

Wir werden auch weiterhin eine plurale Trägerstruktur aus öffentlichen, freigemeinnützigen und privaten Krankenhausträgern in Deutschland sehen.

Ich danke für Ihre Aufmerksamkeit und freue mich auf die anschließende Diskussion mit Ihnen.

Kassenspezifische Positivlisten als Vertragsgrundlage in der GKV-Arzneimittelversorgung

Dieter Cassel

1. Arzneimittelversorgung in der Regulierungsfalle

Wie in kaum einem anderen Markt, greift der Staat im Arzneimittelmarkt durch eine Fülle von Gesetzen und Verordnungen ordnend, planend und steuernd ein. Vom ersten Forschungsschritt über die Zulassung und Vermarktung eines Arzneimittels bis hin zur Beseitigung nicht mehr verwendungsfähiger Präparate gibt es kaum etwas, das nicht auf diese Weise erheblich reguliert ist (Friske 2003; Cassel 2004; Schwabe et al. 2006). Dies wohl deshalb, weil die Arzneimittelproduktion und -distribution im Fokus gewichtiger Ziele der Verbraucherschutz- und Gesundheitspolitik, aber auch der Forschungs- und Industriepolitik stehen, und diese Tatsache für sich genommen schon einen umfänglichen Regulierungsbedarf zu begründen scheint. Hinzu kommt, dass vielfach in der Politik die Meinung vorherrscht, diese wählersensiblen Ziele könnten nur oder zumindest besser mit Regulierungen erreicht werden, als mit dem in anderen Wirtschaftsbereichen bewährten markt- und wettbewerblichen Selbststeuerungsmechanismus.

Sieht man von den drei weltweit zur Gewährleistung der Arzneimittelsicherheit praktizierten Hürden bei der Zulassung von Medikamenten ab (Nachweis von Qualität, Unbedenklichkeit und Wirksamkeit; Cassel/Müller/Sundmacher 2007), beziehen sich die gesundheitspolitisch motivierten Regulierungen vor allem auf den Erstattungsumfang, den Erstattungspreis, die verordnete Menge und die therapeutische Qualität von Arzneimitteln im Rahmen sozialer Krankenversicherungssysteme. Dabei können die jeweiligen Regulierungen auf unterschiedlichen Wirkungsebenen angesiedelt sein: Auf der Makroebene zielen sie auf die Gesamtheit aller Akteure und Indikationen, auf der Mesoebene auf einzelne Kollektive von Akteuren – wie Verbände, Arzt- und Patientengruppen – sowie einzelne Indikationsgebiete und auf der Mikroebene auf den einzelnen Arzt, Apotheker, Arzneimittelhersteller sowie die einzelnen Medikamente oder Medikamentengruppen – wie Originalpräparate, Analoga oder Generika. Hieraus ergeben sich in Abhängigkeit vom jeweils realisierten Gesundheitssystem und der vorherrschenden ordnungspolitischen Ausrichtung von Land zu Land recht unterschiedliche Regulierungssysteme für die nationalen Arzneimittelmärkte (Greß/Niebuhr/Wasem 2005; IGES/Cassel/Wille/WIdO 2006, Teil 1).

In Deutschland besteht ein vergleichsweise recht umfangreiches und komplexes Regulierungsspektrum (Abbildung 1). Von der Vielzahl der Instrumente dienen allein 16 ausschließlich oder überwiegend der Ausgabendämpfung im GKV-Arzneimittelmarkt. Allein seit 2003 kamen durch das GKV-Modernisierungsgesetz (GMG) und das Arzneimittelversorgungs-Wirtschaftlichkeitsgesetz (AVWG) mit der Aut-idem-Regelung, der Einschränkung der Verordnungsfähigkeit bestimmter Arzneimittel, der Nutzenbewertung, der Bonus/Malus-Regelung für Ärzte und dem Verbot von Naturalrabatten an Apotheken fünf neue Instrumente hinzu. Und auch das derzeit vor der Verabschiedung stehende GKV-Wettbewerbsstärkungsgesetz (GKV-WSG) wird mit dem auf 500 Mio. Euro dotierten „Strafrabatt" der Apotheken, die auf die Integrierte Versorgung beschränkten Rabattverträge, Kosten-Nutzen-Bewertungen als Erstattungshürde, Verordnungen mit verpflichtender Zweitmeinung und einiges andere mehr weitere Regulierungen bringen, ohne dass darin ein klares ordnungspolitisches Handlungskonzept erkennbar wäre. Die neuen Vorschriften schärfen oder substituieren nicht etwa vorhandene Regulierungsinstrumente, sondern erweitern als „Add-on"-Regulierungen das ohnehin schon breite Spektrum. Dadurch vergrößert sich das Potenzial der Fehlsteuerung auf dem Arzneimittelmarkt und wächst die Gefahr, dass weder die gesundheits- noch die industriepolitischen Ziele erreicht werden.

Warum die Große Koalition aus CDU, CSU und SPD, die sich in ihrer Koalitionsvereinbarung vom 11. November 2005 zu einer „wettbewerblichen und freiheitlichen Ausrichtung des Gesundheitswesens" bekannt hat, im Arzneimittelbereich mit dem AVWG und GKV-WSG unbeirrt auf dem bisher nicht sonderlich erfolgreichen regulatorischen Weg voranschreitet, statt sich auf eine stimmige Wettbewerbsordnung für den Arzneimittelmarkt zu verständigen, ist schwer verständlich. Zu vermuten ist, dass Gesundheitspolitiker wie die meisten Sozialpolitiker ein abgrundtiefes Misstrauen in die Funktionsweise von Markt und Wettbewerb haben. Dieses Misstrauen wird ebenso häufig wie fälschlich mit „Besonderheiten" des Arzneimittelmarktes und – daraus resultierend – mit angeblichem „Marktversagen" begründet: Arzneimittel seien besondere Güter, an die hohe Ansprüche hinsichtlich Wirksamkeit, Qualität und Unbedenklichkeit zu stellen seien, die forschende Pharmaindustrie unterliege keinem Preiswettbewerb, weil sie bei Arzneimittelinnovationen über eine zumindest temporäre Monopolstellung verfüge, und schließlich sei der Innovationswettbewerb unter den forschenden Arzneimittelherstellern ineffizient, weil zu häufig nur Analogpräparate bzw. Me-toos ohne therapeutischen Fortschritt, aber zu ungerechtfertigt hohen Preisen in den Markt gedrückt würden. Diese Sachverhalte mögen tendenziell zutreffen, taugen aber überwiegend nicht zur Begründung immer weitergehender Regulierungen des Arzneimittelmarktes.

Abbildung 1: Ansatzpunkte und Wirkungsebenen der Regulierungsinstrumente der GKV-Arzneimittelversorgung

Ansatzpunkte Wirkungsebenen	Ausgaben (Preise und Mengen)	Ausgaben und therapeutische Qualität	Wirksamkeit und therapeutische Qualität
Makroebene: gesamter GKV-Arzneimittelmarkt, alle Kassen bzw. Leistungserbringer	• Arzneimittelvereinbarungen • Importförderung • Preissenkungen und temporärer Preisstopp • Festlegung von Preisspannen für Apotheken und Großhandel • Zwangsrabattierung • Verbot von Naturalrabatten	• Zielvereinbarungen • GKV-Negativliste	• Nutzenbewertung des Gemeinsamen Bundesausschusses (G-BA)
Mesoebene: Gruppen von Ärzten und Patienten, Kassenarten, einzelne Indikationsgebiete, Arzneimittelgruppen	• Arztgruppenspezifische Richtgrößen • Festbeträge • Bonus-Regelung für Ärzte		• Arzneimittelrichtlinien • Einschränkung der Verordnungsfähigkeit auf einen Teil der Patienten oder Indikationsgebiete
Mikroebene: einzelne Produkte, Patienten, Ärzte, Hersteller	• Aut-idem-Regelung • Preisvergleichsliste • Bonuszahlungen an Ärzte • Malus-Regelung für Ärzte • Wirtschaftlichkeitsprüfung		• Nutzenbewertung der Ärzte

Quelle: IGES/Cassel/Wille/WIdO 2006, S. 393

Sicherlich kann in der Arzneimittelversorgung nicht gänzlich auf Regulierungen verzichtet werden (Danzon/Keuffel 2005). Der zwingende Nachweis von Wirksamkeit, Qualität und Unbedenklichkeit von Arzneimitteln bei ihrer Zulassung ist z. B. institutionenökonomisch gut begründbar und dementsprechend zweckmäßig. Die Nutzen-Kosten-Bewertung als so genannte „vierte Hürde" ist es dagegen nicht und kann deshalb dem wettbewerblichen Entscheidungsprozess überlassen werden. Dies gilt grundsätzlich auch für die Steuerung der Arzneimittelausgaben bzw. -kosten. Diesbezüglich wird meist übersehen, dass die Notwendigkeit der auf Ausgabendämpfung zielenden Regulierungen nicht aus einem generellen Versagen des Arzneimittelmarktes resultiert, sondern aus der speziell in der GKV angelegten „solidarischen Finanzierung" einerseits und der weitgehenden „Vollversicherung" andererseits. Sehen sich nämlich die Versicherten bzw. Patienten nicht gezwungen, für die nachgefragten oder empfangenen Gesundheitsleistungen ihre individuelle Zahlungsbereitschaft zu offenbaren, haben weder sie noch die Leistungserbringer Anreize zu effizientem Handeln. Daraus folgt zwangsläufig eine immanente Tendenz zur Überversorgung. Den Gegenbeweis dazu stellt der Bereich der Selbstmedikation dar, wo der wettbewerbliche Steuerungsmechanismus offensichtlich gut funktioniert. Man muss also sehr genau unterscheiden zwischen einem ordnungsökonomisch generell begründbaren Regulierungsbedarf und vermeintlichen Regulierungszwängen, die sich als Folge eines politisch gewollten regulatorischen Systems wie der GKV ergeben.

Deshalb lässt sich die anhaltende „Regulierungswut" der Gesundheitspolitik zur Ausgabendämpfung bei Arzneimitteln durchaus als Konsequenz eines nicht wettbewerblich, sondern überwiegend staatlich-administrativ gesteuerten GKV-Systems deuten. Denn staatliche Interventionen in den Preisbildungsprozess auf der Hersteller- und Vertriebsebene von Medikamenten, Verhaltensvorschriften bei der Verschreibung von Arzneimitteln, Zwangsrabattierung, Verbot von Naturalrabatten, Dispensierungsrichtlinien usw. sind ja nur der ärmliche und letztlich erfolglose Versuch, den im Leistungsbereich der GKV gesundheitspolitisch nicht gewollten Wettbewerbsmechanismus durch administrative Steuerung zu ersetzen. Dadurch entsteht jedoch die Gefahr, dass die gesetzten gesundheitspolitischen Ziele nicht erreicht werden. In dieser Situation erliegt die Politik dann dem Versuch, den unerwünschten Folgen der vorangegangenen Regulierungen durch ein weiteres Drehen an der Regulierungsschraube zu begegnen. Hierdurch nehmen jedoch erfahrungsgemäß die Inkonsistenzen der administrativen Steuerung weiter zu, und das System treibt zwangsläufig in ein nicht mehr zu beherrschendes Steuerungschaos. Diesem Horrorszenario scheinen wir mit der bevorstehenden neuerlichen „Reform" des Gesundheitswesens durch das GKV-WSG ein gutes Stück näher zu kommen (z. B. Breyer et al. 2006).

2. Reformoption Vertragswettbewerb

Die Gesundheitspolitik kann dem regulatorischen Teufelskreis nur entrinnen, wenn sie sich eindeutig für die Option „mehr Markt und Wettbewerb" im Leistungsbereich der GKV entscheidet. Die Tragik der „Solidarischen Wettbewerbsordnung", die mit der Kassenwahlfreigabe und dem Risikostrukturausgleich im GSG von 1993 erste vielversprechende Konturen angenommen hatte, besteht ja darin, dass der inzwischen recht intensive Kassenwettbewerb nur sehr begrenzt qualitäts- und effizienzsteigernd auf den Leistungsbereich durchschlagen kann (Cassel et al. 2006a, S. 36 ff.). Dies deshalb, weil nach wie vor fast alles und jedes in wettbewerbswidriger Weise „einheitlich und gemeinsam" zwischen den Verbänden der Kassen und Leistungserbringer vereinbart werden muss oder – wie neuerdings die „hausarztzentrierte Versorgung" – vom Gesetzgeber vorgeschrieben wird (Cassel et al. 2006b, S. 43). Es ist schon impertinent, wenn manche Gesundheitspolitiker das Voranschreiten auf der schiefen Regulierungsbahn damit begründen, dass über 10 Jahre Kassenwettbewerb außer Mitgliederwanderungen nichts gebracht hätten, obwohl sie doch selbst gegen jeden Rat der Gesundheitsökonomen (z. B. Wille 2000; Ebsen et al. 2003; Jacobs/Schulze 2004) immer wieder verhindert haben, dass Kassen und Leistungserbringer durchgehend selektive Verträge zur Gestaltung des Leistungsgeschehens schließen können. Damit wäre die Steuerung auf dem Leistungsmarkt dem Wettbewerb überantwortet worden und der Wettbewerb innerhalb des GKV-Systems insgesamt sehr wohl effizient gewesen. Man kann nicht gut dem Wettbewerb funktionelles Versagen vorwerfen, wenn man nicht die Voraussetzung dafür schafft, dass er überhaupt entstehen und funktionieren kann.

Eine stärkere Wettbewerbsorientierung bei der Steuerung des GKV-Systems – und damit auch der GKV-Arzneimittelversorgung – setzt freilich voraus, dass im Leistungsbereich an die Stelle der vom Sozialgesetzgeber erlassenen oder von den Verbänden durch gemeinsames und einheitliches Handeln verfügten Verbote, Gebote und Richtlinien auf der Makroebene sowie durch korporative Vereinbarungen zustande kommende Verhaltensregeln auf der Mesoebene möglichst weitgehend Vertragsverhandlungen zwischen einzelnen Kassen und Leistungserbringern auf der Mikroebene treten (Abbildung 2). Dieses „selektive Kontrahieren" einzelner Akteure auf dem Leistungsmarkt wird aber nur dann funktional sein, wenn dafür auch geeignete Instrumentvariablen – d. h. „Wettbewerbsparameter" – zur Verfügung stehen und wettbewerbswidriges Verhalten der Marktakteure wettbewerbsrechtlich ausgeschlossen wird. Dazu bedarf es einer auf die Besonderheiten des GKV-Systems und des Arzneimittelmarktes abgestimmten Wettbewerbsordnung, die der Sozialgesetzgeber vorzugeben hat. Der unter diesen Voraussetzungen zwischen Kassen, Arzneimittelherstellern, Apotheken und Patienten um Leistungsverträge entstehende „Vertragswettbewerb" macht eine über die wettbewerbspolitische Rahmensetzung hinausgehende Detailregulierung überflüssig.

So wurde in einem Gutachten für das Bundesministerium für Gesundheit (BMG) aus dem Jahr 2006, an dem auch der Autor dieses Beitrages beteiligt war (IGES/Cassel/Wille/WIdO 2006, Teil 3), ein Konzept für eine vertragswettbewerbliche Steuerung der Arzneimittelversorgung auf der Hersteller- und Distributionsebene vorgeschlagen, das nicht weniger als 18 der bisher praktizierten Regulierungsinstrumente entbehrlich macht und Arzneimittelhersteller und Apotheker in einen geregelten, gleichwohl intensiven Preis- und Qualitätswettbewerb entlässt. Dazu wären nur wenige neue, mit dem gewachsenen GKV-System kompatible Erstattungs- und Preisbildungsregeln beim Ausbieten, Verordnen und Abgeben von Arzneimitteln erforderlich. Diese ließen sich zudem aus einigen der bereits praktizierten Regulierungen des Sozialgesetzbuches und der Arzneimittelpreisverordnung entwickeln, so dass es keiner „revolutionären" Veränderung

Abbildung 2: Der Weg zu mehr Wettbewerb im Leistungsgeschehen der GKV

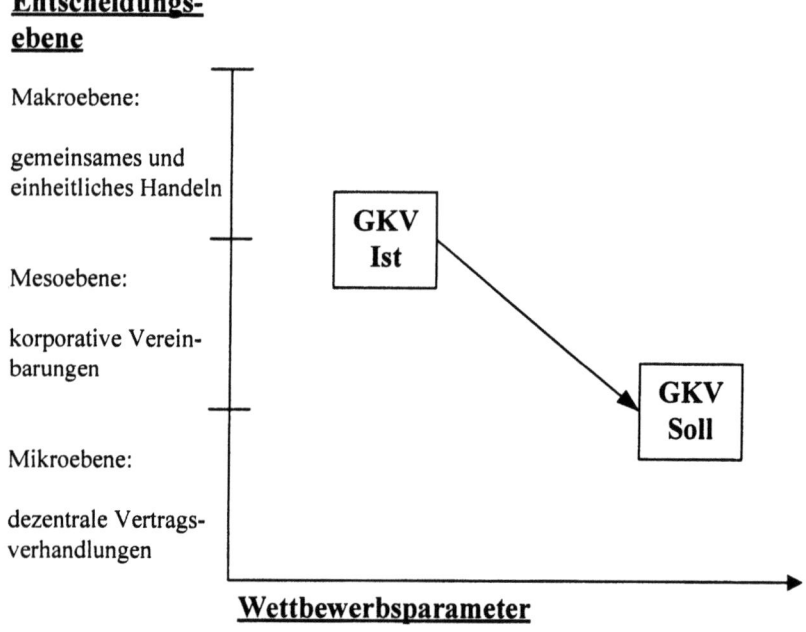

Quelle: IGES/Cassel/Wille/WIdO 2006, S. 408.

des GKV-Systems – wie etwa der vollständigen Ablösung der Kollektivvereinbarungen durch selektives Kontrahieren – bedürfte. Reformpolitisch könnte somit unter Wahrung der konstitutiven GKV-Prinzipien eine Wettbewerbsordnung für den Arzneimittelmarkt geschaffen werden, die durch relativ einfache, klare und justitiable Verhaltensregeln geprägt wäre: Sie würde die Transparenz in der Arzneimittelversorgung erhöhen, den administrativen Aufwand verringern und – gesundheitspolitisch am wichtigsten – alle Akteure auf dem Arzneimittelmarkt endlich unter einen effizienz- und qualitätsfördernden Leistungsdruck zum Wohle der Patienten und Versicherten setzen.

3. Kernelemente des vertragswettbewerblichen Reformkonzepts

Soll die GKV-Arzneimittelversorgung stärker als bisher vertragswettbewerblich gesteuert werden, sind gleichwohl Regulierungen auf der Makro- und Mesoebene erforderlich, um einen für alle Akteure verbindlichen, GKV-einheitlichen Rechtsrahmen zu setzen. Er ist so anzulegen, dass er nicht selbst zum Gegenstand einzelvertraglicher Gestaltung werden kann, sondern vielmehr die individuellen Handlungsspielräume verlässlich und justitiabel absteckt. Außerdem muss er sich sowohl auf die Hersteller-, als auch auf die Vertriebsebene der GKV-Arzneimittelversorgung erstrecken, um alle Akteure – Kassen, Arzneimittelindustrie, Apotheken, Großhandel, Ärzte und Patienten – in das vertragswettbewerbliche Beziehungsgeflecht einzubinden und einen den gesamten GKV-Arzneimittelmarkt umfassenden, konsistenten Selbststeuerungsmechanismus etablieren zu können.

Der Themenstellung dieses Beitrages entsprechend, steht nachfolgend die wettbewerbliche Gestaltung von Preisbildungs- und Erstattungsregeln auf der Herstellerebene im Vordergrund.[1] Kernelemente einer Wettbewerbsordnung für diese Ebene der Arzneimittelversorgung sind die GKV-einheitliche Negativliste als Erstattungsrahmen, die kassenspezifischen Positivlisten als vertragswettbewerbliches Aktionsfeld und die GKV-einheitlichen Arzneimittelvergleichsgruppen als notwendige Funktionsbedingung des intendierten Preis-, Qualitäts- und Innovationswettbewerbs.

GKV-Negativliste

Konstitutiv für eine Pflichtversicherung wie die GKV ist der für alle Versicherten einheitliche (Pflicht-)Leistungskatalog (§§ 11 ff. SGB V). Er enthält die Leistungen, die alle Kassen gewähren und solidarisch finanzieren müssen, und auf die al-

---

1 Diesbezüglich wird das reformpolitische Konzept des BMG-Gutachtens von IGES/ Cassel/Wille/WIdO 2006, S. 409-432 zusammenfassend wiedergegeben. Zur Reform der Steuerung auf der Vertriebsebene siehe ebenda, S. 432-437.

le GKV-Versicherten einen Rechtsanspruch haben. Ausgehend vom Status quo (§ 31 SGB V) gehören dazu alle apothekenpflichtigen Arzneimittel, soweit sie nicht explizit von der Verordnungs- bzw. Erstattungsfähigkeit ausgeschlossen sind. Die nach § 34 SGB V oder durch Richtlinien nach § 92 (1) Satz 2 Nr. 6 SGB V ausgeschlossenen Arzneimittel bilden die „GKV-Negativliste".

Die GKV-Negativliste ist der gesundheitspolitische Handlungsparameter des Sozialgesetzgebers, um den Leistungsumfang der GKV zu steuern. Sie kann Arzneimittel bzw. Wirkstoffe und Wirkstoffkombinationen enthalten, die nach unterschiedlichen Kriterien von der Erstattung ausgeschlossen sind, nämlich

- erstens unter „fiskalischen" Aspekten (z. B. Medikamente zur Behandlung von Bagatellkrankheiten, Lifestyle- bzw. Wellness-Präparate oder nicht verschreibungspflichtige Arzneimittel) oder
- zweitens unter „medizinisch-pharmakologischen" Aspekten (z. B. hinsichtlich ihrer Wirksamkeit umstrittene Wirkstoffe oder unzweckmäßige Wirkstoffkombinationen).

Mit der ersten Gruppe wird unmittelbar eine fiskalisch motivierte Steuerung der Arzneimittelausgaben beabsichtigt, mit der zweiten eine Steuerung der Qualität der solidarisch finanzierten Arzneimittelversorgung, gegebenenfalls mit Einspareffekten als erwünschter Nebenwirkung.

Die Aufnahme von Arzneimitteln in die GKV-Negativliste sollte wie bisher per Gesetz durch den Gesetzgeber oder per Rechtsverordnung durch das Bundesministerium für Gesundheit erfolgen und ist in der politischen und gesellschaftlichen Diskussion demokratisch zu legitimieren. Soweit es um die medizinisch-pharmakologische Beurteilung nach Kriterien des therapeutischen Nutzens bzw. der therapeutischen Zweckmäßigkeit geht, sollte sich der Gesetz- bzw. Verordnungsgeber auf Empfehlungen eines Bewertungsausschusses stützen („Bewertungsausschuss – BewA"). Abweichend vom korporatistisch gebildeten „Gemeinsamen Bundesausschuss" (G-BA; § 91 SGB V) sollte der BewA ausschließlich aus Sachverständigen bestehen, die in der Arzneimittelversorgung ausgewiesen sind und aus allen relevanten Bereichen wie Forschung, Industrie, Ärzteschaft und Krankenkassen stammen. Als neutrale Bewertungsinstanz soll der BewA ein transparentes und ergebnisoffenes Bewertungsverfahren gewährleisten, indem er nach international wissenschaftlich anerkannten, eindeutigen Bewertungsansätzen, -methoden und -kriterien vorgeht. Damit würde der BewA eher Gewähr für eine objektive Beratung des Gesetz- bzw. Verordnungsgebers bieten als der G-BA, in dem mit den Verbänden der Krankenkassen und ärztlichen Leistungserbringer auch organisierte Interessen mitwirken, die gegebenenfalls ihre gruppenspezifischen Ziele zu Lasten Dritter verfolgen können.

Alle Präparate, die nicht auf der GKV-Negativliste stehen, sollten wie bisher nach Überwindung der drei Zulassungshürden (Wirksamkeit, Qualität und Unbedenklichkeit) ohne Weiteres zu Lasten der GKV verordnungs- bzw. erstattungsfähig sein. Dies würde unabhängig davon gelten, ob es sich um patentgeschützte Original- oder Analogpräparate oder Generika handelt. Arzneimittelinnovationen wären also mit ihrer Erstzulassung unabhängig von ihrem jeweiligen Innovationsgrad für die betreffende Indikation bzw. Patientensubgruppe von Anfang an ohne weitere Nutzenbewertung erstattungsfähig. Selbstverständlich sollte dies auch für alle neu ausgebrachten Arzneimittelimitationen wie Generika und rein imitative Analoga (so genannte „Me-too-Präparate") gelten. Der Erstattungsumfang der einzelnen Präparate wird dann auf der Ebene der Kassen und Leistungserbringer durch die Bildung kassenspezifischer Positivlisten geregelt.

Kassenspezifische Positivlisten

Die Krankenkassen sind als Sachwalter („Agenten") der Interessen ihrer Versicherten („Prinzipale") verpflichtet, deren Versorgung mit Arzneimitteln im Krankheitsfall sicherzustellen. Diese muss sich im Rahmen der durch die Negativliste abgegrenzten Erstattungsfähigkeit (gem. § 34 SGB V) halten und dem Wirtschaftlichkeitsgebot (gem. § 12 SGB V) genügen, d. h. die Arzneimittelverordnungen müssen im Einzelfall ausreichend, zweckmäßig und wirtschaftlich sein und dürfen das Maß des Notwendigen nicht überschreiten. Um diesen Leistungsanspruch ihrer Versicherten zu erfüllen, stellt nach unserem Reformkonzept jede Kasse für sich eine spezifische Arzneimittel-Positivliste zusammen, die diejenigen erstattungsfähigen Arzneimittel enthält, die zu ihren Lasten verordnet werden können („Kassenindividuelle Positivliste – KIP").

Die KIP müssen so zusammengestellt sein, dass sie den vom Gesetzgeber vorgegebenen Leistungsumfang nicht unterschreiten. Die Kassen haben insbesondere zu gewährleisten, dass Therapiemöglichkeiten nicht unangemessen eingeschränkt werden und medizinisch notwendige Verordnungsalternativen verfügbar sind (vgl. § 35 (1) 3. SGB V). Hierüber hat das BMG bzw. der von ihm beauftragte BewA zu wachen. Überdies wird der Kassenwettbewerb bewirken, dass die Kassen im Interesse der Wettbewerbsfähigkeit ihre KIP sachgemäß und zur Zufriedenheit ihrer Versicherten zusammenstellen; denn jedes diesbezügliche Fehlverhalten einer Kasse würde zur Abwanderung von Versicherten führen und ihre wirtschaftliche Existenz bedrohen. Die Möglichkeit der Versicherten, kurzfristig ihre Kasse zu wechseln (§ 175 (4) SGB V), dürfte wettbewerblich in hinreichendem Maße gewährleisten, dass die KIP einer Kasse im gegebenen rechtlichen Rahmen den Bedürfnissen und der Zahlungsbereitschaft ihrer Versicherten entspricht.

Arzneimittel-Positivlisten können grundsätzlich offen („Open Formulary") oder geschlossen sein („Closed Formulary"; Cassel/Friske 1999, S. 199 f.). Geschlossene Positivlisten sind für Ärzte und Patienten verbindlich, wenn Arzneimittel zu Lasten der Kasse verschrieben werden sollen, offene Positivlisten haben dagegen nur empfehlenden Charakter und bieten vergleichsweise ein höheres Maß an Therapiefreiheit. Obwohl in den USA mehr als zwei Drittel aller versicherungsindividuellen Arzneimittel-Positivlisten offen sind, beträgt der Anteil der listenkonformen Verschreibungen über 90 % (Friske 2003, S. 208). Dies spricht dafür, es den Kassen zu überlassen, ob sie ihre KIP offen oder geschlossen gestalten und wie sie hinsichtlich der Erstattung verfahren, falls nicht listenkonform verordnet wird. Die formelle Gestaltung der KIP dürfte jedenfalls zu einem wichtigen Wettbewerbsparameter der Kassen werden und den Kassenwettbewerb in wünschenswerter Weise verstärken.

Dies gilt auch für die Auswahl der in die KIP jeweils aufzunehmenden Arzneimittel; denn einige Kassen könnten sich dazu entschließen, ihren Versicherten alle in der GKV erstattungsfähigen Arzneimittel zur Verfügung zu stellen und im Kassenwettbewerb um neue Mitglieder damit zu werben; andere würden dagegen mit Blick auf einen konkurrenzfähigen Beitragssatz nur jene Arzneimittel auf ihre KIP setzen, die aus ihrer Sicht kosteneffizient bzw. preiswert sind („selektive Positivlisten"). Dabei hat die Kasse zu beachten, dass ihre Verhandlungsmacht gegenüber den Herstellern zur Erzielung von Rabatten auf den Herstellerabgabepreis auch davon abhängt, wie viele der für eine Indikation geeigneten und zugelassenen Präparate sie in ihrer KIP zu berücksichtigen beabsichtigt: Je geringer diese Zahl ist, umso höher ist die „Exklusivität" bzw. der zu erwartende „Umsatz" der in die KIP aufgenommenen Medikamente – und umso größer dürfte folglich auch die Bereitschaft der Hersteller sein, dafür einen entsprechenden Rabatt zu gewähren.

Eine selektive KIP ist unter Wahrung einer hinreichenden Therapiefreiheit allerdings nur dort möglich, wo der Arzneimittelmarkt vergleichbare therapeutische Alternativen bietet. Derartige Alternativen medizinisch-pharmakologisch gesichert zu bestimmen, ist im Generikamarkt – auch unter Berücksichtigung der Bioverfügbarkeit – relativ unproblematisch, bei Analogpräparaten oder Arzneimitteln mit chemisch andersartigen Wirkstoffen bei vergleichbarer Wirkung aber ungleich schwieriger. Die Bestimmung vergleichbarer therapeutischer Alternativen muss aber unumstritten und justiziabel sein und kann daher nicht im Belieben der einzelnen Kasse liegen. Vielmehr bedarf es hierzu zwingend einer weiteren GKV-einheitlichen Regelung durch den Gesetzgeber: der Bildung von Gruppen mit pharmakologisch-therapeutisch vergleichbaren Arzneimitteln („Arzneimittel-Vergleichsgruppen – AVG").

Arzneimittel-Vergleichsgruppen

Im Gegensatz zu den „Festbetragsgruppen" im Rahmen der bestehenden Festbetragsregelung nach §§ 35 und 35a SGB V haben die AVG in unserem Reformkonzept unmittelbar keine preisregulierende Funktion. Sie sollen vielmehr den Kassen indikationsbezogen Wahlmöglichkeiten zur Zusammenstellung ihrer KIP rechtsverbindlich und GKV-einheitlich vorgeben, um Preiswettbewerb auf der Herstellerebene diskriminierungsfrei zu ermöglichen. Eine AVG muss deshalb die für eine bestimmte Indikation bzw. Patientengruppe verfügbaren und erstattungsfähigen Arzneimittel enthalten. Dies kann im Einzelfall bedeuten, dass eine AVG sowohl Arzneimittel mit denselben oder vergleichbaren Wirkstoffen, als auch solche mit nur therapeutisch vergleichbaren Wirkungen enthält. Auch kann es sich um patentgeschützte oder patentfreie Originalpräparate und Analoga oder um Generika handeln – wie auch einzelne Präparate, die für verschiedene Indikationen zugelassen sind, mehreren AVG zugeordnet sein könnten. Der strikte Indikationsbezug der Gruppenbildung setzt somit alle geeigneten medizinisch-pharmakologischen Alternativen bzw. Substitute für eine Indikation dem Wettbewerb um die jeweils effektivste und effizienteste Arzneimitteltherapie aus – und dies unabhängig von ihrem jeweiligen Patentschutz und Innovationsgrad.

Die AVG sind im Auftrag des Verordnungsgebers vom BewA zu bilden, der hierdurch eine weitere wichtige Aufgabe über die Beteiligung an der Bildung der GKV-Negativliste hinaus erhält. Die gebildeten AVG sind alljährlich zu überprüfen, an neue medizinisch-pharmakologische Entwicklungen anzupassen und stichtagsbezogen fortzuschreiben. Welche inhaltlichen und methodischen Entscheidungen der BewA bei der Bildung und Fortschreibung der AVG zu treffen hat, soll nachfolgend am Beispiel der Wirkstoffgruppe der Bisphosphonate zur Behandlung von Defekten der Knochensubstanz bzw. Störungen der Knochenbildung gezeigt werden (Abbildung 3).

Die Wirkstoffgruppe der Bisphosphonate (ATC-Kode M05BA) enthält derzeit sieben Einzelwirkstoffe. Andere Wirkstoffgruppen, die im weiteren Kontext der oben bezeichneten Indikationen zum Einsatz kommen, werden nicht zur Gruppenbildung herangezogen, weil keine von ihnen im einzelnen Fall austauschbar ist. Mit der Begrenzung der Gruppenbildung auf die Bisphosphonate ist damit eine erste Entscheidung getroffen, die insgesamt sieben verschiedenen Einzelwirkstoffe für sich zu betrachten und die AVG nicht unter Einschluss anderer Wirkstoffgruppen oder Teilen davon zu bilden.

Abbildung 3: Indikationsspezifische Arzneimittel-Vergleichsgruppen am Beispiel der Wirkstoffgruppe der Bisphosphonate

ATC	M05BA		AVG 1 Hypercalcämie durch Knochenmetastasen, Osteolyse durch/bei Knochenmetastasen, Senkung der skelettbezogenen morbidität	AVG 2 Morbus Paget	AVG 3 Osteoporose bei Frauen und Männern postmenopausale Osteoporose
	01	Etidronsäure		x	x
	02	Clodronsäure	x		
	03	Pamidronsäure		x	
	04	Alendronsäure			x
	05	Ibandronsäure	x		x
	06	Risedronsäure		x	x
	07	Zoledronsäure	x	x	
Darreichungsform	oral		x	x	x
	i.v.		x	x	
Einnahmefrequenz	einmalig			x	x
	täglich		x	x	x
	wöchentlich			x	x
	monatlich		x		x

Quelle: IGES/Cassel/Wille/WIdO 2006, S. 425.

Im nächsten Schritt werden drei deutlich voneinander unterscheidbare Indikationen identifiziert, die für den Einsatz von Bisphosphonaten relevant sind:
- Behandlung der Folgen von Knochenmetastasen (zu hohe Kalziumkonzentration im Blut),
- Morbus Paget (zu starke Kalkeinlagerungen in bestimmten Knochenbereichen) und
- Osteoporose (Knochenentmineralisierung).

Die Verordnungsmengen bei diesen drei Behandlungsindikationen sind sehr unterschiedlich; sie werden auf ein Verhältnis von 50:1:5000 geschätzt. Das bedeutet, dass die Indikation „Morbus Paget" vor allem im Vergleich zur Indikation „Osteoporose" quantitativ praktisch bedeutungslos ist. Dennoch ist zu berücksichtigen, dass die sieben Einzelwirkstoffe bei den genannten Indikationen nicht in gleicher Weise zur Therapie zugelassen sind. Sie werden für die verschiedenen

Indikationen in der Regel in jeweils anderen Zubereitungen und häufig unter verschiedenen Handelsnamen angeboten. Zusammen mit der Tatsache, dass es sich um sehr unterschiedliche Krankheitsbilder handelt, die auch bei der Entwicklung von Arzneimitteln zu berücksichtigen sind, können in diesem Fall drei verschiedene AVG gebildet werden.

Es ist jedoch zu bedenken, dass in den drei Gruppen zwar ähnliche und klinisch vergleichbare Arzneimittel zusammengefasst sind, dass diese aber nicht gleich sind. Sie können im einzelnen Fall durchaus eine therapeutisch sehr unterschiedliche Relevanz haben. Dies wird deutlich, wenn man die Handhabung der verschiedenen Arzneimittel betrachtet: In zwei von drei Gruppen stehen sowohl orale wie parenterale (i.v.) Darreichungsformen zur Verfügung. Die Anwendungsfrequenz kann sehr unterschiedlich sein und zwischen täglicher und monatlicher Anwendung schwanken. Dies ist von praktischer Bedeutung, weil die orale Einnahme häufig (bei etwa 10 % der Patienten) unangenehme Beschwerden in Speiseröhre, Magen und Darm verursacht und bei Nichteinhaltung der Einnahmevorschriften zu erheblichen unerwünschten Wirkungen führen kann. Obwohl in Bezug auf die klinische Wirkung bei regelgerechter Einnahme keine größeren Unterschiede zwischen den einzelnen Arzneimitteln belegt sind, können die genannten Unterschiede für eine Behandlung dennoch erheblich sein oder subjektiv sehr unterschiedlich bewertet werden.

Für den BewA stellt sich daher die Frage, für wie relevant er diese Unterschiede erachtet. Im vorliegenden Beispiel könnte es gerechtfertigt sein, Untergruppen zu bilden, insbesondere für die quantitativ bedeutsame Gruppe der Wirkstoffe zur Behandlung der Osteoporose. Sie könnten z. B. unterteilt werden in orale und parenterale Formen oder täglich versus weniger häufig anzuwendende Formen. Eine solche weitere Unterteilung muss vor dem Hintergrund gesehen werden, dass in allen drei Gruppen der Abbildung 3 bereits Generika verfügbar sind. Eine weitere Unterteilung würde jedoch dazu führen, dass in einzelnen Gruppen nur patentgeschützte Arzneimittel zur Verfügung stünden und dass teilweise nicht mehr zwischen verschiedenen Wirkstoffen ausgewählt werden könnte. Offensichtlich besteht ein Spannungsverhältnis zwischen dem Grad der Heterogenität der Wirkstoffe in einer AVG, ihrer therapeutischen Substituierbarkeit und der daraus resultierenden Wettbewerbsintensität hinsichtlich der KIP-Listung, das in jedem Einzelfall vom BewA pragmatisch zu lösen ist. Dies gilt nicht zuletzt auch für die gesundheits- und industriepolitisch gleichermaßen wichtige Frage, wie mit Arzneimittelinnovationen bei der AVG-Bildung und -Zuordnung zu verfahren ist.

Umgang mit Arzneimittelinnovationen

Soll die gesamte GKV-Arzneimittelversorgung vertragswettbewerblich gesteuert werden, ist es erforderlich, die AVG quasi flächendeckend über alle Indikationsgebiete zu bilden und die bereits zugelassenen und ausgebotenen Arzneimittel möglichst lückenlos einer oder mehreren AVG zuzuordnen. Damit ist aber noch nicht geklärt, wie mit neu zugelassenen und in Verkehr gebrachten Medikamenten zu verfahren ist. Hierfür ist ebenfalls eine GKV-einheitliche Regelung vorzusehen, weil es für Hersteller, die ein neues Präparat ausbieten, mit Blick auf den Preis- und Rabattwettbewerb nicht unwichtig ist, ob und gegebenenfalls ab welchem Zeitpunkt dieses einer AVG zugeordnet wird oder AVG-frei bleibt – und damit für alle Kassen mit dem Herstellerabgabepreis erstattungspflichtig würde. So könnte ein neu ausgebotenes Generikum ohne Weiteres indikationsbezogen einer oder mehrerer AVG zugeordnet werden – mit der unmittelbaren Folge, dass sein Hersteller nur über die Rabattgewährung an die Kassen eine Chance hätte, auf deren KIP gelistet zu werden und sich damit Absatzpotenziale im Arzneimittelmarkt zu erschließen. Handelt es sich bei dem neu zugelassenen Medikament dagegen um ein völlig neues Therapieprinzip mit erkennbar deutlichem Nutzenzuwachs gegenüber den vorhandenen Präparaten bzw. therapeutischen Alternativen, erscheint es weder gesundheits- noch industriepolitisch vertretbar, dieses Präparat einer oder mehreren AVG zuzuordnen und es damit bereits vom Zeitpunkt der Zulassung an dem Preis- bzw. Rabattwettbewerb in vollem Umfang auszusetzen.

Die anhaltende Diskussion um die Art und Höhe der Erstattung von Arzneimittelinnovationen in der GKV ist durch vielfältige Vorurteile und begriffliche Unschärfen geprägt. Häufig löst schon die Bezeichnung „Innovation" für ein neu in Verkehr gebrachtes – und noch dazu patentgeschütztes Präparat – positive Assoziationen aus. Aus dieser semantischen Perspektive wird dann vielfach gefordert, alle patentierten Arzneimittel unlimitiert durch die GKV zu erstatten. Dagegen zielen die Bezeichnungen „Schrittinnovationen" oder gar „Scheininnovationen" in meist diskriminierender Absicht darauf ab, den therapeutischen Nutzen derartiger Präparate bereits terminologisch zu verneinen bzw. zu marginalisieren und ihre preisliche Erstattungsfähigkeit einzuschränken (Erbsland/Ulrich/Wille 2000; Wille 2004). Umstritten sind dabei insbesondere solche Analogpräparate, die nicht das Resultat von Parallelforschung sind, sondern von den Originalherstellern in der strategischen Absicht entwickelt werden, den ablaufenden Patentschutz des Originals durch ein nur unwesentlich modifiziertes, aber patentgeschütztes Analogpräparat (so genanntes „Me-too-Präparat") quasi zeitlich hinauszuschieben (siehe hierzu Häussler et al. 2002).

Im Bemühen um eine neutralere Sprachregelung wird im Folgenden immer dann von einer „Arzneimittelinnovation" gesprochen, wenn ein neuer Wirkstoff (New Chemical Entity – NCE) zugelassen und das entsprechende Präparat ausgeboten wird. Dies lässt per se noch keinen Schluss über das Ausmaß des damit erzielbaren medizinisch-technischen Fortschritts bzw. Innovationsgrades oder die therapeutische Relevanz bzw. den Patientennutzen zu. Arzneimittelinnovationen sind in diesem Wortsinn also schlicht „Neuerungen" ohne jegliche bewertende Konnotation (Deutsche Pharmazeutische Gesellschaft 2005, S. 6).

Im Gegensatz zu Arzneimittelinnovationen, die als Original- oder Analogpräparate auf den Markt gelangen, sprechen wir von „Arzneimittelimitationen", wenn nach Auslauf des Patentschutzes der Innovationen wirkstoffgleiche Marken- oder markenlose Generika („branded" bzw. „non-branded generics") ausgeboten werden. Dies deshalb, weil Generika normalerweise keinen Beitrag zum Innovationswettbewerb leisten. Ihre ökonomische Funktion besteht im Wesentlichen in der Intensivierung des Preis- und Rabattwettbewerbs von dem Zeitpunkt an, an dem die Original- oder Analogpräparate ihren Patentschutz – und damit ihr (temporäres) Vermarktungsmonopol – verlieren (Cassel 2004).

Abbildung 4: AVG-Zuordnung von Arzneimittelinnovationen und -imitationen

Markteinführung		Markterschließung
Arzneimittel-innovationen (Original- und Analogpräparate)	(1) **Alleinstellung** keine AVG-Zuordnung	Das Präparat wird aufgrund eindeutiger Nutzenvorteile bis zur Markteinführung von Analoga oder Generika keiner AVG zugeordnet und ist für alle Kassen mit dem Herstellerabgabepreis erstattungspflichtig.
	(2) **Wartestellung** Vorläufig keine AVG-Zuordnung	Das Präparat wird aufgrund noch nicht hinreichender Nutzenbewertung vorläufig noch keiner AVG zugeordnet und ist bis zur späteren Zuordnung für alle Kassen mit dem Herstellerabgabepreis erstattungspflichtig.
	(3) **AVG-Zuordnung**	Das Präparat wird aufgrund eines eindeutig fehlenden oder nur marginalen Nutzenvorteils unverzüglich einer oder mehrerer AVG zugeordnet und unterliegt damit ab dem Jahr nach der Markteinführung dem Preis- und Rabattwettbewerb.
Arzneimittel-imitationen (Generika)	(4) **AVG-Zuordnung**	Das Präparat wird ohne weitere Nutzenbewertung unverzüglich einer oder mehrerer AVG zugeordnet und unterliegt damit ab dem Jahr nach der Markteinführung dem Preis- und Rabattwettbewerb.
1	2	3 4 5 Jahr

Quelle: IGES/Cassel/Wille/WIdO 2006, S. 419.

Werden Arzneimittel neu zugelassen und ausgeboten, sollte der BewA im Jahr ihrer Markteinführung entscheiden, ob und gegebenenfalls wann sie einer oder mehrerer AVG zugeordnet werden. Hierbei sind mehrere Fälle denkbar und entsprechend zu regeln (Abbildung 4):

(1) Handelt es sich um eine Arzneimittelinnovation z. B. mit einem neuartigen Wirkprinzip und offensichtlich erheblichem therapeutischen Nutzenpotenzial, könnte und sollte der BewA das Präparat bis auf weiteres keiner AVG zuordnen. Diese „Alleinstellung" würde bedeuten, dass es in die KIP aller Kassen aufgenommen und von diesen zum Herstellerabgabepreis – also ohne Rabatt – erstattet werden müsste. Erst dann, wenn Analogpräparate oder Generika hinzutreten, würde der BewA eine entsprechende AVG bilden und sie zusammen mit dem Originalpräparat dieser zuordnen.

(2) Lässt sich das therapeutische Nutzenpotenzial z. B. aus Mangel an evidenzbasierten Studien unter Alltagsbedingungen (noch) nicht abschließend einschätzen, verbleibt die Arzneimittelinnovation zunächst in einer „Wartestellung", d. h. sie wird keiner AVG zugeordnet und ist mit dem Herstellerabgabepreis für alle Kassen erstattungspflichtig. Der BewA sollte diesen Status in regelmäßigen Abständen anhand neuer Studien überprüfen und spätestens im fünften Jahr seit der Markteinführung des Präparats eine Zuordnungs- oder Alleinstellungsentscheidung treffen.

(3) Ist bereits bei der Zulassung einer Arzneimittelinnovation verlässlich abschätzbar, dass sie keinen oder nur einen sehr begrenzten therapeutischen Zusatznutzen verspricht, könnte sie der BewA unverzüglich einer oder mehreren AVG zuordnen. Dadurch würde sie zum frühestmöglichen Zeitpunkt dem Preis- bzw. Rabattwettbewerb um die KIP-Listung ausgesetzt.

(4) Handelt es sich bei der Markteinführung um Arzneimitelimitationen, d. h. um Generika oder Me-too-Präparate, sollte sie der BewA unverzüglich einer oder mehreren AVG zuordnen. Dadurch würden die imitativen Arzneimittel ebenfalls zum frühestmöglichen Zeitpunkt dem vollen Druck des Preis- bzw. Rabattwettbewerbs ausgesetzt und könnten insoweit ihre preiswettbewerbliche Marktfunktion voll entfalten.

Dieses Konzept billigt dem BewA einen relativ breiten Entscheidungsspielraum hinsichtlich der AVG-Zuordnung neu zugelassener Arzneimittel zu. Dies ist damit zu rechtfertigen, dass die Nutzenbewertung neuer Medikamente umso schwieriger ist, je früher sie erfolgen soll. Vielfach lässt sich verlässliche Evidenz für das Nutzenpotenzial eines Arzneimittels erst nach langwierigen Studien unter Alltagsbedingungen gewinnen (Nachweis der „Effectiveness"). Es ist deshalb nur sachgerecht, dem BewA aufzuerlegen, dass er seine indikationsbezogene Zuordnungsentscheidung frühestens nach einem und spätestens im fünften Jahr nach der Markteinführung eines Präparats trifft.

4. Funktionsweise des Vertragswettbewerbs

Konstitutiv für eine Marktwirtschaft ist die freie Preisbildung auf möglichst allen Märkten. Im vorliegenden Reformkonzept sind dementsprechend die Hersteller von Arzneimitteln ungeachtet der Zuordnung ihrer Präparate zu den AVG völlig frei in der Kalkulation und Festsetzung ihrer Abgabepreise. Dies gilt gleichermaßen für die Anbieter unterschiedlich innovativer Original- und Analogpräparate oder die Hersteller von Generika oder Wirkstoffkombinationen. Auch sollte keine indirekte Preisbeeinflussung mehr stattfinden, d. h. die geltende Preisregulierung über Festbeträge (§§ 35 und 35a SGB V), Aut-idem-Verordnungen (§ 129 (1) 1. SGB V) und pauschale Herstellerrabatte (§ 130a (1) SGB V) kann und sollte entfallen. Stattdessen wären die pharmazeutischen Unternehmen zu verpflichten, für jedes ihrer auf dem GKV-Markt ausgebotenen erstattungsfähigen Präparate einen für alle Abnehmer einheitlichen, weder nach Vertriebskanal noch nach Abnahmemenge differenzierten Abgabepreis zu verlangen („Herstellerabgabepreis – HAP"). Der HAP fungiert damit im Sinne eines „Listenpreises" als GKV-einheitliche Kalkulationsgrundlage einerseits für die Rabattgewährung gegenüber den Kassen und andererseits für die Berechnung des Kassenerstattungspreises gegenüber den Apotheken. Schließlich ließe sich der einheitliche HAP, der im vorliegenden Konzept in keiner Weise reguliert ist und mit Blick auf die Rabattgewährung bei der KIP-Listung vorteilhaft gesetzt werden kann, auch gut als „Referenzpreis" auf Auslandsmärkten nutzen, was für die exportierenden Arzneimittelhersteller von erheblicher wirtschaftlicher Bedeutung wäre.

Wettbewerbsparameter der Hersteller

Die pharmazeutischen Unternehmen verfügen über drei zentrale Wettbewerbsparameter: Wirksamkeit bzw. Innovationsgrad, pharmazeutische Qualität sowie Herstellerabgabepreis und Rabatte. Je wirksamer bzw. innovativer ein Arzneimittel ist, umso weniger substituierbar ist es und umso preisunelastischer reagiert die Nachfrage und vice versa. Sehr innovative Medikamente werden sich folglich mit einem vergleichsweise hohen HAP im Markt durchsetzen, während neue Präparate mit nur marginalem Nutzenzuwachs gegenüber den bereits vorhandenen nicht ohne beträchtliche Preiszugeständnisse Marktbedeutung erlangen können; dies gilt erst recht für Generika. Diese preistheoretische Grundeinsicht ist der Schlüssel zum Verständnis des unter den aufgezeigten Rahmenbedingungen einsetzenden Preis- und Rabattwettbewerbs:

- Arzneimittelinnovationen mit hohem Nutzenpotenzial (Fall (1) in Abbildung 4) müssen von den Kassen auf ihrer KIP gelistet und mit dem vom Hersteller geforderten und aufgrund seiner (Quasi-)Monopolstellung vergleichsweise hoch angesetzten HAP – zuzüglich der Großhandels- und Apothekenspanne sowie der gesetzlichen Mehrwertsteuer – erstattet werden; ihr Hersteller ist ein (temporärer) Monopolist, solange keine Analoga oder Generika oder gänzlich andere Therapieprinzipien auf den Markt kommen. Entsprechendes gilt zunächst auch für Arzneimittelinnovationen in „Wartestellung" (Fall (2) in Abbildung 4). Die mit dem temporären Monopol verbundenen Marktchancen sind deshalb ein wirksamer Anreiz, um Präparate mit hohem Innovationspotenzial zu erforschen und zu entwickeln.

- Werden Arzneimittelinnovationen unmittelbar einer oder mehreren AVG zugeordnet (Fall (3) in Abbildung 4), werden die Kassen solche Präparate nur dann in ihre KIP aufnehmen, wenn die Kosteneffizienz im Vergleich zu bereits eingeführten Präparaten nachgewiesen wird. Dies veranlasst normalerweise die Anbieter derartiger Medikamente, das Originalpräparat in Abhängigkeit vom Innovationsgrad von vornherein mit einem niedrigeren HAP zu unterbieten oder entsprechend hohe Rabatte auf den HAP zu gewähren. Dadurch gerät der Originalanbieter explizit und – über sinkende Absatzmengen – implizit unter den Druck des Preiswettbewerbs.

- Werden die Wirkstoffe des Originals patentfrei und somit generikafähig, kommen sie zusammen mit den Generika ebenfalls in eine AVG. Nicht zuletzt durch das Hinzutreten von Generika erweitert sich das Spektrum der Substitution in einer solchen Gruppe beträchtlich, so dass die Bedeutung des HAP bzw. der Rabatte als Kriterium für die Aufnahme von Arzneimitteln in die KIP wächst: Generika werden und Altpräparate bleiben nur dann aus Sicht der Kassen KIP-fähig, wenn sie attraktive Preise haben und dementsprechend kosteneffizient sind. Markteintritt und -durchdringung erfordern also in dieser Gruppe einen intensiven Wettbewerbsvorstoß, der vorrangig mit dem Mittel der Preisunterbietung bzw. Rabattgewährung ausgetragen wird.

- Der explizite und implizite Preiswettbewerb verstärkt sich schließlich noch beträchtlich für Hersteller, die mit ihrem Original und einer mehr oder weniger großen Zahl von Generika zusammen in einer AVG gelistet sind. Von möglichen Unterschieden in der therapeutisch relevanten Bioverfügbarkeit abgesehen, werden die Kassen die Präparate in dieser Gruppe praktisch als perfekte Substitute betrachten und sie nur dann in ihre KIP aufnehmen, wenn der HAP entsprechend niedrig bzw. der eingeräumte Rabatt hoch genug ist. Hierdurch geraten Generika sehr viel stärker als im derzeitigen Festbetragssystem unter Preisdruck. Zudem drohen dem Originalpräparat gravierende Absatz- und Marktanteilsverluste, wenn dessen Kosten aus Sicht der Kassen deutlich über den Kosten seiner generischen Alternativen liegen.

Das vorgeschlagene Regulierungskonzept sorgt somit auf der Herstellerebene nicht nur für einen äußerst effektiven Preis- bzw. Rabattwettbewerb zwischen den jeweils für eine Indikation zugelassenen Arzneimitteln, sondern übt darüber hinaus auch einen erhöhten Druck auf die forschende Arzneimittelindustrie aus, ihre Anstrengungen zur Ausbietung von qualitativ hochwertigen und möglichst innovativen Medikamenten zu verstärken. Auf diese Weise könnten sowohl der Preis- und Rabattwettbewerb, als auch der Innovationswettbewerb gegenüber dem Status quo beträchtlich intensiviert werden.

Kosteneffizienz als Auswahlkriterium der Kassen

Für die kassenindividuelle Auswahl von Arzneimitteln aus einer AVG spielt die pharmazeutische Qualität, vor allem aber die Nutzen-Kosten-Relation („Kosteneffizienz") eine zentrale Rolle. Um nämlich im Kassenwettbewerb um die Versicherten bestehen zu können, müssen die Kassen sehr darauf achten, im Rahmen der GKV-einheitlichen Leistungspflicht ein in jeder Hinsicht attraktives Leistungsangebot bereitzustellen. Sie werden sich deshalb mit Blick auf die Präferenzen ihrer vorhandenen und potenziellen Versicherten schon hinsichtlich der bloßen Wahlmöglichkeit zwischen den Präparaten einer AVG sorgfältig überlegen müssen, ob sie sich auf das von uns vorgeschlagene Minimum von zwei Alternativen pro Indikation beschränken oder ob sie ihre KIP mit einem größeren Maß an Therapiefreiheit ausstatten wollen. Da die pharmazeutische Qualität eines Arzneimittels häufig von der Reputation des Herstellers abgeleitet wird, müssen die Kassen auch entscheiden, ob sie – wo immer möglich – nur die billigsten Arzneimittel unbedeutender Hersteller auf ihre KIP nehmen oder auch die meist teureren Originalpräparate bekannter Hersteller.

Vergleichsweise kosteneffizient sein zu müssen, ist zweifellos eine „vierte Hürde", die Präparate überwinden müssen, wenn sie von einer Kasse gelistet und erstattet werden sollen. Im Unterschied zum bisher diskutierten und vielfach empfohlenen obligatorischen Nachweis der Kosteneffizienz insbesondere bei Analogpräparaten im Rahmen der geltenden Festbetragsregelung (siehe dazu Glaeske et al. 2003; Sundmacher/Jasper 2006), handelt es sich hierbei jedoch um eine wettbewerblich motivierte kassenindividuelle Einschätzung der Nutzen-Kosten-Relation vergleichbarer Arzneimittel, auf deren Grundlage eine Kasse entscheiden kann, ob sie ein Präparat erstatten will oder nicht. Einzelne Kassen mögen auf einen solchen Entscheidungsparameter verzichten, andere dagegen mit Blick auf einen wettbewerbsfähigen Beitragssatz großen Wert darauf legen. Im letzteren Fall werden sich die Kassen die notwendigen Informationen aus allen verfügbaren Quellen beschaffen und zur Grundlage ihrer individuellen Entscheidung für oder gegen die Aufnahme eines Arzneimittels in die KIP machen. Einer zentralen Institution mit öffentlich-rechtlichem Bewertungsmonopol wie das IQWiG (§ 139a SGB V) bedarf es hierzu nicht. Im Gegenteil: Die kassenindividuelle Abschätzung der Kosteneffizienz eines Arzneimittels im Vergleich zu seinen Alternativen nutzt den Wettbewerb in seiner genuinen Funktion als „Entdeckungsverfahren" für neues medizinisch-pharmakologisches Wissen, ist offen für fortschrittsabhängige Bewertungsrevisionen, hält die Folgen von Bewertungsirrtümern für die Hersteller in erträglichen Grenzen und zwingt die pharmazeutischen Unternehmen, auf Kosteneffizienz ihrer Produkte zu achten und sie quasi als „Bringschuld" den Kassen gegenüber nachzuweisen.

Therapiefreiheit im Vertragswettbewerb

Sind die Vergleichsgruppen – wie im Fall einer AVG mit einem Originalpräparat und seinen generischen Substituten – praktisch homogen, ist die Bildung selektiver KIP hinsichtlich der Wahrung einer hinreichenden Therapiefreiheit weitgehend unproblematisch. Sind die Vergleichsgruppen jedoch heterogen – wie bei einer AVG mit pharmakologisch-therapeutisch nur „vergleichbaren" Wirkstoffen und Wirkungen –, besteht trotz des auf den Kassen liegenden Wettbewerbsdrucks zur Bildung einer adäquaten KIP die Gefahr, dass eine Kasse ihre KIP nur spärlich bestückt und dadurch die Therapiefreiheit unangemessen einschränkt. Da in solchen Fällen naturgemäß Homogenität nicht herstellbar ist, die Bildung entsprechender Vergleichsgruppen aber notwendig ist, um Preiswettbewerb auf der Herstellerebene zu generieren, müssen für diese „Quadratur des Kreises" adäquate Lösungen gefunden werden. Sie könnten in folgenden Optionen bestehen:
- Erstens hätten die Kassen die Möglichkeit, ihre KIP gezielter nach medizinisch-therapeutischen Kriterien zusammenzustellen als dies bei der Bildung GKV-einheitlicher AVG der Fall sein kann. So könnten z. B. aus der Substanzklasse der Statine für den Therapiealltag relativ preiswerte Simvastitin-Präparate gelistet werden, während das relativ teure Atorvastatin-Präparat „Sortis" nur bei Hochrisikopatienten mit akutem Koronarsyndrom erstattet würde. Eine im Vergleich zur AVG indikationsbezogen differenzierter zusammengestellte KIP würde Arzneimittel indikationsspezifischer zuordnen und insoweit die Therapiefreiheit des Arztes nicht unangemessen einschränken.
- Zweitens ließe sich die Zusammenstellung der KIP in Fortschreibung des § 130a (8) SGB V mit der Zulässigkeit von „kassenindividuellen Rabattvereinbarungen" verbinden. Um ein Medikament auf der KIP einer Kasse zu platzieren, wird sein Hersteller versuchen, der Kasse dessen Wirksamkeit und

Kosteneffizienz für ein breites Anwendungsgebiet oder für spezielle Indikationen nachzuweisen. Dabei wird er der Kasse nicht nur die Behandlungsprozeduren offen legen und seine Behandlungssoftware zur Verfügung stellen, sondern gegebenenfalls auch Abschläge auf den HAP anbieten, um die Kosteneffizienz seines Präparates aus Sicht der Kasse zu verbessern. Die zwischen Hersteller und Kasse hierüber getroffenen Vereinbarungen hätten somit das Ziel, die Arzneimittel eines pharmazeutischen Unternehmens auf der KIP zu platzieren. Dies würde das Medikamentenportefeuille der KIP tendenziell vergrößern und den Preiswettbewerb insbesondere bei Generika verschärfen. Rabatte, die als Geldzahlungen der Hersteller an die Kassen fließen, tragen zudem zur Senkung der Arzneimittelausgaben und des Beitragssatzes einer Kasse bei.

- Drittens ließen sich die mit relativ heterogenen AVG verbundenen Schwierigkeiten auch dadurch beheben, dass sich Kassen für eine „offene KIP" entscheiden. Hierdurch könnte die Zahl der aus einer AVG ausgewählten Präparate vergleichsweise gering gehalten werden, hätte doch der behandelnde Arzt in medizinisch-therapeutisch begründeten Fällen die Möglichkeit, auch nicht in der KIP gelistete Medikamente zu Lasten der Kasse zu verschreiben. Hierdurch würde zwar die Therapiefreiheit des Arztes gewahrt, doch bergen offene KIP die Gefahr, zu einer „unverbindlichen Kassenempfehlung" zu mutieren. Da hierdurch letztlich der gewünschte Preis- und Innovationswettbewerb zum Erliegen käme, weil die KIP-Listung für die Hersteller wirtschaftlich an Bedeutung verliert, wäre es Aufgabe der Kassen, nicht listenkonforme Verschreibungen bei offener KIP im Verhältnis zu ihren Versicherten freivertraglich zu regeln. Ziel derartiger Vereinbarungen müsste es sein, nicht listenkonforme Verschreibungen in engen Grenzen zu halten.

Hieraus wird ersichtlich, dass bereits bei der Bildung der indikationsbezogenen AVG mit Blick auf den intendierten Vertragswettbewerb – wie schon oben erwähnt – zumindest zwei Gesichtspunkte zu beachten sind, die in einem gewissen Spannungsverhältnis stehen: Zum einen dürfen die AVG hinsichtlich der Indikationen und der zu ihrer Behandlung verfügbaren Arzneimittel nicht zu heterogen sein, um bei der Mindestzahl von zwei Präparaten pro AVG, die nach unserem Vorschlag in jeder KIP enthalten sein sollte, den Anspruch der Patienten auf eine notwendige und ausreichende Arzneimittelversorgung nicht zu unterlaufen bzw. die Therapiefreiheit des Arztes nicht unangemessen einzuschränken; zum anderen dürfen sie aber auch nicht zu eng ausgelegt sein, um den Preiswettbewerb im Rahmen der Rabattvereinbarungen der Hersteller mit den Kassen nicht ungebührlich einzuschränken.

5. Arzneimittelmarkt – ein Markt ohne Zukunft?

Solange die Kassen als Sachwalter ihrer Versicherten so gut wie keinen Einfluss auf die Gestaltung des Leistungsgeschehens haben und die Patienten als Letztverbraucher wegen ihrer Vollversicherung nicht an einer wirtschaftlichen Arzneimittelversorgung interessiert sind, herrscht auch auf dem Arzneimittelmarkt „kollektive Irrationalität". Sie verhindert, dass sich ein marktwirtschaftlicher Steuerungsmechanismus herausbilden kann, der einerseits das gesundheitspolitische Ziel einer qualitativ hochwertigen und wirtschaftlichen Arzneimittelversorgung zu erreichen verspricht und andererseits die standortpolitische Forderung nach einem adäquaten Betätigungsfeld für eine innovative pharmazeutische Industrie zu erfüllen in der Lage wäre. Deshalb bedarf es einer grundlegenden Reform des bisherigen administrativ-kollektivvertraglichen Steuerungssystems auf dem GKV-Arzneimittelmarkt.

Diese Reform sollte einen regulatorischen Ordnungsrahmen zum Ziel haben, der den beteiligten Akteuren weitgehende „Vertragsfreiheit" bzw. das Recht zu „selektivem Kontrahieren" einräumt. Dadurch würde die Steuerung der GKV-Arzneimittelversorgung von den bestehenden administrativen Fesseln befreit und dem Wettbewerbsmechanismus überantwortet. Diese „vertragswettbewerbliche Reformoption" böte damit erstmals eine reelle Chance, dass dieser gesundheits- und industrieökonomisch so wichtige Leistungsbereich die an ihn gestellten Anforderungen erfüllt, nämlich die Patienten mit hochwirksamen, innovativen und bezahlbaren Arzneimitteln zu versorgen und zugleich den pharmazeutischen Unternehmen am Standort Deutschland ein verlässliches und leistungsförderndes Aktionsfeld zu verschaffen.

Reformeuphorie ...

Das dazu vorgelegte Reformkonzept beschränkt sich auf notwendige Regulierungen in den Bereichen „Erstattung" und „Preisbildung" von Arzneimitteln und formt daraus ein konsistentes System, das für die Herstellerebene in Abbildung 5 noch einmal zusammenfassend dargestellt ist. Wie daraus ersichtlich ist, knüpft es an den einschlägigen Regulierungen des Sozialgesetzbuches (SGB V) an und entwickelt diese – wie im Fall der „GKV-Negativliste", der „Arzneimittel-Vergleichsgruppen (AVG)" oder der „kassenindividuellen Rabattvereinbarungen" – weiter. Dadurch wird vermieden, dass es zu einem Systembruch kommt und ein vollständig neuer Ordnungsrahmen geschaffen werden muss. Dies gilt vor allem mit Blick auf die vielfach geforderte generelle Ablösung der bestehenden Kollektivverträge durch „selektives Kontrahieren" und den dadurch initiierten „Vertragswettbewerb": Das vorliegende Konzept setzt eine solche umfassende Systemtransformation – so wünschenswert sie auch sein mag – nicht voraus und enthält über die kassenindividuellen Vereinbarung von Herstellerrabatten hinaus keine weitergehenden vertragswettbewerblichen Steuerungselemente.

Stattdessen wird dem Innovations- und Preiswettbewerb durch relativ einfache, klare und justiziable Institutionen der Weg gebahnt. Dies verringert den administrativen Aufwand und schafft die notwendige Transparenz, zumal das Konzept ohne die in mehrfacher Hinsicht problematische Festbetragsregelung (§§ 35 und 35a SGB V), die fehlkonstruierten Rabattvereinbarungen (§ 130a (8) SGB V), die je nach Kassenlage erhobenen Zwangsrabatte (§ 130a (1)-(7) SGB V) und die unpraktikable Aut-idem-Regelung (§129 (1) SGB V) auskommt. Schließlich macht auch die Verlagerung der wünschenswerten Kosten-Nutzen-Bewertung von Arzneimitteln auf die dezentrale Ebene der einzelnen Kassen die im GKV-WSG-Entwurf vorgesehene zentrale Kosten-Nutzen-Bewertung mit dem IQWiG als „Bewertungsmonopol", die in vielerlei Hinsicht problematisch wäre (Bausch 2006; Cassel 2006; Meier 2006), entbehrlich. Zusammen mit der sachgerechten Behandlung von Arzneimittelinnovationen bei der AVG-Zuordnung verspricht dies alles gerade auch der forschenden Pharmaindustrie jenes „Zuckerbrot", dessen sie unter der „Peitsche" des verstärkten Preis- und Innovationswettbewerbs zur Sicherung des Pharmastandorts Deutschland so dringend bedarf (IGES/Cassel/Wille/WIdO 2006, Teil 2).

Schließlich wird der verschreibende Arzt im vorliegenden Konzept nur peripher in die Regulierung einbezogen: Statt wie bisher auf Arzneimittelbudgets, Richtgrößen, Aut-idem-Regelungen, Regresspflichten u. ä. zu achten, kann er sich als „Behandlungsagent" seiner Patienten bei der Verschreibung von Medikamenten ausschließlich auf die medizinisch-therapeutischen Belange konzentrieren. Allerdings wird seine Therapiefreiheit im Einzelfall insoweit eingeschränkt, als er die KIP und damit gegebenenfalls einhergehende Verordnungsrichtlinien zur Mengenbeschränkung seitens der Kasse seiner Patienten zu beachten hat – ein Gebot, das bei offenen oder adäquat ausgestatteten geschlossenen Positivlisten kaum als ernsthafte Beschränkung der ärztlichen Entscheidungsfreiheit empfunden werden kann. Schließlich hat selbst bei geschlossener KIP der behandelnde Arzt jederzeit die Möglichkeit, nicht gelistete Medikamente auf Kosten seiner Patienten zu verschreiben. Diese könnten dann auf einer KIP-konformen Verschreibung bestehen, in medizinisch-therapeutisch begründeten Fällen bei ihrer Kasse eine Erstattung beantragen, die Kosten selbst tragen oder ihre Kasse oder ihren Arzt wechseln. Es wird Aufgabe der Kassen sein, derartige Fälle nicht listenkonformer Verschreibungen im Verhältnis zu ihren Versicherten und der Ärzteschaft zu regeln. Die Einschränkung der Therapiefreiheit durch Befolgung der KIP ist jedenfalls der „Preis", den Ärzte und Patienten dafür zu zahlen haben, dass das Verordnungsgeschehen im vorgelegten Reformkonzept primär nach medizinisch-therapeutischen Gesichtspunkten erfolgen kann und nicht durch Wirtschaftlichkeitserwägungen beim Arzt überlagert wird.

Abbildung 5: Dimensionen der vertragswettbewerblichen Steuerung der Ausbietung und Verordnung erstattungsfähiger Arzneimittel

Akteure \ Bereich	Erstattung	Preisbildung
Arzneimittelhersteller	Konkurrenz aller Hersteller der in einer Arzneimittelvergleichsgruppe (AVG) für eine bestimmte Indikation gelisteten Präparate um die Aufnahme in die Kassenindividuelle Positivliste (KIP) der Krankenkassen. Wettbewerbsparameter der Arzneimittelhersteller sind der Herstellerabgabepreis (HAP), der darauf kassenindividuell gewährte Rabatt und die therapeutische Qualität des Präparats. Die Aufnahme in die KIP einer Kasse gewährleistet, dass das Präparat im Verordnungsfall auch erstattet wird. Arzneimittelinnovationen mit eindeutigen Nutzenvorteilen oder einer noch nicht hinreichender Nutzenbewertung werden dauerhaft bzw. vorläufig keiner AVG zugeordnet, d. h. alleingestellt, und müssen von allen Kassen erstattet werden.	Freie Kalkulation und Festsetzung eines verbindlichen, für alle inländischen Abnehmer einheitlichen Herstellerabgabepreises (HAP). Hierauf können die Hersteller einzelnen Kassen gegenüber Rabatte gewähren, um in die Kassenindividuelle Positivliste (KIP) aufgenommen zu werden und damit die Erstattung des Präparats zu Lasten der Kasse zu erreichen. Die Höhe der Rabatte wird sich nach der Konkurrenzsituation innerhalb der Arzneimittelvergleichsgruppe (AVG) und dem prospektiven Umsatz mit der betreffenden Kasse richten. Arzneimittelinnovationen, die keiner AVG zugeordnet werden, sind mit dem vollen HAP erstattungspflichtig; ihre Hersteller brauchen deshalb den Kassen gegenüber keine Rabatte zu gewähren, um in der KIP gelistet zu werden.
Krankenkassen	Krankenkassen erstatten grundsätzlich nur die auf ihrer KIP gelisteten Präparate. Gelistet werden müssen alle dauerhaft oder vorläufig keiner AVG zugeordneten, d. h. alleingestellten Präparate. Von den in einer AVG enthaltenen Arzneimitteln müssen mindestens zwei Präparate KIP-gelistet sein. Auswahlkriterium dafür wird – neben der Reputation des Herstellers und des Medikaments bei den Versicherten – vor allem die vergleichsweise Kosteneffizienz (Kosten-Nutzen-Relation) des Präparats sein, die kassenindividuell eingeschätzt wird. Hierzu werden die Kassen die Ergebnisse von Versorgungsstudien aller Art heranziehen.	Sofern die Krankenkassen die Listung eines Präparates primär von der Kosteneffizienz abhängig machen, entsteht unter den Herstellern der in einer AVG gelisteten Arzneimittel ein Konkurrenzdruck um eine möglichst günstige Kosten-Nutzen-Relation des eigenen Produkts. Dazu werden sie einerseits versuchen, in Versorgungsstudien unter Alltagsbedingungen den Nutzen im Vergleich zu den Konkurrenzpräparaten nachzuweisen, und andererseits die Kosteneffizienz durch die direkt an die Kasse zu zahlenden Rabatte oder die Senkung des HAP für alle Kassen zu steuern.

Bereich / Akteure	Erstattung	Preisbildung
Ärzte	Kassen können wahlweise offene oder geschlossene KIP bilden. Geschlossene KIP sind für Ärzte und Patienten verbindlich, wenn verordnete Arzneimittel durch die betreffende Kasse erstattet werden sollen. Offene KIP haben dagegen nur empfehlenden Charakter und bieten im Vergleich zu geschlossenen KIP ein höheres Maß an Therapiefreiheit. Kassen und Ärzte vereinbaren in beiden Fällen Richtlinien für nicht listenkonforme, aber dennoch erstattungsfähige Verordnungen.	
Patienten	Versicherte bzw. Patienten können bei freier Kassenwahl zwischen Kassen mit offener und geschlossener KIP wählen. Außerdem können sie die Kasse danach aussuchen, ob die KIP jeweils mit dem Minimum von zwei Präparaten pro Indikation oder mit mehr Alternativen bestückt ist und ob neben Generika und Analoga auch Originalpräparate erstattungsfähig sind. Dadurch wird die Gestaltung der KIP zum Wettbewerbsparameter gegenüber den Versicherten einer Kasse. Verordnet ein Arzt bei geschlossenen KIP nicht listenkonform, kann der Patient auf einer listenkonformen Verordnung bestehen, in medizinisch-therapeutisch begründeten Fällen bei seiner Kasse ausnahmsweise die Erstattung beantragen oder die Kosten der Arzneimitteltherapie selbst tragen. Die Kassen legen satzungsgemäß fest, wie sie gegenüber Patienten und Ärzten bei nicht listenkonformer Verordnung verfahren.	

Quelle: eigene Darstellung.

... oder Reformversagen?

Diese vorteilhafte Einschätzung der voraussichtlichen Funktionsweise der vertragswettbewerblichen Steuerung auf der Herstellerebene[2] und der zu erwartenden Ergebnisse hinsichtlich der Wirtschaftlichkeit und Qualität der Arzneimittelversorgung mag manchem mit Blick auf die zugrunde liegenden Wettbewerbsrestriktionen und die politischen Realisierungshemmnisse als zu euphorisch erscheinen (so z. B. Münnich 2006). Die Vorteile unseres Reformkonzepts kann aber nur in Frage stellen, wer es an der Elle eines wettbewerbspolitischen Leitbildes misst, das im Wettbewerb einen ungezügelten, ordnungspolitisch nicht gestaltungsbedürftigen Laissez-faire-Prozess sieht, und die an sich wettbewerbswidrigen regulatorischen Rahmenbedingungen des GKV-Systems negiert. Jedenfalls sollte anerkannt werden, dass das Konzept weder die Ausgabendämpfung bei Arzneimitteln noch den Aufbau neuer Innovationshürden zum Ziel und auch nicht zur Folge hat: Gerade weil die derzeit praktizierte, auf bloße Ausgabendämpfung zielende Festbetragsregelung abgelöst und durch einen wirksamen Preis- und Rabattwettbewerb ersetzt werden soll, ist das Ergebnis hinsichtlich der Arzneimittelausgaben völlig offen. Und auch der mögliche Abbau des innovationsfeindlichen Regulierungsdickichts zugunsten transparenter, verlässlicher und fairer Preisbildungs- und Erstattungsregeln lässt ergebnisoffene wettbewerbliche Suchprozesse im Sinne eines evolutorischen Wettbewerbskonzepts in jeder Hinsicht zu.

Politökonomisch gesehen, kann man sich allerdings der pessimistischen Einschätzung, der Arzneimittelmarkt sei „Ein Markt ohne Zukunft" (so der Titel des Beitrages von Münnich) nicht verschließen. Denn der für wettbewerbsorientierte Reformen des Gesundheitswesens erforderliche „grundsätzliche Gesinnungswandel" der Politik ist bisher ausgeblieben – wenngleich die politische Rhetorik wie beim „GKV-*Wettbewerbsstärkungs*-Gesetz" von 2007 etwas anderes zu signalisieren scheint. Deshalb ist zu befürchten, dass auch in Zukunft „... alle diese Konzepte gut gemeinte intellektuelle Interventionen (sind), die angesichts der Eigenheiten des politischen Prozesses bestenfalls den Charakter von Steinbrüchen haben werden, aus denen sich die Politik das jeweils Konvenierende herauspickt" (Münnich 2006, S. 638). Im vorliegenden Fall ist noch nicht einmal Letzteres geschehen: Weder in das AVWG noch in das GKV-WSG ist irgend etwas aus dem Reformkonzept eingeflossen, obwohl das Gutachten rechtzeitig vorlag und vom BMG als Auftraggeber der Öffentlichkeit gegenüber wohlwollend bewertet wurde (Schröder 2006). Mag sein, dass der politische Kompromiss im Vorfeld der

---

2 Zu den Reformvorschlägen für die Vertriebsebene siehe IGES/Cassel/Wille/WIdO 2006, S. 432-437.

Gesundheitsreform 2007 zum Selbstzweck wurde und einer grundsätzlichen inhaltlichen Diskussion entgegenstand; doch wenn erfolgversprechende Wege aus der bestehenden Regulierungsfalle nicht einmal mehr politisch diskutiert, geschweige denn aufgegriffen und umgesetzt werden, muss man sich tatsächlich um die Zukunft des GKV-Arzneimittelmarktes und des Pharmastandortes Deutschland Sorgen machen.

Literatur

Bausch, J. (2005), Die Bewertung des therapeutischen Zusatznutzens, in: Knabner, K.; Wille, E. (Hg.), Qualität und Nutzen medizinischer Leistungen auf dem Prüfstand. 10. Bad Orber Gespräche über kontroverse Themen im Gesundheitswesen 2005, Mimeo, Berlin 2006, S. 149-157.

Breyer, F. et al. (2006), Gesundheitspolitik in der Kompromissfalle: Kein Problem gelöst, aber neue geschaffen, Stellungnahme von 20 Mitgliedern des Ausschusses für Gesundheitsökonomie im Verein für Socialpolitik zu den „Eckpunkten zu einer Gesundheitsreform" der Koalitionsparteien vom 4. Juli 2006, in: Wirtschaftsdienst, 86. Jg., Heft 8 (2006), S. 515-516.

Cassel, D. (2004), Innovationshürden und Diffusionsbarrieren der Arzneimittelversorgung, in: Wille, E.; Albring, M. (Hg.), Paradigmenwechsel im Gesundheitswesen durch neue Versorgungsstrukturen? 8. Bad Orber Gespräche zu kontroversen Themen im Gesundheitswesen 2003, Frankfurt am Main (Peter Lang) 2004, S. 275-287.

Cassel, D. (2006), Zur Problematik einer zentralen Qualitäts- und Nutzenbewertung bei Arzneimitteln, erscheint in: Knabner, K.; Wille, E. (Hg.), Qualität und Nutzen medizinischer Leistungen auf dem Prüfstand. 10. Bad Orber Gespräche über kontroverse Themen im Gesundheitswesen 2005, Mimeo, Berlin 2006, S. 145-148.

Cassel, D.; Ebsen, I.; Greß, S.; Jacobs, K.; Schulze, S.; Wasem, J. (2006a), Weiterentwicklung des Vertragswettbewerbs in der gesetzlichen Krankenversicherung. Vorschläge für kurzfristig umsetzbare Reformschritte. Gutachten im Auftrag des AOK-Bundesverbandes. Download unter http://www.aok-bv.de/presse/veranstaltungen/index_08986.html.

Cassel, D.; Ebsen, I.; Greß, S.; Jacobs, K.; Schulze, S.; Wasem, J. (2006b), Zu kurz gesprungen, in: Gesundheit und Gesellschaft, 9. Jg., Heft 10 (2006), S. 42-45.

Cassel, D.; Friske, J.E. (1999), Positivlisten für Arzneimittel: Instrument zur Kostendämpfung oder Wettbewerbsparameter der Kassen?, in: Gesundheitsökonomie und Qualitätsmanagement 4 (1999), S. 194-201.

Cassel, D.; Müller, Ch.; Sundmacher, T. (2007), Ökonomische Begründungen für Pharmamarktregulierungen auf verschiedenen Kompetenzebenen. Das Beispiel der Arzneimittel-Zulassungshürden in Europa, erscheint in: Kerber, W.; Heine K. (Hg.), Zentralität und Dezentralität von Regulierung in Europa, Stuttgart (Lucius & Lucius) 2007.

Danzon, P.M.; Keuffel, E. (2005), Regulation of the Pharmaceutical Industry, Draft, Philadelphia (The Wharton School, University of Pennsylvania) 2005.

Deutsche Pharmazeutische Gesellschaft (2005), Kriterien für die Beurteilung von Arzneimittelinnovationen, Positionspapier der DPhG, in: Pharmazeutische Zeitung vom 07.04.2005, S. 1-15.

Ebsen, I.; Greß, S.; Jacobs, K.; Szecseny, J.; Wasem, J. (2003), Vertragswettbewerb in der GKV zur Verbesserung der Qualität und Wirtschaftlichkeit in der Gesundheitsversorgung – Gutachten im Auftrag des AOK-Bundesverbandes, in: AOK-Bundesverband (Hg.), AOK im Dialog, Bd. 13, Bonn (AOK-BV) 2003, S. 145-307.

Ebsland, M.; Ulrich, V.; Wille, E. (2000), Ökonomische Bewertung von Arzneimittelinnovationen, in: Klauber, J.; Schröder, H.; Selke, G.W. (Hg.), Innovation im Arzneimittelmarkt, Berlin (Springer), S. 169-191.

Friske, J.E. (2003), Mehr Markt und Wettbewerb in der deutschen Arzneimittelversorgung? Eine gesundheitsökonomische Untersuchung im Spiegel amerikanischer Markterfahrungen, Bayreuth (Verlag P.C.O.) 2003.

Glaeske, G.; Klauber, J.; Lankers, Ch.H.R.; Selke, G.W. (2003), Stärkung des Wettbewerbs in der Arzneimittelversorgung zur Steigerung von Konsumentennutzen, Effizienz und Qualität. Gutachten im Auftrag des Bundesministeriums für Gesundheit und Soziale Sicherung (BMGS), http://www.bmgs.bund.de/downloads/GutachtenBMGS2705.pdf (03.03.2005).

Greß, S.; Niebuhr, D.; Wasem, J. (2005), Hg., Regulierung des Marktes für verschreibungspflichtige Arzneimittel im internationalen Vergleich, Baden-Baden (Nomos Verlag) 2005.

Häussler, B.; Gothe, H.; Reschke, P.; Höer, A.; Hagenmeyer, E.-G.; Ryll, A.; Hempel, E. (2002), Analog-Wirkstoffe im Arzneimittelmarkt: Therapeutische Nutzen und Bedeutung für die Ausgaben der Krankenversicherungen. Strukturforschung im Gesundheitswesen, Bd. 30, Berlin (IGES) 2002.

IGES (Häussler, B.; Albrecht, M.); Cassel, D.; Wille, E.; WIdO (Schröder, H.; Nink, K.; Lankers, C.) (2006), Steuerung der Arzneimittelausgaben und Stärkung des Forschungsstandortes für die pharmazeutische Industrie, Gutachten für das Bundesministerium für Gesundheit, in: Bundesministerium für Gesundheit (Hg.), Forschungsbericht 006 – Gesundheitsforschung, Berlin 2006.

Jacobs, K.; Schulze, S. (2004), Wettbewerbsperspektiven integrierter Versorgung in der gesetzlichen Krankenversicherung, in: Cassel, D. (Hg.), Wettbewerb und Regulierung im Gesundheitswesen, Baden-Baden (Nomos) 2004, S. 89-110.

Meier, H.-W. (2006), Nutzenbewertung von Arzneimitteln – Forderungen der Industrie, in: Knabner, K.; Wille, E. (Hg.), Qualität und Nutzen medizinischer Leistungen auf dem Prüfstand. 10. Bad Orber Gespräche über kontroverse Themen im Gesundheitswesen 2005, Mimeo, Berlin 2006, S. 159-164.

Münnich, F. (2006), Ein Markt ohne Zukunft. Beitrag zum Zeitgespräch: Wie sollte der Arzneimittelmarkt reformiert werden?, in: Wirtschaftsdienst, 86. Jg., Heft 10 (2006), S. 635-638.

Schröder, Th. (2006), Arzneimittelausgaben steuern – Innovationen fördern, in: Pressemitteilung des Bundesministeriums für Gesundheit (BMG) vom 15. August 2006. Download unter http://www.bmg.bund.de/cln_041/nn_600110/DE/Presse/Pressemitteilung.

Schwabe, U. et al. (2006), Wie sollte der Arzneimittelmarkt reformiert werden? Zeitgespräch mit U. Schwabe, D. Paffrath, D. Cassel, E. Wille, S. Greß, D. Niebuhr, J. Wasem und F. Münnich, in: Wirtschaftsdienst, 86. Jg., Heft 1 (2006), S. 623-638.

Sundmacher, T.; Jasper, J. (2006), Ausgestaltungsvarianten und ökonomische Konsequenzen einer 4. Hürde für die Erstattung von Arzneimitteln, in: Zeitschrift für Wirtschaftspolitik, 55. Jg., Heft 1 (2006), S. 92-124.

Wille, E. (2000), Das deutsche Gesundheitswesen unter Effizienz- und Effektivitätsaspekten, in: Wille, E.; Albring, M. (Hg.), Rationalisierungsreserven im deutschen Gesundheitswesen, 4. Bad Orber Gespräche zu kontroversen Themen im Gesundheitswesen 1999, Frankfurt am Main (Peter Lang) 2000, S. 349-387.

Wille, E. (2004), Effizienz und Effektivität der Arzneimitteltherapie, in: Wille, E.; Albring, M. (Hg.), Paradigmenwechsel im Gesundheitswesen durch neue Versorgungsstrukturen?, 8. Bad Orber Gespräche zu kontroversen Themen im Gesundheitswesen, Frankfurt am Main (Peter Lang), S. 187-204.

Die Rolle der Krankenkassen bei selektiver Vertragsgestaltung

Christoph Straub

Die Techniker Krankenkasse tritt dafür ein, die Regelversorgung für die selektive und innovative Vertragsgestaltung zu öffnen. Wir sind davon überzeugt, dass ein stärkerer Wettbewerb um die Qualität und Wirtschaftlichkeit der Versorgung dem Patienten, innovativen Ärzten und Krankenhäusern, den Krankenkassen und letztendlich auch der Gesundheitswirtschaft nützt.

Ein Ziel des Wettbewerbsstärkungsgesetzes (WSG) ist es, den Wettbewerb um mehr Qualität und Wirtschaftlichkeit im Gesundheitswesen sowohl zwischen den Krankenkassen als auch zwischen den Leistungserbringern zu intensivieren. Die Vorstellung der Bundesregierung scheint dahin zu gehen, dass die Effizienz des Gesundheitswesens mit Hilfe einiger weniger Krankenkassen durch differenzierte Angebote an die Kunden gesichert werden kann. Die internen Bedenken der politischen Beteiligten gegenüber dem Wettbewerb an sich verhindern allerdings die notwendigen und konsequenten Umsetzungsschritte zur Erfüllung des Zieles Wettbewerbsstärkung.

Bewertung der Möglichkeiten des WSG

Das WSG ermöglicht trotz der umfassenden gemeinsamen und einheitlichen Vorgaben auf Bundesebene einige *wenige Optionen zur selektiven Vertragsgestaltung*.

Hierzu gehören die Bestimmungen zur Integrierten Versorgung. Doch erst durch die Kombination von Einzelvertragsoptionen, durch die Integration von Einzelverträgen in umfassende Versorgungskonzepte wird man aus unserer Sicht dem Anspruch der integrierten Versorgung gerecht.

Positiv bewerten wir die Möglichkeit des WSG zur Entwicklung von Wahltarifen für die Integrierte Versorgung (§ 53 Abs. 3 SGB V), die Einbeziehung von Rabattverträgen nach § 130 a Abs. 8 SGB V und die Verlängerung der Anschubfinanzierung als Mittel, damit schneller innovative Ansätze erprobt werden können.

Kritisch betrachten wir die Vorgabe der Bundesregierung, die Integrierte Versorgung flächendeckend umzusetzen. Sinnvoller erscheint uns im Rahmen der selektiven Kontrahierung die unternehmerische Logik, dass die Vielfalt der Kassen viele innovative Ansätze ausprobieren darf, dass diese Ansätze kleinräumig pilotiert und erst bei Erfolg großräumig ausgerollt werden müssen. Funktionierende Einheiten können dann verbunden werden. Nur so kann Versorgung über die Zeit erfolgreich geändert werden.

Die Ausweitung der Informationspflicht zur Mittelverwendung schafft aus unserer Sicht vor allem mehr Bürokratie. Ob die Einbeziehung der Pflegekassen und Pflegeeinrichtungen nach § 92 b Abs. 1 SGB XI in die integrierten Versorgungsmodelle zum jetzigen Zeitpunkt wirksam umzusetzen ist, bleibt fraglich.

Auch die Rückführung der nicht verwendeten Mittel an Krankenhäuser erscheint uns innerhalb der integrierten Versorgung kontraproduktiv, da durch diese Regelung schlechte Kalkulationen noch honoriert werden. Ein Angebotszwang zu flächendeckenden Hausarztmodellen schafft, wie internationale und deutsche Erfahrungen zeigen, in der heutigen Form keine Einsparpotenziale, sondern durch den Zwang zum Angebot eher Kostensteigerungen.

Positiv bewerten wir hingegen die Möglichkeiten von Versorgungsangeboten im Sinne von Managed Care im Rahmen der besonderen ambulant-ärztlichen Versorgung nach § 73 c SGB V. Positiv finden wir ebenso, dass Hilfsmittelverträge zum Steuerungselement werden, die Liberalisierung des Vertragsrechts für Arznei- und Hilfsmittel sowie bei allen Schwierigkeiten der Umsetzung den Vorsatz, dass Geld der Leistung folgen soll.

Erste Ergebnisse und Erfolge der Integrierten Versorgung

Erste Ergebnisse und Erfolge der Integrierten Versorgung zeigt ein Modell der Techniker Krankenkasse in fünf Bundesländern für Versicherte mit akuten und chronischen Rückenschmerzen. Über 90 % der untersuchten Fälle waren nach der Therapie wieder arbeitsfähig. Pro behandeltem Patienten wurden im Schnitt 90 Krankengeld-Tage im Vergleich zur Vergleichsgruppe eingespart. Die Versicherten kehrten 110 Tage früher an ihren Arbeitsplatz zurück.

Die Techniker Krankenkasse (TK) versucht im Rahmen der Integrierten Versorgung über die Zeit Einzelmaßnahmen zu kombinieren, um zu einer flächendeckenden und populationsbezogenen Versorgung zu kommen. Dadurch schafft sie ein spezifisches Versorgungsangebot für ihre Versicherten und hat so die Möglichkeit, sich am Markt zu differenzieren. Ein Beispiel hierzu sind die unterschiedlichen Verträge der TK im kardiologischen Bereich, aus denen derzeit ein zusammenhängendes Versorgungskonzept für die Patienten entwickelt wird. Weitere Beispiele für Differenzierungsmöglichkeiten der Kassen und für den funktionierenden Wettbewerb in der GKV, sind die neuen Rabattverträge der TK mit allen führenden Herstellern zu kurzwirksamen Insulinanaloga und zur Übernahme der Kosten für Schutzimpfungen gegen Pneumokokken und Meningokokken. Rabattverträge nach § 130 a Abs. 8 SGB V ermöglichen hier nicht nur eine Differenzierung der TK am Gesundheitsmarkt durch schnelle Vertragsabschlüsse, sondern eine kosteneffiziente Umsetzung der Erweiterung des TK-Versorgungsangebots.

Vertragsmodelle im Rahmen eines effektiven Arzneimittelmanagements

Im Gegensatz zur reinen Kostendämpfungspolitik erscheint es im Arzneimittelbereich viel erfolgreicher, im Rahmen eines effektiven Arzneimittelmanagements über Einzelvertragslösungen zu Vertragsmodellen zu gelangen, die für alle beteiligten Partner erfolgsversprechend sind.

Das Zusammenwirken verschiedener Faktoren auf der Ebene des verschreibenden Arztes, der Kooperationen mit pharmazeutischen Herstellern, der Autidem Regelungen in der Apotheke, der Schaffung von Anreizen für die Versicherten und des Arzneimittelmanagements durch die Krankenkasse sollen ein effizientes Arzneimittelmanagement ermöglichen.

Die Rabattvertragssteuerung durch die Krankenkasse kann über unterschiedliche Anreize für die verschiedenen Akteure erfolgen. Ob die Aussetzung der Wirtschaftlichkeitsprüfung oder der Bonus-Malus-Regelung für Ärzte, eine Versichertensteuerung zu Apotheken oder eine Zuzahlungsermäßigung für Rabattarzneimittel für die Versicherten erfolgt, ist abhängig vom jeweiligen Rabattvertrag.

Die Schwerpunkte der Vertragsgestaltung sind hierbei abhängig von der Art der Arzneimittel, über die verhandelt wird. So bietet die Festlegung von Höchstpreisen für Innovationen die Chance zur Leistungsdifferenzierung der Krankenkasse, wie z.B. bei den kurzwirksamen Insulinanaloga. Durch die selektive Vertragsgestaltung bei „notwendigen" MeToos können Rabattverträge zur Umsetzung einer kosteneffizienteren Arzneimitteltherapie verhandelt werden. Rabattverträge bieten damit die Chance zur Differenzierung im Wettbewerb und können zur Kosteneinsparung beitragen.

Zukünftig wird die Frage zu beantworten sein, wie Versorgungsmanagement, Rabattverträge oder Hilfsmittelverträge mit den unterschiedlichen Vertragsoptionen, die es nach dem WSG geben wird, kombinierbar sind. Unser Ziel ist es, die Arzneimittelvertragsregelungen als Komponente ins Versorgungsgeschehen einzubauen. In ein Versorgungsgeschehen, das zukünftig zunehmend von den Krankenkassen und spezifischen Vertragspartnern organisiert wird.

Die Rolle der Krankenkassen bei der selektiven Vertragsgestaltung im Arzneimittelbereich

Karl-Heinz Schönbach

Die Große Koalition betreibt auf der Grundlage des bis heute unter ganz anderen Vorzeichen entwickelten Regulierungssystems der GKV eine ungeahnte Zentralisierung. Ein Einheitsverband soll alle Steuerungsinstrumente in der Hand nehmen. Ebenso wird die Finanzierung staatlich zentral reguliert. Offenbar muss die Politiker die Botschaft zuversichtlich gestimmt haben, die wettbewerbliche Gestaltung des Gesundheitswesens würde künftig von den einzelnen Krankenkassen übernommen, und das sei gut so. Soll sich diese Botschaft nicht als politische Täuschung erweisen, muss das Regulierungssystem der GKV unter diesen neuen Vorzeichen entwickelt werden. Neben ordnungspolitisch tragfähigen Instrumenten des Staates selbst müssen dezentral nachhaltige Gestaltungsräume der Krankenkassen als Wettbewerber treten. Beides wird heute vermisst. Der Staat ist ohne die Selbstverwaltung auf Bundesebene nur zu groben Interventionen fähig und die einzelnen Krankenkassen haben bislang recht wenig nachhaltige Instrumente. Dies soll im Folgenden am Beispiel des Arzneimittelbereichs gezeigt werden, um u. a. Rabattverhandlungen der Krankenkassen zu begründen. Dies ist im Übrigen das einzige Beispiel, bei dem der Gesetzgeber in die intendierte Richtung geht.[1]

1. Vertragsgestaltung im Arzneimittelbereich

Die damit aufgeworfene Frage betrifft nur insoweit pharmazeutisches Terrain, als ein unverändertes Regulierungssystem in der Hand des staatsnahen Einheitsverbandes (giftig) einer Verstaatlichung gleichkäme, wenn auch mit pseudounabhängigen Institutionen. Auch dazu gibt es ja eine jüngere deutsche Geschichte, von der eigentlich alle gelernt hatten.

- *Vorteile der Selbstverwaltungslösung*
  Selbstverwaltungslösungen sind dagegen für den Staat allein schon allein deshalb von Vorteil, weil sie seinen Legitimationshaushalt entlasten. Gerade

---

[1] Aus Gründen der Lesbarkeit wird darauf verzichtet, an allen dazu mahnenden Stellen Rechtsgrundlagen zu nennen und Paragraphen zu zitieren oder Verweise zu machen.

im „selbstreferenziellen" Gesundheitswesen, wo oft erst die Knappheit der Mittel Steuerungskraft gewinnt, ist die Verantwortung dafür nicht gern gesehen. Daher verweist der Staat bei konkreten Gestaltungen auf die Sachnähe der Beteiligten und appelliert an ihre Eigenverantwortung. Die Gestaltungsaufträge werden gesetzlich formuliert. Greifen diese in Rechte Dritter ein, stellen sich besondere Anforderungen an die Bestimmtheit der gesetzlichen Regelungen.

- *Entwicklung der Vertragsgestaltung in der GKV*
  Wird der Regulierungsapparat der GKV im Arzneimittelbereich betrachtet, erweist sich der weitaus dominante Teil als „einheitlich und gemeinsam" definiert. Dies betrifft nicht nur die Instrumente, die a priori auf Makroebene ansetzen (etwa Festbeträge), sondern auch die Instrumente auf der Mesoebene (etwa arztgruppenbezogene Richtgrößten) und Mikroebene (etwa Wirtschaftlichkeitsprüfungen). Für die Betroffenen vor Ort und die am Wettbewerb Beteiligten ist der Gestaltungsraum eng und damit auch Sachnähe kaum ein Vorteil und Eigenverantwortung wenig genutzt.

Dies sind Thesen, die argumentativ zu belegen und auf ihre Relevanz in der Praxis hin zu beurteilen sind.

- *Regelungen von „einheitlich und gemeinsam"*

Besonders staatsnah sind naturgemäß die Regelungen, bei denen die Krankenkassen(verbände) mit den Anbietern Tatbestände mit unmittelbarer Drittwirkung „einheitlich und gemeinsam" regeln. Anzusprechen sind dabei die Festbeträge regelmäßig und die Arzneimittelrichtlinien, Informationen der Körperschaften oder leistungsrechtliche Entscheidungen des Bundesausschusses von Fall zu Fall. Dabei gilt für die Festbeträge – bestätigt durch den EuGH –, dass sie ein marktkonformes Instrument der Preisregulierung bilden, der Staat allerdings schon gesetzlich zur völligen Bestimmtheit der Regelungen verpflichtet ist. Dadurch wird ein Gestaltungsspielraum der Selbstverwaltung ausgeschlossen. Und so sind etwa bis zum AVWG überhöhte Generikapreise nicht der Selbstverwaltung zuzuschreiben, sondern dem Staat. Dies gilt auch für andere Defizite der Regelung, etwa für das mehrfache Hin und Her beim Einbezug patentgeschützter Arzneimittel während der letzten 10 Jahre.

Beobachter stellen regelmäßig fest, dass sich die Bundesregierung äußerst schwer tut, wirksame Regelungen mit Drittwirkung, die ihr zuvor selbst unverzichtbar erschienen, politisch zu behaupten. Die Übergabe einer geschredderten Positivliste durch den zuständigen Staatssekretär als Geburtstagsgeschenk an den

Präsidenten des BPI ist hier nur einer der Höhepunkte. In den Niederungen des Geschäfts werden etwa einschränkende Richtlinien des Bundesausschusses vom BMG regelmäßig beanstandet. Der Staat übernimmt nicht offen Verantwortung, sondern zieht die (rechtliche) Beanstandung seiner Behörden vor. Ein Wettbewerbssystem ist aber mit einem Nachtwächterstaat, der sich nur indirekt der Verbände – und sei es des Einheitsverbandes – bedient, nicht zu machen. Schließlich trägt Selbstverwaltung am ehesten, wenn zwei Partner ihre betreffenden Fragen lösen. Drei und mehr Partner auf gemeinsame Selbstverwaltung zu verweisen, führt in kapriziöse Verfahrensordnungen.

Aber nicht nur der Kernbereich „Festbeträge" ist staatsnah „einheitlich und gemeinsam" geregelt, sondern auch weitere Preisinstrumente, insbesondere:
- die „aut-idem-Regelung" über die Wirkstoffliste des Bundesausschusses und die Rahmenverträge mit dem Deutschen Apothekerverband,
- die „Importquotenregelung" für die Apotheker ebenfalls mit dem Rahmenvertrag,
- die fast vergessene „Preisvergleichsliste" des Bundesausschusses,
- die „Zuzahlungsbefreiung" von Arzneimitteln, die die Festbeträge um 30 Prozent unterschreiten,
- die „Rahmenverträge mit den Herstellern" u.a. über Packungsgrößen etc.,
- die „Malus-Regelung" bei der Überschreitung von Tagestherapiekosten einer wirtschaftlichen Verordnung in verordnungsstarken Anwendungsgebieten usw.

Gleiches gilt für einheitliche und gemeinsame Instrumente zur Ausgabensteuerung, insbesondere:
- die „Ausschlüsse" von Bagatellarzneimitteln, nicht verschreibungspflichtigen und Lifestyle-Präparaten,
- „Rahmenvereinbarungen" und Vereinbarungen zum „Ausgabenvolumen für Arzneimittel" je Kassenärztlicher Vereinigung,
- „Zielvereinbarungen" der Gesamtvertragspartner auf KV-Ebene.
- „arztgruppenspezifische Richtgrößen" für Arzneimittel,
- sowie die Durchführung aller „Auffälligkeitsprüfarten" sowie der „Stichprobenprüfung" der Ärzte.

Und auch die Instrumente zur Qualitätsbeeinflussung werden einheitlich und gemeinsam bedient, insbesondere:
- die „Arzneimittelrichtlinien",
- und „Zielvereinbarungen" auf KV-Ebene,

Den einzelnen Kassenarten – geschweige denn den einzelnen Krankenkassen – stehen diese Instrumente nicht zur Verfügung. Den Kassenarten bleiben

- die „Arzneilieferverträge auf Landesebene" bzw. durch den VdAK bundesweit zur technisch-kaufmännischen Umsetzung der Rahmenlieferverträge mit den Apothekern.
- sowie die Vereinbarung von Boni mit der KV bei Unterschreitung von Arzneimittelvolumina (Kann-Bestimmung).
- Den einzelnen Krankenkassen bleiben systemisch Rezeptprüfungen und Aktivitäten im Sinne von „Beratung vor Regress" sowie als Entwicklungsaufgabe selektive Verträge, auf die nach dieser Einleitung einzugehen ist, d.h.
  o Verträge zur „Integrierten Versorgung" i.V.m. Arzneimitteln
  o und (bisher vereinzelte) „Rabattverträge".

Im Kontext der „Rolle der Krankenkassen bei selektiven Verträgen" kommt es hier nur darauf an, die Dominanz der staatsnahen, einheitlichen Regelungen vorzuführen. Die Kassenarten spielen kaum eine Rolle – was ja zu Konsequenzen geführt hat – die Krankenkassen ebenso: Das muss sich – wie angedeutet – ändern, soll nicht quasi Verstaatlichung das Ergebnis der aktuellen Politik sein.

- *Konsequenzen für die Umsetzung der Instrumente*

Wenn in den letzten Jahren im Arzneimittelbereich gröbere staatliche Instrumente auf der Tagesordnung standen wie „Zwangsrabatte, Preisabschläge und -moratorien", dann ist dies indirekt auch auf die kontinuierliche Verlagerung und Überlastung immer größerer Steuerungsverantwortung in der GKV auf die Ebene der „einheitlichen und gemeinsamen" Bundesebene zurückzuführen. Denn damit ging die aktive Beteiligung der vor Ort Verantwortlichen zunehmend verloren. Maßstäbe können aber nur wirksam verändern werden, wenn sie an der Basis auch angewandt und geprüft werden.
- Die Empfehlungen für die Veränderung der Ausgabenvolumina für Arzneimittel wurden durch abstruse Forderungen der KBV belastet, in die Schiedsämter getragen, in der Umsetzung auf KV-Ebene niemals auch nur annähernd eingehalten, ausgehöhlt, mit vorgeschobenen Datenfragen abgewehrt, verschleppt und gelegentlich erst zu Ablauf des betreffenden Zeitraums abgeschlossen. Und obgleich die wirtschaftliche Verordnungsweise der Ärzte regional auf höchst ungleiche „Traditionen" zurückgreifen kann, gelten die auf Bundesebene festgelegten Veränderungsfaktoren der Ausgabenvolumina ohne Unterschied für jede KV.
- Anteile von Generika, von unwirtschaftlichen Arzneimitteln, Mee-toos, aber auch von Spezialpräparaten werden zwar in den Zielvereinbarungen aufgegriffen, es gibt aber dafür keine anerkannten Benchmarks. Im Ergebnis kommen dann von Bundesebene Lösungen auf dem kleinsten gemeinsamen Nenner zustande: So wurden für 2007 im Hinblick auf die Überschreitung von

Tagestherapiekosten einer wirtschaftlichen Verordnung in verordnungsstarken Anwendungsgebieten für 7 Wirkstoffgruppen Leitsubstanzen mit entsprechenden Bruttokosten je DDD in der Wirkstoffgruppe empfohlen. Dabei kann der Arzt allerdings die Kostenvorgabe je DDD auch unterschreiten, indem er Großpackungen mit der höchsten Wirkstärke verordnet: Die Mengenkomponente konnte nicht zum Gegenstand der Vereinbarung gemacht werden. Zwar können die Gesamtvertragspartner von der Empfehlung auf Bundesebene abweichen, müssen dann aber die gleichen Effekte erzielen: Ein breites Feld rechtlicher Auseinandersetzungen deutet sich hier an.

- Für die Realisierung der Zielvereinbarungen auf KV-Ebene gilt dann eher ein Vielfaches des kleinsten gemeinsamen Nenners. So macht es eigentlich keinen Sinn, Zielquoten auf den Unsatz im generikafähigen Markt zu vereinbaren, wenn das Ziel auch durch Verordnung besonders teurer Generika erreicht werden kann.
- Aber auch im Detail gibt es im Zusammenspiel zwischen Makro- und Mikroebene Friktionen. So betreibt z.B. die Makroebene nach dem AVWG Preislinien unterhalb der Festbeträge, die aufgrund der dort ansetzenden Zuzahlungsbefreiung einen Preissog nach unten erzeugen. Hier werden die Ordnungsfunktion der Festbeträge mit Nachfragefunktionen der Marktteilnehmer („Nachfragefunktion Bund") verschmurgelt. Ebenso wird das Wahrnehmen der Nachfragefunktion auf der Mikroebene im Wege von Rabattverträgen als störend zur Preisübersicht auf Makroebene gesehen und behindert. So wurde etwa die Wirkstoffliste zum aut-idem im Bundesausschuss seit Jahren nicht mehr aktualisiert. Neben den Prüfproblemen an dieser Stelle (Rezeptdaten sind ggf. mit dem Image zu vergleichen) hat dies bisher Aktivitäten auf der Mikroebene nicht gefördert. Vielmehr konnten die Apotheker dieses Vakuum für „wildes aut-idem" nutzen, das mit dem AVWG berechtigterweise (für einige Monate) zu einem „strikten" Rabattverbot geführt hat.
- Prüflücken auf der Mikroebene gibt es auch bei der einheitlichen und gemeinsamen Importförderung. Geprüft wird i. d. R. die Einhaltung der Quote, nicht die Realisierung der damit verbundenen Wirtschaftlichkeitsziele. M. a. W.: Die Transparenz auf der Bundesebene kann nicht alleiniger Maßstab sein. Wesentlich ist auch die eigenständige Rolle der Mikroebene. Und dies nicht, weil es sich „ordnungspolitisch" nach dem Föderalprinzip oder subsidiär so gehört, sondern weil es nicht anders geht. Das Auftragen immer neuer Regelungen und Instrumente der Arzneimittelpolitik hat den Anstieg der Arzneimittelausgaben bisher nicht im Geringsten verlangsamt.
- Nicht zuletzt in diesem Kontext gelingt es den KVen trotz der Professionalisierung der Prüfeinrichtungen immer noch, etwa die Richtgrößenprüfung mit mehreren Jahren Verzug ablaufen zu lassen (vgl. Abb. 1). Trotz eines immen-

sen Aufwandes und hoher politischer Kosten wurde die Richtgrößenprüfung vielerorts überhaupt noch nicht regulär durchgeführt. Insgesamt ist das Prüfergebnis bei einer Regresssumme im einstelligen Promillebereich eher ein Signal der Verweigerung.

Abb. 1: Auskunft der Spitzenverbände zum Stand der Wirtschaftlichkeitsprüfung aus Ende 2002

KV	2000				2001			
	Richtgrößenprüfung		Durchschnittsprüfung		Richtgrößenprüfung		Durchschnittsprüfung	
	einge leitet	abge schlossen	einge leitet	abge schlossen	einge leitet	abge schlossen	einge leitet	abge schlossen
Bayern	0	0	174	25	0	0	0	0
Berlin	0	0	?	0	0	0	?	0
Brandenburg	0	0	0	0	0	0	0	0
Bremen	0	0	110	0	0	0	?	?
Hamburg	Insgesamt 384 eingeleitet u. 27 abgeschlossen				?	?	?	?
Hessen	?	0	509	81	?	0	116	0
Koblenz	0	0	257	0	0	0	0	0
Meck.-Pom.	0	0	0	0	0	0	0	0
Niedersachsen	0	0	0	0	0	0	?	0[1]
Nordbaden	0	0	10	0	?	?	?	?
Nordrhein	?	?	?	?	?	?	?	?
Nord-Wü.	0	0	7	0	?	?	?	?
Pfalz	0	0	282	201	0	0	176	62
Rheinhessen	0	0	56	31	0	0	208	24
Saarland	0	0	172	0	0	0	0	0
Sachsen	80	?	59	53	?	?	?	?
Sachsen-A	0	0	0	0	0	0	0	0

1) Abschluss der Durchschnittsprüfung für 2001 läuft in 2006

Von daher steht das Regulierungssystem, über dessen Anwendung martialische Berichte und öffentliche Auseinandersetzungen die Wahrnehmung prägen, eher als Als-Ob-System im Raum: Die Gebote und Instrumente dienen offenbar eher der Seelenmassage bei den Ärzten und Beschäftigung von Apothekern. Und bekannt ist ja, dass die Wirkungen gerade diese Form der Steuerung über die Zeit einem erheblichen Verschleiß ausgesetzt sind. Weil dann (zumeist) die (finanzielle) Entwicklung (erneut) zur politischen Besorgnis Anlass gibt, werden neue Gesetze gemacht. Deren Wirkung abzuwarten fehlt ebenso die Zeit. Und so werden neue und alte Gesetze novelliert und ergänzt, ohne dass die Wirkungsbeziehungen noch auseinander gehalten oder Wirkungen gar abgeschätzt werden können. So kuriert der Gesetzgeber inzwischen nicht ohne Verbitterung über die Selbstverwaltung in immer kürzerem Takt an Entwicklungen, die er (vermutlich, wer kann das sagen?) selbst initiiert hat. Der Industrie ist die Entwicklung Recht, obschon sie gerade amerikanischen Zentralen nur noch unter hohem Zeitaufwand erklärt werden kann, laufen doch Produktdesign und Marketing an der Basis wie geschmiert. Neue Produkte werden teils mit mehr als 500.000 Arztbesuchen in den Markt gedrückt. An der Basis werden Studien und mit gering kalkulierten Risiko Regresse versichert. Als im Sommer 2006 von einem badischen Arzneimittelsachverständigen der KBV die Einschätzung verbreitet wurde, in 2007 könnte es erstmals tatsächlich Richtgrößenprüfungen geben, konnte er die Diskussion um das WSG nicht abschließend beurteilen.

Es muss ein striktes Ziel der Gesundheitspolitik sein, die Beteiligten unmittelbarer als bisher in die Verantwortung zu nehmen und dezentralen Lösungen größere Priorität zu geben. Dies gilt für zahlreiche Partner der Versorgung und Regulierungsbereiche. Als Schritte in diese Richtung stehen zurzeit für die einzelnen Krankenkassen selektive Verträge im Mittelpunkt. Mittlerweile werden für die GKV gesetzlich zwei Steuerungssysteme parallel geführt: (Über-) Regulierung und Interventionen auf der Makroebene und z. T. dagegen gerichtete Wettbewerbselemente auf der Mikroebene.

2. Selektive Vertragsgestaltung im Arzneimittelbereich

- *Rabatte bei Integrierter Versorgung*

Ein erstes Feld, in dem die einzelnen Krankenkassen den Wettbewerb in den Arzneimittelbereich tragen können, ist die Integrierte Versorgung. Hier können Krankenkassen und Vertragspartner unterschiedlich ansetzende Vereinbarungen schließen, um Qualität und Wirtschaftlichkeit der Versorgung konkret zu verbessern. Zwar sind Pharmazeutische Hersteller nicht unmittelbar Vertragspartner der Verträge nach § 140 b SGB V, weil nicht Leistungserbringer im Sinne des SGB V, sie können aber in Verträgen nach § 130a SGB V Rabatte vereinbaren, ebenso wie Apotheker bisher über Verträge nach § 129 Abs. 8 SGB V an Integrierten Verträgen beteiligt werden konnten. In einzelnen indikationsbezogenen IV-Verträgen wurden auch patentgeschützte Arzneimittel rabattiert. Im Übrigen stehen in der Fläche 3 vertragliche Ausprägungen im Vordergrund:
Bisherige Verträge im Generika-Bereich:
i. Dabei haben die Krankenkassen zum Teil Integrierte Verträge mit Ärzten dreiseitig auf die Apotheker ausgedehnt, um mit der Industrie Rabatte zu vereinbaren. Bekannt geworden ist insbesondere das BARMER-Modell, dessen fiskalische Ergiebigkeit weit hinter der Publizität zurückgeblieben ist. Gründe dafür war zum einen die Doppelbindung Arzt und Apotheker. Zum anderen

hat sich die BARMER als Rabattpartner die halbe Branche aufnötigen lassen, was für den Mehrumsatz der Beteiligten das Aus war.

ii. Bei einem zweiten Typ standen Vereinbarungen etwa der AOK mit den KVen oder dem Hausarztverband ohne Einbezug der Apotheker im Mittelpunkt. Auch an den HMO-Versuchen der Knappschaft haben sich Generika-Hersteller beteiligt, ohne dass Apotheker in die Verträge einbezogen waren. Hier war der wirtschaftliche Erfolg größer als die Publicity.

Abb. 2: Vergleich 20 wichtiger Generika-Hersteller 2004; kombinierter Gesamtindex* aus Sortiment, Preis, Menge (1; 0) – Indikationsgruppe kardiovaskuläres System –

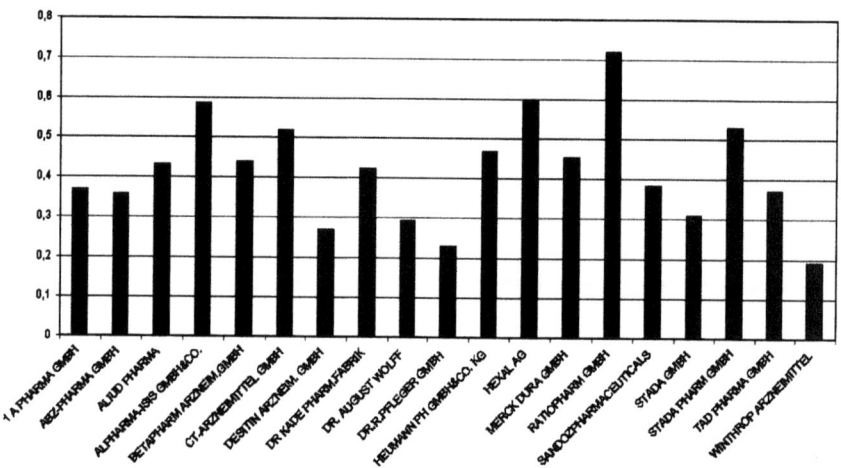

iii. Und weitere Verträge (BKK BV – DAV und ein Hersteller) wurden ebenso diskret etwa mit 500 Apothekern im Ruhrgebiet erprobt. Maßgeblich dafür war ein Vertrag zwischen BKK BV und DAV, anhand dessen die BKK einzelne Apotheker vertraglich binden können. Die Apotheker wurden dann finanziell an der Auswahl von Arzneimitteln der Rabattpartner interessiert. Zur Bewertung der Rabattpartner in einem Indikationsgebiet vgl. Abb. 2.

- *Beteiligung von Versandapotheken*

Nicht nur der Vollständigkeit halber sind als Instrument der Krankenkassen zudem Verträge mit Versandapotheken zu nennen. Diese Verträge sehen weithin Rabattstaffeln in Abhängigkeit vom Umsatz vor. Die Krankenkassen informieren ihre Versicherten etwa über ihre Homepage. Die Verträge erreichen durchaus relevante Einsparziele. Genutzt werden sie insbesondere von chronisch Kranken. Dabei hat die Diskussion um Versandapotheken seit dem Jahre 1994 als Symbol der Modernisierungspolitik in der Arzneimittelversorgung gedient, die bis heute nur halbherzig in Angriff genommen wurde. Auch hier kann man leicht erkennen, wo im europäischen Vergleich die Unterschiede zwischen Deutschland und beweglicheren Ländern wie etwa den Niederlanden liegen.

- *Rabattvereinbarungen außerhalb der Integrierten Versorgung*

i. Aufzahlungsrabatte nach AVWG

Schon mit dem AVWG 2006 sind so genannte „Aufzahlungsrabatte" eingeführt worden. Hierbei haben die Hersteller aus verschiedenen Gründen (etwa deutscher Preis als Referenzpreis in Europa) das Ziel, einen Preis oberhalb des Festbetrages durchzusetzen. Unter welchen Gesichtspunkten der Gesetzgeber dem zusätzlichen Raum geben wollte, erschließt sich nicht. Jedenfalls können Hersteller und Krankenkasse in Verträgen die Mehrausgaben aus dieser Preissetzung durch Rabatte ausgleichen. Zum Zuge gekommen sind solche Aufzahlungsrabatte bisher nicht.

Auch die Verträge zwischen Krankenkassen und Herstellern aus Anlass der Entscheidung des Bundesausschusses zu den Insulinanaloga haben Brancheninformationen nach nicht gegriffen. Es fehlte offenbar das Kommunikationskonzept, um den Ärzten die doppelte Umstellung der Patienten zu erklären oder diese zu vermeiden. Auch hatten die Partner vielfach den hohen Anteil von Importen nicht berücksichtigt. Gleichwohl bleibt ein Marketingerfolg der vertragsschließenden Krankenkassen.

ii. Rabattvereinbarungen nach WSG

Mit dem WSG stehen nun Rabattbestimmungen an, die den Apothekern vorgeben, Rabattverträge der Krankenkassen zu beachten, und ihnen die Möglichkeit geben, selbst Rabattverträge zu schließen, wenn die Krankenkassen dies versäumt haben. Dass die Apotheker über Veränderungen des Fixzuschlages kollektiv haften, wenn die Rabattvolumina unter 500 Mio. € bleiben, scheint (zumal ohne entsprechende Buchungsvorschriften für die Krankenkassen) ein politischer Merkposten der besonderen Art. Dass auch Apotheker im Rahmen der neuen Höchstpreisregelung Preisabschläge vornehmen und Zuzahlungen erlassen können sollen, wird hier nicht weiter angesprochen. Bei den nicht verschreibungspflichtigen Mitteln blieb die Zunftordnung stabil. Solange von dort wettbewerbsfähige Betriebsformen verhindert werden können, bleiben die Erwartungen gedämpft. Die Ärzte sind schon in den WSG-Regelungen nicht unmittelbar angesprochen. Da die Krankenkassen aber bei Rabattarzneimitteln ganz oder teilweise auf die Zuzahlung verzichten können, werden auch die Ärzte im Interesse ihrer Patienten daran mitwirken, die Vorteile zu erreichen.

Problematisch für die Mitwirkung der Ärzte bzw. die Haltung der KV erweist sich allerdings immer wieder, dass die Wirtschaftlichkeitsprüfung auf der Basis von Bruttowerten erfolgt, bei denen Rabatte noch nicht berücksichtigt werden. Das mindert die Bereitschaft der Ärzte und sei es, auf ein Veto gegen aut-idem zu verzichten, obwohl bei einem theoretischen Regress Nettowerte herangezogen werden. Gelegentlich werden dann Datenfragen gern genutzt, um die Wirtschaftlichkeitsprüfung rechtlich zu bestreiten. Dieses Problem wird naturgemäß zunehmen, wenn auch noch die Apotheker beliebig Zuzahlungen reduzieren und Rabattvereinbarungen schließen können. An dieser Baustelle wird rechtlich nachzuarbeiten sein.

1. Für den generischen Bereich, bei dem ein Austausch von Arzneimitteln „über die Bioäquivalenz" hinaus keine besonderen Anforderungen stellt, steht die neue Regelung unmittelbar zur Umsetzung an. Die Krankenkasse kann mit Herstellern Vereinbarungen schließen. Der Hersteller kontrahiert quasi Umsatz, für den er z.B. auf teuren Außendienst verzichten kann, weil der Apotheker gesetzlich zur Abgabe der Mittel verpflichtet wird. Ohnehin war der oft auch mit zweifelhaften Methoden auftretende Außendienst für den generischen Bereich ein deutsches Phänomen und auf das Preisniveau der führenden Anbieter in diesem Bereich zurückzuführen. Dieses Niveau ist aber bereits durch das AVWG deutlich zurückgeführt worden, nicht zuletzt mit den Zuzahlungsbefreiungen, die die Spitzenverbände mit der qualifizierten Unterschreitung der Festbeträge verbunden haben.

2. Für die nicht generischen Bereiche ist eine Umstellung des Patienten medizinisch anspruchsvoller und erklärungsbedürftiger. Die Fragen sind eher lösbar, wenn es zu patentgeschützten Wirkstoffen vorzugsweise bewährte, generische Alternativen gibt. Je mehr das Arzneimittel als Solist auftreten kann, umso problematischer werden Vereinbarungen. Das gilt nicht nur für den kontrahierten Preis. Allein der Imageschaden der Krankenkasse, die hier robuste Anreize setzt, die dann für sie willkürlich von medizinischen Komplikationen begleitet werden, dürfte abschrecken. Man denke nur an eine Krankenkasse, die sich schon allein bei VIOX oder Liprobay mit Rabattverträgen gebunden hätte. Von daher sollte die Auswähl- bzw. Austauschbarkeit mit besonders großer Sorgfalt und allgemeinverbindlicher festgestellt bzw. proklamiert werden.

Probleme machen dann weniger therapeutische Solisten, für die Rabattkonstellationen ohnehin nicht nahe liegen, sondern neu in den Markt eingeführte Arzneimittel.

Für Arzneimittel, die nicht in eine Festbetragsgruppe einzubeziehen sind, setzen die Spitzenverbände bzw. der Einheitsverband künftig einen Höchstbetrag fest. Bei den Höchstbeträgen sind die Kosten-Nutzen-Bewertungen des Instituts der GKV einzubeziehen und die anteiligen Entwicklungskosten zu berücksichtigen – ggf. kann der Höchstbetrag auch „einheitlich und gemeinsam" einvernehmlich verhandelt werden. Liegen noch keine Kosten-Nutzen-Studien vor, greift ggf. die Bindung des Verordnungsrechts an Zweitmeinungen.

Vorzuziehen auf der Grundlage von Kosten-Nutzen-Analysen wäre sicherlich eine 4. Hürde für den Zugang neuer Arzneimittel zum GKV-Markt oder zumindest eine Überprüfungsfrist unter diesen Gesichtspunkten wie in der Schweiz. Überlegungen wie in den Gutachten von Cassel-Wille-IGES-WidO[2],

a. „neutrale" Bewertungsinstanzen zu schaffen,
b. von der Erstattungsfähigkeit ohne Nutzenbewertung auszugehen,
c. und ein System von Arzneimittelvergleichsgruppen zu schaffen,
d. aus denen die Krankenkassen individuelle Positivlisten bestimmen
e. und Rabattvereinbarungen mit den Herstellern schließen,

scheinen unter der in diesem Beitrag diskutierten politischen Einschätzung interessant, als vom grünen Tisch aber in ihrer Wirkung kaum abschätzbar:

a. Für eine frühzeitige Beurteilung neuer Arzneimittel sind in Deutschland relevante unabhängige Kapazitäten erst aufzubauen.
b. Die Zahl der Experten, die dabei ernst zu nehmenden Beiträge liefern und zumindest für eine hinreichende Anzahl von Partnern zu einem Konsens beitragen können, ist überschaubar.
c. Die Lösung der Gutachter, die Bewertungsfragen in einen „unabhängigen" Bewertungsausschuss unter Einbezug der Herstellerinteressen zu verlagern, ist vordergründig.

Von daher bietet es sich an, die neuen Aspekte des Gutachtens im realpolitischen Kontext zu diskutieren. Die Institutionen und Gremien auf Makroebene der GKV sind auch nach mehreren Bordeaux-Runden nicht wegzudiskutieren. Bei den Arzneimitteln, die nicht einer Festbetragsgruppe zugeordnet werden können, bietet sich der konsequente Weg des WSG überzeugend an. Was die Gutachter in Vergleichsgruppen ordnen, ist in Festbetragsgruppen bereits gut sortiert. Zu diskutieren bleibt somit der Aspekt, ob die Rabattlösung des WSG konsequent mit

---

2 Vgl.: Cassel, D., Wille, E., IGES, WIdO: Steuerung der Arzneimittelausgaben und Stärkung des Forschungsstandortes für die pharmazeutische Industrie, Gutachten für das BMG, 455 Seiten, Manuskript vom 2. Juni 2006.

einer „Kasseninduellen Positivliste" nach Cassel/Wille zu kombinieren ist. Ordnungspolitisch scheint dies im Kontext dieses Beitrages ein reizvoller und interessanter Vorschlag. Von den Umsetzungsszenarien her und praktisch stellen sich natürlich zahlreiche Fragen.

Bevor diese Fragen über den Gutachtern ausgekübelt werden (mangelnde Transparenz aufgrund mehrer hundert Millionen Kombinationsmöglichkeiten), sollten von den Beteiligten mit ihnen mal realistisch Szenarien und Instrumente diskutiert werden.

Fazit

Die Gesundheitspolitik hat den Kontakt zur Mikroebene der Krankenkassen zumindest instrumentell verloren. Darunter leidet sie in immer größerer Hast. Konzeptionell verworren verbindet sie inzwischen Über- und Vielfachregulierung auf der Makroebene mit punktueller Deregulierung auf der Mikroebene und treibt – ihrer eigenen Wirkungen unsicher – insgesamt auf eine Verstaatlichung zu. Auch wenn es unwirksam wäre, dies für den Arzneimittelbereich isoliert anzugehen, werden dazu doch Beiträge gesucht. Anstöße kommen etwa aus dem Gutachten von Cassel/Wille et. al., die für den Markt mit therapeutischen Alternativen kassenindividuelle Positivlisten und Rabattverhandlungen vorschlagen. Auch die bundesweite Ausschreibung von 89 Wirkstoffen durch die AOK zeigt, dass die bisherige Entwicklung nach Korrekturen ruft und der Wettbewerb nicht auf einen Startschuss wartet.

Direktverträge mit den Krankenkassen: Die Position der pharmazeutischen Industrie

Walter Köbele

Jegliche Beziehungen in der Wirtschaft beruhen auf Verträgen – paradoxerweise gilt dies nicht für das Gesundheitswesen. Denn die Arzneimittelversorgung der gesetzlichen Krankenversicherung (GKV) ist durch zahlreiche Regulierungen geprägt. Die Regulierungsmaßnahmen setzen auf drei Ebenen an: bei der Preisbildung, im Hinblick auf die zu Lasten der GKV verschreibbare Menge sowie in Bezug auf die Auswahl eines Arzneimittels. Auf diesen Ebenen kommen verschiedene Instrumente zum Einsatz, mittels derer letztlich die GKV-Ausgaben für Arzneimittel gesteuert und möglichst reduziert werden sollen.

Auf der Ebene der Preisbildung handelt es sich etwa um Festbeträge, Preismoratorien oder Herstellerrabatte. Durch diese Instrumente wird indirekt in die Preisbildung der Hersteller eingegriffen. Zudem wird versucht, das Verordnungsverhalten der Ärzte im Hinblick auf die Menge an Arzneimitteln, deren Kosten die GKV trägt, unter anderem durch Regressmöglichkeiten, Richtgrößenprüfungen, Quotenvorgaben zu steuern. Auch die Auswahl von Arzneimitteln durch den Arzt wird beeinflusst – zum Beispiel durch Leitlinien, Therapieempfehlungen, Wirkstofflisten und Nutzenbewertungen.

Diese Vielzahl an Instrumenten im Bereich der Arzneimittelversorgung stellt ein hochreguliertes Setting dar, das es für die einzelnen Akteure im System schwierig macht, neue Wege für einzelvertragliche Lösungen zu finden. Neue Kooperationsmöglichkeiten im Gesundheitswesen bieten jedoch die Chance, die Gesundheitsversorgung effektiver und effizienter zu gestalten. Durch die Schaffung der Möglichkeit von Direktverträgen zwischen Krankenkassen und Unternehmen, versucht der Gesetzgeber nun einen zaghaften Schritt in diese Richtung zu tun.

Direktverträge zwischen pharmazeutischen Unternehmen und Krankenkassen über zusätzliche Rabatte sind durch das Beitragssatzsicherungsgesetz seit Anfang 2003 möglich geworden. Grundlage für diese Rabattverträge ist § 130a Abs. 8 SGB V. Durch das Gesetz zur Verbesserung der Wirtschaftlichkeit in der Arzneimittelversorgung (AVWG), das im Mai 2006 in Kraft trat, wurden zudem die Möglichkeiten zur Einräumung von Kompensationsrabatten für Arzneimittel, deren Preis über dem Festbetrag liegt, erweitert.

Dennoch wurden bisher relativ wenig derartige Verträge abgeschlossen, was auf vielfältige Gründe zurückzuführen ist. So sieht das Gesetz keine Möglichkeit vor, Kollektivregelungen durch Vertragsrabatte zu ersetzen. Auch gibt es keine Anreize für die Krankenkassen, sich durch ein besonders hochwertiges Arzneimittelangebot im Leistungswettbewerb positiv abzuheben. Dies bedeutet, dass der Gestaltungsspielraum für einzelvertragliche Lösungen stark eingeschränkt ist. Zudem sind Mengenvereinbarungen aus rechtlichen Gründen nicht möglich – die Kassen können die Abnahme von Mengen nicht garantieren, da die Nachfrage nach einzelnen Präparaten vom Arzt beziehungsweise Patienten bestimmt wird oder der Substitutionsentscheidung des Apothekers unterliegt. Für Krankenkassen ergeben sich aufgrund dessen auch keine planbaren Einsparungen, da ihre fehlende Steuerungskompetenz von den Herstellern bei der Vertragsgestaltung entsprechend berücksichtigt wird. Bisher existierende Verträge wurden hauptsächlich mit einigen großen Anbietern im Generikamarkt geschlossen, die dabei offensichtlich in erster Linie das Ziel der Sicherung eines Marktanteils verfolgt haben.

Ebenfalls hinderlich für die Umsetzung von Rabattverträgen ist der bürokratische Aufwand des Vertragsmanagements aufgrund fehlender Informationssysteme. Daraus ergibt sich eine erhöhte Intransparenz bei den Ärzten. Hier besteht Bedarf an Lösungen, die den einzelnen Akteuren einen schnellen Zugriff auf die aktuell geltenden Vertragsinhalte und Daten ermöglichen.

Insgesamt ist damit festzustellen, dass der Rechtsrahmen in seiner bisherigen Form keinen aktiven Vertragsmarkt im Arzneimittelbereich etablieren konnte. Es stellt sich daher die Frage, wie sich die Gesundheitsreform 2007 in diesem Bereich auswirken wird.

Das „Gesetz zur Stärkung des Wettbewerbs in der GKV" (GKV-WSG), das im April 2007 in Kraft treten soll, beinhaltet weitere Neuerungen im Arzneimittelbereich. Erklärtes Ziel des Gesetzgebers ist es, mehr Wettbewerb im System zu schaffen, eine nachhaltige Finanzierung sicherzustellen sowie Effizienz und Transparenz zu steigern. Können die Neuregelungen tatsächlich mehr Wettbewerb im Arzneimittelmarkt etablieren?

Haben sich die bisherigen Regelungen vor allem auf patentfreie und festbetragsgeregelte patentgeschützte Arzneimittel konzentriert, so steht nun der hochinnovative festbetragsfreie Markt im Fokus des geplanten GKV-WSG (vgl. Abbildung).

Danach werden künftig neue Arzneimittel nach Zulassung und Markteinführung zunächst grundsätzlich durch die GKV erstattet, bis das Ergebnis einer (Kosten-) Nutzen-Bewertung vorliegt. Das Bewertungsergebnis bildet dann die Grundlage für die Festsetzung von Erstattungshöchstbeträgen für den Bereich der GKV. Die künftige Preis- und Absatzplanung der Hersteller kann aufgrund der Möglichkeit der Festsetzung eines Erstattungshöchstbetrags also nicht mehr auf verlässlicher Basis ablaufen.

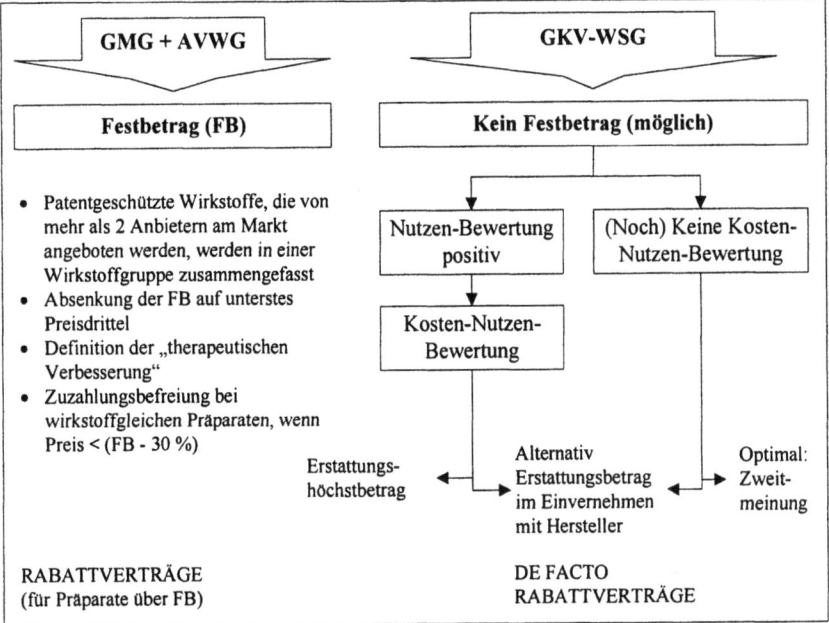

Zudem können neue und teure Therapien unter die Pflicht einer Zweitmeinung gestellt werden, sodass die Verordnung durch zusätzliche administrative Verfahren beeinflusst werden kann.

Den forschenden Pharmaunternehmen werden damit weitere Bausteine der unternehmerischen Planung genommen, derer sie unbedingt bedürfen, um den langfristigen Forschungs- und Entwicklungsprozess zu finanzieren und das damit verbundene Risiko zu tragen. Dies bedeutet auch, dass es zunehmend unattraktiver wird, in den Standort Deutschland zu investieren.

Das geplante GKV-WSG schafft neue Anreize zu individuellen Vertragsabschlüssen zwischen Unternehmen und Krankenkassen, knüpft diese allerdings an bestehende kollektive Regelungen im Arzneimittelmarkt. Dadurch werden die Chancen auf einzelvertraglicher Ebene zu kooperativen Lösungen, die die Versorgung verbessern und einen gezielten Einsatz innovativer Therapien ermöglichen, wieder eingeschränkt.

So wurde zum Beispiel im Bereich der *Apotheken* die Aut-Idem-Regelung neu gefasst. Apotheker sind künftig verpflichtet, bei Arzneimitteln, für die der Arzt bei seiner Verordnung die Ersetzung durch ein wirkstoffgleiches Arzneimittel nicht ausgeschlossen hat, eine Substitution durch Arzneimittel vorzunehmen, für die Rabattverträge bestehen. Liegen keine Rabattvereinbarungen vor, kann die Apotheke das verordnete Arzneimittel wie bisher durch eines der drei preisgünstigsten Arzneimittel ersetzen.

Durch verschiedene die *Ärzte* betreffende Regelungen werden Anreize geschaffen, bei der Verordnung bevorzugt Arzneimittel zu berücksichtigen, für die Rabattverträge existieren. So können Verordnungen von Arzneimitteln, für die der Arzt einem Vertrag der Krankenkasse mit dem Hersteller beigetreten ist, in Zukunft von der Wirtschaftlichkeitsprüfung freigestellt werden (§ 106 Abs. 2 SGB V neu). Zudem wird der Vertragsarzt bei bevorzugter Verschreibung von Arzneimitteln, für die es Preisvereinbarungen mit pharmazeutischen Unternehmen gibt, von der ab 2007 geltenden Bonus-Malus-Regelung freigestellt, soweit die Arzneimittel Gegenstand der Bonus-Malus-Regelung sind (§ 84 Abs. 4a SGB V neu).

Die *Krankenkassen* können künftig die Zuzahlung der Versicherten für rabattierte Arzneimittel halbieren oder aufheben, wenn aus deren Verordnung insgesamt Einsparungen zu erwarten sind (§ 31 Abs. 3 SGB V neu). Dies gilt neben der GKV-weiten Zuzahlungsbefreiung für preisgünstige Arzneimittel.

Betrachtet man die Wirkungen dieser Regelungen insgesamt kritisch, so ist festzustellen, dass Anreize zum Abschluss von Rabattverträgen ausschließlich auf preislicher Ebene, jedoch nicht im Hinblick auf die Versorgungsqualität gesetzt werden.

Neue Möglichkeiten für Rabattverträge bieten sich durch das GKV-WSG auch im Rahmen der *Integrierten Versorgung*, allerdings sind hier die pharmazeutischen Unternehmen nicht unmittelbarer Vertragspartner. Insgesamt eröffnen sich in der Integrierten Versorgung jedoch neue Chancen für Verträge in qualitätsorientierten Versorgungsmodellen.

Möglich werden zukünftig Rabattverträge *zwischen pharmazeutischen Unternehmen und Apotheken*, sofern nicht bereits ein Vertrag mit einer Krankenkasse besteht. Die Apotheken müssen dann 85 % des Rabattvolumens an die Krankenkasse weiterleiten, 15 % beziehungsweise maximal 15 Euro je Packung dürfen sie einbehalten. Einen möglichen Anreiz zum Abschluss eines solchen Vertrages stellt die im vorliegenden Gesetzentwurf enthaltene Aufforderung an die Apotheker dar, im Jahr 2007 mindestens 500 Mio. Euro einzusparen. Anderenfalls wird der Abschlag für verschreibungspflichtige Arzneimittel, den die Apotheken an die Kassen entrichten, mit Wirkung für 2009 erhöht.

Im Wesentlichen nimmt durch die vorgesehene Erweiterung der bestehenden Maßnahmen die Überregulierung im Arzneimittelmarkt weiter zu. Selektive Verträge und kollektive Regelung existieren nun nebeneinander, wobei die Möglichkeiten zu Einzelvertragsabschlüssen nur scheinbar ausgeweitet werden.

Der neue gesetzliche Rahmen schafft Möglichkeiten, selektive Verträge abzuschließen und somit einen partiellen „Wettbewerb" herzustellen. Dieser Wettbewerb bezieht sich allerdings nur auf den Parameter Preis bzw. Rabatt. Weitere Möglichkeiten der Vertragsgestaltung werden nicht eröffnet. Das Gesetz schafft keine Anreize, dass Krankenkassen in die Versorgungsqualität und Gesundheit ihrer Versicherten investieren. Damit stellt es keinen ausreichenden ordnungspolitischen Wettbewerbsrahmen für Verträge zwischen Kassen und Unternehmen her, sondern führt tendenziell zu stärkerer Preisregulierung im Arzneimittelmarkt. Hier wird das „Wettbewerbsstärkungsgesetz" seinem Namen nicht gerecht.

Was könnten Voraussetzungen für zielführende Gestaltungsoptionen bei Direktverträgen sein?

Vertragslösungen bieten die Chance, zu einer qualitativ besseren Versorgung beizutragen, Innovationen differenzierter zu bewerten sowie den therapeutischen Fortschritt in der Versorgung gezielt zu nutzen. Voraussetzung hierfür ist eine genaue Betrachtung des medizinischen beziehungsweise klinischen und ökonomischen Wertes von Innovationen durch die Krankenkassen. Dies kann sachgerecht nur unter Kenntnis der Versorgungsprozesse, -ergebnisse und deren Kosten erfolgen. Erst dann kann jede Krankenkasse den Mehrwert der Innovation bezüglich Therapieerfolg und Outcome für definierte Patienten oder Indikationen ihrer Versichertenpopulation entsprechend einschätzen und diesen ihren Versicherten zugänglich machen wollen. Dies bedeutet, dass innovative Arzneimittel denjenigen Patienten zur Verfügung stehen, die von der Anwendung am meisten profitieren.

Auf dieser Grundlage beinhalten die Verträge Preis- und Mengenvereinbarungen, die den ökonomischen und medizinischen Outcome für das identifizierte Versorgungsproblem optimieren.

Ziel muss es sein – ganz im Sinne Friedrich August von Hayeks – einen Wettbewerb als Such- und Entdeckungsverfahren zu implementieren, der zu besseren und effizienteren Lösungen für spezifische Versorgungsprobleme im Gesundheitswesen führt.

Damit Vertragsformen als Instrumente eines effizienzsteigernden Wettbewerbs zum Einsatz kommen, bestehen aus Sicht der einzelnen Akteure bestimmte Anforderungen. So sollten die Patienten über Leistungen informiert sein und frei zwischen verschiedenen Behandlungsoptionen wählen können. Krankenkassen muss es möglich sein, sich über den Wettbewerb im Leistungsbereich – auch im Arzneimittelbereich – im Markt zu positionieren. Beispielhaft wären hier Modelle zu nennen, in denen die Versicherten gemäß ihrer Präferenzen wählen, wie umfassend die Leistungen ihrer Kasse sein sollen. Sie können dann beispielsweise entscheiden, inwieweit oder auch wie schnell medizinischer Fortschritt für sie zugänglich sein soll. Dazu ist es erforderlich, dass sowohl die Ärzte als auch die Patienten entsprechend informiert sind, zum einen um das Wissen um neue Therapiewege zu vermitteln, zum anderen um die Compliance der Patienten zu steigern.

Die pharmazeutische Industrie hingegen hat die Aufgabe, durch innovative Arzneimitteltherapie und entsprechende Programme Lösungen zu entwickeln, die die medizinischen Outcomes verbessern und die Effizienz der Versorgung steigern. Derartige Vertragsmodelle können in Zusammenarbeit mit den Krankenkassen entwickelt werden. Durch solche Ansätze kann der Nutzen innovativer Arzneimittel auf diejenigen Patienten konzentriert werden, die sie aus medizinischen Gründen benötigen und deren Lebensqualität und -dauer dadurch gesteigert wird. Andererseits unterliegt dann der Einsatz der Innovation nicht dem Kalkül eines kurzfristigen Ausgabenbudgets, sondern einem mittel- oder langfristigen Versorgungsmanagement.

Erfolg versprechende Gestaltungsoptionen für Direktverträge machen die Erweiterung der Vertragsparameter notwendig und eine längerfristige Orientierung erforderlich. Die einseitige Fokussierung auf den Preis als Parameter muss zugunsten der Versorgungsqualität überwunden werden, indem z. B. medizinische Outcomes als Zielkriterien in die Verträge aufgenommen werden. Weitere Bestandteile solcher Vereinbarungen können ein besseres Patientenmanagement durch die Ärzte, gezielte Fortbildungsangebote aber auch Schulungs- und Informationsangebote sowie bestimmte Zusatzleistungen wie Hotlines für Patienten und Versicherte sein.

In vielen Fällen kann nur mittel- oder langfristig eine win-win-Situation entstehen, die beide Vertragsparteien gleichermaßen für ihre Bemühungen und Aufwendungen entlohnt. Die Verträge sollten sich daher nicht auf kurze Laufzeiten beschränken.

Insbesondere muss sich das Verständnis von Krankheit dahingehend wandeln, dass nicht mehr die Therapie von (Folge-)Erkrankungen im Vordergrund steht, sondern der Erhalt von Gesundheit und Vermeidung von Folgeschäden. Die Wertschätzung von Innovationen muss sich in entsprechender Planungssicherheit für forschende Hersteller niederschlagen, auch was die Preisfindung betrifft. Die Beachtung wettbewerbskonformer Rahmenbedingungen ist dabei unerlässlich.

Wegweisend für zukünftige Vertragsgestaltungen können Erfahrungen mit verschiedenen Vertragstypen aus den USA sein, die Pilotcharakter haben. Beispielhaft können an dieser Stelle outcomes guarantees, financial risk-sharing und capitation-Modelle genannt werden.

Outcomes guarantees sind Verträge, die den medizinischen Outcome als Vertragsparameter zum Gegenstand haben. Bestimmte medizinische Zielwerte, die durch die Arzneimitteltherapie in einem Indikationsgebiet erreicht werden sollen, werden vertraglich festgelegt. Werden diese durch die bestimmungsgemäße Therapie nicht realisiert, so werden die zusätzlichen Kosten der weiteren Therapie vom Pharmaunternehmen getragen bzw. es werden zusätzliche Leistungen erbracht. Dies soll zu einem verantwortungsvollen Umgang mit knappen Ressourcen im Gesundheitswesen und zu einem effektiven Einsatz von Arzneimitteln beitragen.

Financial risk-sharing dagegen hat nicht medizinische Parameter zum Vertragsgegenstand, sondern ist auf die anfallenden Ausgaben bezogen. Übersteigen die tatsächlichen Kosten der Behandlung die vereinbarte Höhe, so trägt der Hersteller einen vereinbarten Anteil der Zusatzkosten und damit des finanziellen Risikos, das mit dem Einsatz der Therapie einhergeht. Die Schwierigkeit bei diesem Modell liegt darin, ein Kontrollschema zu entwerfen, das für beide Seiten akzeptabel ist. Um eine adäquate Kostenschätzung vornehmen zu können, sind die entsprechenden Informationen und Studien nötig.

Das Modell der *Capitation* hat sich in den USA bereits im Rahmen der ärztlichen Vergütung etabliert. Man versteht darunter eine Kopfpauschale. Im Hinblick auf Vertragsmodelle mit pharmazeutischen Unternehmen bedeutet dies, dass ein definiertes Leistungsbündel angeboten wird, das pauschal für eine Zeitperiode vergütet wird. Hersteller bieten hierbei möglichst effektive Leistungskomplexe an, die dazu geeignet sind, Behandlungsziele zu erreichen und durch die Pauschale abgedeckt werden. Das vereinbarte Leistungsbündel kann z. B. Diagnostika und medikamentöse Versorgung für eine definierte Indikation beinhalten aber auch zusätzliche Patientenschulungen. Ärztliche Leistungen sind nicht Bestandteil dieses Vertrags mit pharmazeutischen Unternehmen.

Vielleicht können diese Optionen behilflich sein, die bekannten Probleme des deutschen Gesundheitswesens im Wege eines Vertragswettbewerbs zu überwinden. Dabei muss klar sein, dass es „die" Lösung nicht gibt – vielmehr sollte ein Suchprozess und eine „Experimentierkultur" durch eine Vielzahl verschiedenartiger Vertragsformen im Gesundheitswesen in Gang kommen, an dessen Ende die bessere Lösung für das Gesamtsystem steht.

Statt die Regulierung voranzutreiben und die Interventionsspirale weiterzudrehen, ist eine grundlegende Reform notwendig, die einen geeigneten Wettbewerbsrahmen schafft. Dazu sind alle Partner im Gesundheitswesen aufgerufen, Lösungsmöglichkeiten aufzuzeigen und gemeinsam deren Umsetzung anzugehen. Die pharmazeutische Industrie ist bereit, sich auf neue und innovative Varianten und Formen der Zusammenarbeit einzulassen.

Notwendig hierfür sind der politische Wille und die entsprechenden Gestaltungsspielräume. Letztlich geht es auch darum, ein Stück soziale Marktwirtschaft in unserem Gesundheitssystem zuzulassen. Dazu genügen aber nicht nur gesetzgeberische Maßnahmen, denn wie schon R. v. Weizsäcker erkannt hat: „Soziale

Marktwirtschaft vollzieht sich nicht in Gesetzbüchern, sondern im Denken und Handeln der Menschen."

Direktverträge mit den Krankenkassen: Die Position der pharmazeutischen Industrie (Zusammenfassung)

Mark Seidscheck

Lassen Sie mich eines im Vorfeld klarstellen. Ich spreche zu Ihnen als Interessenvertreter des mitgliederstärksten Verbandes der Arzneimittel-Hersteller in der Bundesrepublik Deutschland. Anders als ein Wissenschaftler habe ich kein Mandat, zu diesem Thema allein eine aus wissenschaftlicher Sicht überzeugende Analyse vorzunehmen, sondern ich muss zusätzlich in gleichem Maße die Auswirkungen auf die Mitgliedsunternehmen des Verbandes berücksichtigen. Oder, anders ausgedrückt, als Verbandsvertreter habe ich immer nur dann ein Mandat zur Wahrnehmung bestimmter Interessen, wenn die überwiegende Mehrzahl der Unternehmen sie stützt. Es stellt sich deshalb die Frage, die bereits hier mehrfach angesprochen worden ist, nach der Vereinbarkeit von Gesundheits- und Wirtschaftspolitik.

Für die Problematik, zu der ich mich heute äußere, habe ich naturgemäß keine Patentlösung, übrigens sehe ich diese momentan überhaupt nicht. Wenn über Direktverträge mit den Krankenkassen geredet wird, dann primär unter der Prämisse, dass es sich dabei um ein marktwirtschaftliches Verhalten handelt, das Wettbewerb auslöst. Jedenfalls mehr Wettbewerb als bisher.

Sie wissen, dass der Bundesverband der Arzneimittel-Hersteller (BAH) sich auf Basis eines Gutachtens bisher eindeutig für zentrale statt dezentrale Lösungen für die Bestimmung der Erstattungsregeln der zu Lasten der GKV verschriebener Arzneimittel ausgesprochen hat. Dabei ist unter dezentraler Lösung zu verstehen, dass Preis- und Erstattungsentscheidungen auf der Ebene nachgeordneter Körperschaften oder z.B. einzelner Krankenkassen unabhängig voneinander, d.h. ggf. auch uneinheitlich getroffen werden können, wobei das deutsche System sowohl durch eine zentrale Preis- wie Erstattungsregelung charakterisiert ist. Dabei erweist sich allerdings die konkrete Ausgestaltung der einzelnen Regulierungsinstrumente, insbesondere das Festbetragssystem, als vergleichsweise marktkonform und auch wettbewerbsauslösend. Denn eine Studie des Rheinisch Westfälischen Instituts kommt zu dem Ergebnis, dass die Unternehmen unmittelbar nach erstmaliger Einführung der Festbeträge im Jahre 1994 ihre Arzneimittelpreise um 2,3% abgesenkt haben und im Juli 2005 um 22%.

Dezentrale Lösungen sind in erster Linie kassenspezifische Preis- bzw. Rabattverhandlungen, Positivlisten oder Gewinnvereinbarungen. Diese Regulierungen begünstigen im Ergebnis auf Herstellerebene die Kriterien Unternehmensgröße, Produktdiversifikation, Innovationskraft und (internationale) Marktmacht im Sinne großer Unternehmen. Im Umkehrschluss können sich mittelständische Hersteller nach der für Deutschland spezifischen Prägung in zunehmend stärker deregulierten Szenarien immer weniger behaupten.

Dezentrale Preisverhandlungen schaffen bereits für sich genommen ungleiche Machtverhältnisse zwischen Großkonzernen und dem pharmazeutischen Mittelstand. Verstärkt wird dieser Effekt, wenn die Preisverhandlungen mit dezentralen Regelungen der Erstattungsfähigkeit verknüpft werden.

Diese Analyse ist bisher nicht ernsthaft in Frage gestellt worden und von dem hier anwesenden Professor Ulrich bei einer entsprechenden Diskussionsrunde auf Einladung der FDP zur Zukunft unseres Gesundheitswesens im September 2006 ausdrücklich bejaht worden. Auf der anderen Seite muss man sehen, dass die Koppelung von Festbetragsarzneimittelpreisen und Zuzahlungsbefreiung für Versicherte einerseits und die durch das AVWG eingeräumten Rabattvertragsmöglichkeiten andererseits sowie die noch weiter gehenden geplanten Rabattvertragsmöglichkeiten im Rahmen des sich in den parlamentarischen Beratungen befindenden GKV-Wettbewerbsstärkungsgesetzes es notwendig machen, die gegenwärtige Verbandsposition zu *über*denken, was möglicherweise auch zu einem *Um*denken führen kann.

Denn aktuell sind die Festbeträge nur noch, anders als gesetzlich angelegt, bei entsprechender Marktkenntnis in einer ersten Stufe berechenbar, weil die Spitzenverbände der Krankenkassen sie in eigener Verantwortung durch die Zuzahlungsbefreiungsgrenzen für Versicherte in § 31 Abs. 3 SGB V über die festgeschriebenen mindestens 30% hinaus mittelbar weiter nach unten absenken können. Dies ist nach Auffassung der Bundesregierung auch rechtlich zulässig. Konkrete Kriterien hierfür sind im Gesetz nicht festgelegt, außer, dass weitere Einsparungen zu erwarten sind. D.h. der Begünstigte, die Krankenkasse, legt in eigenem Interesse die Absenkungsgrenzen, inzwischen teilweise bereits 50%, fest. Für die Industrie ist das weder vorhersehbar, geschweige denn transparent.

Dieses Verfahren ist also die Hersteller völlig intransparent und nicht vorhersehbar und macht damit die Effizienz der Festbeträge nicht mehr kalkulierbar.

Der bereits erwähnte Umdenkungsprozess wird auch beschleunigt durch die Tatsache, dass eine Einkaufsgemeinschaft der Landesverbände der Ortskrankenkassen ca. 90 Wirkstoffe mit einem auf diese Krankenkassen entfallendem Verordnungsvolumen von rund 3,5 Mrd. € ausgeschrieben haben, wobei bis zu drei Anbieter je Wirkstoff ausgewählt werden. Damit ein Produkt in die engere Wahl kommen kann, muss der Apothekenverkaufspreis abzüglich des gewährten Rabattes unter dem Preis des derzeit günstigsten Produktes liegen.

Der BAH, wie aber auch andere Herstellerverbände, haben gegen dieses Vorgehen beim Bundeskartellamt Beschwerde eingelegt, der allerdings nicht stattgegeben wurde, auch wenn die vorgetragene Argumentation dort weitgehend geteilt wurde. Als Konsequenz daraus werden mit hoher Wahrscheinlichkeit betroffene Unternehmen Klage erheben, wobei diese auf Grund gesetzlicher Zuweisung bei den Sozialgerichten einzulegen ist.

Angesichts der von dem Vorstandsvorsitzenden des Bundesverbandes der Betriebskrankenkassen errechneten theoretisch 4 Mio. Vertragsmöglichkeiten (400 Wirkstoffe, 200 Kassen, 50 Hersteller oder jeder kann mit jedem) ist das Verfahren hochgradig intransparent, kostenproduzierend und damit für die betroffene Industrie, aber auch Ärzte und Apotheker nicht handhabbar.

Diese Analyse zeigt zweierlei.
- Der Festbetrag ist nur noch ein sehr unscharfer und damit unzuverlässiger Indikator für eine wirtschaftliche Verordnung. Denn es ist festzustellen, dass mit dem Preis eines Festbetragsarzneimittels, das zusätzlich zuzahlungsbefreit ist, erst die eigentliche Basis für die Preisgestaltung oder für die Preisverhandlung im Sinne von Rabattverträgen beginnt. Dies belegt die Ausschreibung der AOKs eindeutig.

Rabattverhandlungen auf Basis einer gesetzlich vorgegebenen Orientierungsbasis, den Festbeträgen, haben aber nichts mehr mit gleichen Ausgangspositionen der Verhandlungsführer zu tun.
- Die Aktivitäten der Landesverbände der Ortskrankenkassen zeigen vielmehr, dass für dieses Vorgehen ein Ordnungsrahmen geschaffen werden muss, der sich an dem Prinzip der „gleichlangen Spieße" orientiert.
- Bei einer fortschreitenden Nutzung der Rabattvertragsmöglichkeiten werden sich die Festbeträge überholen und einem generellen Vertragssystem weichen müssen.

Für das Prinzip der gleichlangen Spieße gilt, dass die Politik einen verbindlichen Rahmen vorgibt, der aber auch fortgeschrieben werden kann oder muss. D.h. es muss einen von jeder Kasse einzuhaltenden therapeutischen Grundkatalog geben. D.h. Kassen-Positivlisten können nur in der Form möglich sein, dass sie mehr bieten als den Grundkatalog. Dies ist deswegen notwendig, weil die kassenindividuellen Positivlisten in ihrer therapeutischen Bedeutung vom Patienten nicht bewertet werden können und deshalb auch nicht als Wettbewerbselement in Frage kommen dürfen. Dabei ist es prinzipiell auch möglich, den Leistungskatalog negativ zu definieren.

Alle Arzneimittelhersteller müssen in die Ausschreibung einbezogen werden, soweit sie die nachgefragten Substanzen bzw. Präparate anbieten. Es müssen klare Vergaberegeln formuliert werden und die Überprüfbarkeit von Ausschreibungsverfahren muss nach allgemeinem Wettbewerbsrecht vor den Zivilgerichten möglich sein.

Noch einmal zurück zur Chancengleichheit und der Aufgabe eines Verbandsvertreters in diesem Zusammenhang.

Bei der klaren Tendenz der Ergebnisse solcher Verhandlungen zu Gunsten von großen Unternehmen bzw. zu Lasten von mittleren und kleineren muss eine sog. Mittelstandsklausel gefunden werden, die ich aber heute noch nicht definieren kann. Auch bei der FDP, die auf einem Parteitag für die gesetzlichen Krankenversicherungen ein reines Wettbewerbsmodell kreiert hat, ist klar, und das ist auf der bereits zitierten Veranstaltung im September wiederholt worden, dass das Wettbewerbsmodell mit dem Erhalt des pharmazeutischen Mittelstandes kollidiert. Und auch die jetzige Koalition hat sich immer wieder für den Mittelstand und seinen Erhalt im pharmazeutischen Bereich ausgesprochen.

Auf Basis der Analyse und den Problemen, die ich Ihnen geschildert habe, wird sich der Verband der Aufgabe stellen müssen, sich mit einer Alternative zum jetzigen Festbetragsmodell über eine Erweiterung der Rabattvereinbarungen auseinanderzusetzen.

Verzeichnis der Autoren

Cassel, Prof. Dr. Dieter	Lehrstuhl für Allgemeine Wirtschaftspolitik, Universität Duisburg
Hoberg, Dr. Rolf	Vorsitzender des Vorstandes, AOK Baden-Württemberg, Stuttgart
Knieps, Franz	Leiter der Abteilung Gesundheitsversorgung, Krankenversicherung, Pflegeversicherung im Bundesministerium für Gesundheit, Bonn/Berlin
Köbele, Walter	Vorsitzender der Geschäftsführung der Firma Pfizer Deutschland GmbH, Karlsruhe
Neubauer, Prof. Dr. Günter	Institut für Gesundheitsökonomik, München
Pföhler, Wolfgang	Vorstandsvorsitzender, RHÖN KLINIKUM AG, Bad Neustadt a.d.S.
Rebscher, Prof. Dr. h.c. Herbert	Vorsitzender des Vorstandes der DAK, Hamburg
Schönbach, Karl-Heinz	Leiter der Hauptabteilung Verträge des Bundesverbandes der Betriebskrankenkassen, Essen
Schulte, Gerhard	Vorsitzender des Vorstandes, BKK Landesverband Bayern, München
Seidscheck, Dr. Mark	Hauptgeschäftsführer des Bundesverbandes der Arzneimittelhersteller, Bonn
Staudt, Susanne	Lehrstuhl für Medizinmanagement, Universität Duisburg-Essen

Straub, Dr. Christoph	Stellvertretender Vorsitzender des Vorstandes der Techniker Krankenkasse, Hamburg
Ulrich, Prof. Dr. Volker	Lehrstuhl für VWL III, insb. Finanzwissenschaft, Universität Bayreuth
Wasem, Prof. Dr. Jürgen	Lehrstuhl für Medizinmanagement, Universität Duisburg-Essen
Wille, Prof. Dr. Eberhard	Lehrstuhl für Volkswirtschaftslehre, insb. Finanzwissenschaft, Universität Mannheim

STAATLICHE ALLOKATIONSPOLITIK IM MARKTWIRTSCHAFTLICHEN SYSTEM

Band 1 Horst Siebert (Hrsg.): Umweltallokation im Raum. 1982.

Band 2 Horst Siebert (Hrsg.): Global Environmental Resources. The Ozone Problem. 1982.

Band 3 Hans-Joachim Schulz: Steuerwirkungen in einem dynamischen Unternehmensmodell. Ein Beitrag zur Dynamisierung der Steuerüberwälzungsanalyse. 1981.

Band 4 Eberhard Wille (Hrsg.): Beiträge zur gesamtwirtschaftlichen Allokation. Allokationsprobleme im intermediären Bereich zwischen öffentlichem und privatem Wirtschaftssektor. 1983.

Band 5 Heinz König (Hrsg.): Ausbildung und Arbeitsmarkt. 1983.

Band 6 Horst Siebert (Hrsg.): Reaktionen auf Energiepreissteigerungen. 1982.

Band 7 Eberhard Wille (Hrsg.): Konzeptionelle Probleme öffentlicher Planung. 1983.

Band 8 Ingeborg Kiesewetter-Wrana: Exporterlösinstabilität. Kritische Analyse eines entwicklungspolitischen Problems. 1982.

Band 9 Ferdinand Dudenhöfer: Mehrheitswahl-Entscheidungen über Umweltnutzungen. Eine Untersuchung von Gleichgewichtszuständen in einem mikroökonomischen Markt- und Abstimmungsmodell. 1983.

Band 10 Horst Siebert (Hrsg.): Intertemporale Allokation. 1984.

Band 11 Helmut Meder: Die intertemporale Allokation erschöpfbarer Naturressourcen bei fehlenden Zukunftsmärkten und institutionalisierten Marktsubstituten. 1984.

Band 12 Ulrich Ring: Öffentliche Planungsziele und staatliche Budgets. Zur Erfüllung öffentlicher Aufgaben durch nicht-staatliche Entscheidungseinheiten. 1985.

Band 13 Ehrentraud Graw: Informationseffizienz von Terminkontraktmärkten für Währungen. Eine empirische Untersuchung. 1984.

Band 14 Rüdiger Pethig (Ed.): Public Goods and Public Allocation Policy. 1985.

Band 15 Eberhard Wille (Hrsg.): Öffentliche Planung auf Landesebene. Eine Analyse von Planungskonzepten in Deutschland, Österreich und der Schweiz. 1986.

Band 16 Helga Gebauer: Regionale Umweltnutzungen in der Zeit. Eine intertemporale Zwei-Regionen-Analyse. 1985.

Band 17 Christine Pfitzer: Integrierte Entwicklungsplanung als Allokationsinstrument auf Landesebene. Eine Analyse der öffentlichen Planung der Länder Hessen, Bayern und Niedersachsen. 1985.

Band 18 Heinz König (Hrsg.): Kontrolltheoretische Ansätze in makroökonometrischen Modellen. 1985.

Band 19 Theo Kempf: Theorie und Empirie betrieblicher Ausbildungsplatzangebote. 1985.

Band 20 Eberhard Wille (Hrsg.): Konkrete Probleme öffentlicher Planung. Grundlegende Aspekte der Zielbildung, Effizienz und Kontrolle. 1986.

Band 21 Eberhard Wille (Hrsg.): Informations- und Planungsprobleme in öffentlichen Aufgabenbereichen. Aspekte der Zielbildung und Outputmessung unter besonderer Berücksichtigung des Gesundheitswesens. 1986.

Band 22 Bernd Gutting: Der Einfluß der Besteuerung auf die Entwicklung der Wohnungs- und Baulandmärkte. Eine intertemporale Analyse der bundesdeutschen Steuergesetze. 1986.

Band 23 Heiner Kuhl: Umweltressourcen als Gegenstand internationaler Verhandlungen. Eine theoretische Transaktionskostenanalyse. 1987.

Band 24 Hubert Hornbach: Besteuerung, Inflation und Kapitalallokation. Intersektorale und internationale Aspekte. 1987.

Band 25 Peter Müller: Intertemporale Wirkungen der Staatsverschuldung. 1987.

Band 26 Stefan Kronenberger: Die Investitionen im Rahmen der Staatsausgaben. 1988.

Band 27 Armin-Detlef Rieß: Optimale Auslandsverschuldung bei potentiellen Schuldendienstproblemen. 1988.

Band 28 Volker Ulrich: Preis- und Mengeneffekte im Gesundheitswesen. Eine Ausgabenanalyse von GKV-Behandlungsarten. 1988.

Band 29 Hans-Michael Geiger: Informational Efficiency in Speculative Markets. A Theoretical Investigation. Edited by Ehrentraud Graw. 1989.

Band 30 Karl Sputek: Zielgerichtete Ressourcenallokation. Ein Modellentwurf zur Effektivitätsanalyse praktischer Budgetplanung am Beispiel von Berlin (West). 1989.

ALLOKATION IM MARKTWIRTSCHAFTLICHEN SYSTEM

Band 31 Wolfgang Krader: Neuere Entwicklungen linearer latenter Kovarianzstrukturmodelle mit quantitativen und qualitativen Indikatorvariablen. Theorie und Anwendung auf ein mikroempirisches Modell des Preis-, Produktions- und Lageranpassungsverhaltens von deutschen und französischen Unternehmen des verarbeitenden Gewerbes. 1991.

Band 32 Manfred Erbsland: Die öffentlichen Personalausgaben. Eine empirische Analyse für die Bundesrepublik Deutschland. 1991.

Band 33 Walter Ried: Information und Nutzen der medizinischen Diagnostik. 1992.

Band 34 Anselm U. Römer: Was ist den Bürgern die Verminderung eines Risikos wert? Eine Anwendung des kontingenten Bewertungsansatzes auf das Giftmüllrisiko. 1993.

Band 35 Eberhard Wille, Angelika Mehnert, Jan Philipp Rohweder: Zum gesellschaftlichen Nutzen pharmazeutischer Innovationen. 1994.

Band 36 Peter Schmidt: Die Wahl des Rentenalters. Theoretische und empirische Analyse des Rentenzugangsverhaltens in West- und Ostdeutschland. 1995.

Band 37 Michael Ohmer: Die Grundlagen der Einkommensteuer. Gerechtigkeit und Effizienz. 1997.

Band 38 Evamaria Wagner: Risikomanagement rohstoffexportierender Entwicklungsländer. 1997.

Band 39 Matthias Meier: Das Sparverhalten der privaten Haushalte und der demographische Wandel: Makroökonomische Auswirkungen. Eine Simulation verschiedener Reformen der Rentenversicherung. 1997.

Band 40 Manfred Albring / Eberhard Wille (Hrsg.): Innovationen in der Arzneimitteltherapie. Definition, medizinische Umsetzung und Finanzierung. Bad Orber Gespräche über kontroverse Themen im Gesundheitswesen 25.-27.10.1996. 1997.

Band 41 Eberhard Wille / Manfred Albring (Hrsg.): Reformoptionen im Gesundheitswesen. Bad Orber Gespräche über kontroverse Themen im Gesundheitswesen 7.-8.11.1997. 1998.

Band 42 Manfred Albring / Eberhard Wille (Hrsg.): Szenarien im Gesundheitswesen. Bad Orber Gespräche über kontroverse Themen im Gesundheitswesen 5.-7.11.1998. 1999.

Band 43 Eberhard Wille / Manfred Albring (Hrsg.): Rationalisierungsreserven im deutschen Gesundheitswesen. 2000.

Band 44 Manfred Albring / Eberhard Wille (Hrsg.): Qualitätsorientierte Vergütungssysteme in der ambulanten und stationären Behandlung. 2001.

Band 45 Martin Pfaff / Dietmar Wassener / Astrid Sterzel / Thomas Neldner: Analyse potentieller Auswirkungen einer Ausweitung des Pharmaversandes in Deutschland. 2002.

Band 46 Eberhard Wille / Manfred Albring (Hrsg.): Konfliktfeld Arzneimittelversorgung. 2002.

Band 47 Udo Schneider: Theorie und Empirie der Arzt-Patient-Beziehung. Zur Anwendung der Principal-Agent-Theorie auf die Gesundheitsnachfrage. 2002.

Band 48 Manfred Albring / Eberhard Wille: Die GKV zwischen Ausgabendynamik, Einnahmenschwäche und Koordinierungsproblemen. 2003.

Band 49 Uwe Jirjahn: X-Ineffizienz, Managementanreize und Produktmarktwettbewerb. 2004.

Band 50 Stefan Resch: Risikoselektion im Mitgliederwettbewerb der Gesetzlichen Krankenversicherung. 2004.

Band 51 Paul Marschall: Lebensstilwandel in Ostdeutschland. Gesundheitsökonomische Implikationen. 2004.

Band 52 Eberhard Wille / Manfred Albring (Hrsg.): Paradigmenwechsel im Gesundheitswesen durch neue Versorgungsstrukturen? 8. Bad Orber Gespräche. 6. - 8. November 2003. 2004.

Band 53 Eberhard Wille / Manfred Albring (Hrsg.): Versorgungsstrukturen und Finanzierungsoptionen auf dem Prüfstand. 9. Bad Orber Gespräche. 11.–13. November 2004. 2005.

Band 54 Brit S. Schneider: Gesundheit und Bildung. Theorie und Empirie der Humankapitalinvestitionen. 2007.

Band 55 Klaus Knabner / Eberhard Wille (Hrsg.): Qualität und Nutzen medizinischer Leistungen. 10. Bad Orber Gespräche, 10.-12. November 2005. 2007.

Band 56 Holger Cischinsky: Lebenserwartung, Morbidität und Gesundheitsausgaben. 2007.

Band 57 Eberhard Wille / Klaus Knabner (Hrsg.): Wettbewerb im Gesundheitswesen: Chancen und Grenzen. 11. Bad Orber Gespräche. 16. –18. November 2006. 2008.

Band 58 Christian Igel: Zur Finanzierung von Kranken- und Pflegeversicherung. Entwicklung, Probleme und Reformmodelle. 2008.

www.peterlang.de

Klaus Knabner / Eberhard Wille (Hrsg.)

Qualität und Nutzen medizinischer Leistungen

10. Bad Orber Gespräche, 10.–12. November 2005
Frankfurt am Main, Berlin, Bern, Bruxelles, New York, Oxford, Wien, 2007.
170 S., zahlr. Tab. und Graf.
Allokation im marktwirtschaftlichen System.
Verantwortlicher Herausgeber: Eberhard Wille. Bd. 55
ISBN 978-3-631-56334-2 · br. € 22.80*

In diesem Band der Bad Orber Gespräche 2005 erörtern prominente Vertreter der Ärztekammer, der Kassenärztlichen Vereinigung, der Krankenhausträger, der pharmazeutischen Industrie und der Wissenschaft die Abgrenzung des Leistungskatalogs in der GKV, den Qualitätswettbewerb in der Medizin sowie die Nutzenbewertung von Arzneimitteln. Im Mittelpunkt steht dabei die Verbesserung von Effizienz und Effektivität der Gesundheitsversorgung. Der Sammelband enthält die erweiterten Referate eines interdisziplinären Workshops zu Qualität und Nutzen medizinischer Leistungen. Diskutiert wurden die Themenkreise Abgrenzung des Leistungskatalogs in der GKV, Qualitätswettbewerb in der Medizin und die Problematik einer zentralen Qualitäts- und Nutzenbewertung von Arzneimitteln.

Aus dem Inhalt: *Manfred Albring*: Vorwort · *Klaus Knabner*: Begrüßung · *Eberhard Wille*: Die GKV zwischen staatlicher Steuerung, korporativer Koordination und Marktelementen · *Rainer Hess*: Der Gemeinsame Bundesausschuss: Zwischenbilanz und Perspektiven · *Jörg-Dietrich Hoppe*: Der Leistungskatalog der GKV aus medizinisch-ethischer Sicht · *Gerhard Schulte*: Zur Abgrenzung des Leistungskatalogs der GKV · *Ingwer Ebsen*: Die Kompetenzen des Gemeinsamen Bundesausschusses aus verfassungsrechtlicher Sicht · *Christian Koenig*: Die Kompetenzen des Gemeinsamen Bundesausschusses aus staatsrechtlicher Sicht unter besonderer Berücksichtigung des europäischen Gemeinschaftsrechts · *Heiner Raspe*: Qualitäts- und Nutzenbewertung von Untersuchungs- und Behandlungsmethoden aus medizinischer Sicht · u.v.m.

Frankfurt am Main · Berlin · Bern · Bruxelles · New York · Oxford · Wien
Auslieferung: Verlag Peter Lang AG
Moosstr. 1, CH-2542 Pieterlen
Telefax 0041(0)32/3761727

*inklusive der in Deutschland gültigen Mehrwertsteuer
Preisänderungen vorbehalten

Homepage http://www.peterlang.de